춤교육과 포스트모더니즘

춤교육과 포스트모더니즘

이찬주 지음

초판 1쇄 발행 2012년 8월 30일 **|** **초판 2쇄 발행** 2015년 11월 30일
발행인 이영무 **|** **발행처** 한양대학교출판부
주소 133-791 서울 성동구 왕십리로 222
전화 02)2220-1432~4 **|** **팩스** 02)2220-1435
홈페이지 www.press.hanyang.ac.kr **|** **전자우편** presshy@hanyang.ac.kr
출판등록 제4-7호(1972년 2월 29일) **|** **인쇄처** 네오프린텍

ISBN 978-89-7218-413-3 93680

Education Of Dance & Post Modernism

이찬주 지음

한양대학교출판부

차례

제1장
서 문

제1장

서문

현대 예술은 후기자본주의 사회의 문화 논리로서 포스트모더니즘(postmodernism)적 경향을 지닌다. 근대적 위기 상황 속에서 출구의 방식으로 암시되는 포스트모더니즘은 현대 예술에 진지한 반성을 요하는 중심적인 문제들로 제기되었고 우리는 여전히 포스트모더니즘 시대에 속해 있다. 이는 예술뿐만 아니라 철학 및 과학을 비롯한 인간 문화 전체가 맞이하고 있는 현상이다.

포스트모더니즘은 20세기 후반부터 시작되어 현대에 이르기까지 영향을 미치고 있으며 춤의 흐름에 있어서도 예외는 아니다. 춤은 사회와 교류하는 의사소통의 개념이다. 현시대의 춤에 대한 논의는 문화는 물론 공존하는 삶에 대한 사회의 담론으로서의 역할까지 하고 있다.

사람들은 왜 춤을 추는가? 나는 왜 추고 있는가? 어떻게 춤을 추어야 하는가? 사람들이 '움직임'을 통해 무엇을 전하고자 하는 걸까? 춤교육을 통해 인간이 얻을 수 있는 건 무엇인가? 이러한 질문들과 현재 '춤교육'은 무엇이 문제인가라는 질문과 비판 속에서 제1장과 2장이 시작된다. 포스트모더니즘과 페미니즘을 통해 춤이 단지 획일화 차원에서만 고민되는 것을 넘어 신체를 향한 새로운 시선으로 다시 보아야 할 것이라는 의문의 시작으로 살펴보고 있다.

시대에 따라 시선이 변하기도 하지만, 시선은 개인적인 것이 아니라 주요한 사회문화적 현상이기에 타자와의 관계로서 나와 세계를 맺어주는 기본적인 매체이다. 따라서 시선은 인간관계의 기본인 권력과도 밀접한 관계를 맺고 있다.

*시선의 예속

물론 춤추는 우리는 누군가 바라보는 것에 의해 예속될 수밖에 없다. 뿐만 아니라 춤꾼의 신체 표현도 개인마다 차이는 있겠지만, 기본적으로 사회적, 역사적 사건에 속박되며 더욱이 오랜 전통 속에서 완전히 획일화되어 버리기도 한다.

안무가의 개성과 자의식을 표현하는 춤꾼의 움직임이 서로 닮아가는 것은 결코 춤의 흐름의 시대적 범주를 벗어날 수 없기 때문이다. 물론 춤추는 개인의 신체는 틀 안에 고정되어 있는 신체이다. 우리는 미셀푸코를 위시하여 '포스트모더니즘'이라는 같은 지반을 지닌 여러 철학자들의 학문적 담론의 중심에 올려놓은 신체를 통해 어떻게 훈련시키는 것이 자기인식과 신체를 창조해낼 수 있는지를 주시하려 한다. 이에 춤교육의 시작을 '광기와 시선' 그리고 '다원성'의 중요성을 인식한 대화의 장으로서 논의한다.

또한 포스트모더니즘의 특징이 페미니즘에 부합하면서 80년대 본격적으로 포스트모더니즘의 영향하에 제2의 페미니즘론이 활발히 진행되었다. 페미니즘은 포스트모더니즘이 근대 형이상학의 해체를 시도하는 것처럼 남성중심주의의 해체를 추구한다. 페미니즘의 비평적 관점의 토대는 남녀의 성차와 역할이 원래부터 정해진 것이 아니라 사회의 인식과 관습에 의해 이루어진 것으로 파악하여 궁극적으로 변화가 가능하다고 보는 것이다. 이에 페미니즘 이론으로 교육에서 가부장제의 구조적 모순을 인식하고 이를 통해 몸의 경험으로 인간의 본성을 찾고, 새로운 주체성의 형성을 통한 인간 해방이라는 두 가지 측면과 관련하여 논의를 벌인다.

제3장~4장은 현시대를 대변하는 춤에 대한 교육이 사람들에게 '신체'에 대한 자유로움을 주며 이는 춤교육의 창조성과 상상력을 통해 새로운 '춤'의 실천을 만들어 나갈 수 있음을 제시한다.

그러므로 창조적인 춤은 몸이 순간적으로 표현해내는 자연스런 동작의 움직임에 있다는 것을 우리는 기억해야 한다. 뿐만 아니라 춤은 순수한 의미의 행위를 전달하기 위한 움직임까지도 포함된 모든 가능성에 의해 반영된 경험과, 우리가 지닌 감각의 끝에서 그것이 더 깊게 이해되고 더 넓게 확대될 수 있음을 인지해야 한다. 이를 설명하기 위해 인간의 신체구조를 해부학적으로 살펴보고 그것을 축으로 신체가 서로

로이풀러 - 불의 춤 *영혼의 해방

어떤 작용을 하면서 자유롭게 움직이는가를 느끼고자 한다.

우리는 태어나서 움직이는 행위를 그치지 않는다. 그 과정에서 생성된 에너지는 무수히 많은 일상의 흔적을 생성하고 있다. 우리는 유한한 신체를 가지고 있지만 자연의 힘을 빌려 유한한 신체의 한계를 영원하게 만들어 낼 수 있는 무한한 신체의 힘을 찾는다. 그것은 자연과의 화합이며 이를 통해 영혼의 움직임까지도 표현해낼 수 있다.

춤 안에서의 창조란 구체적으로 어떤 의미이고, 어떠한 요소들을 지녔는가로 춤에 대한 좀 더 구체적인 이야기에 접근한다. 인간이 이룩한 영원한 신체 속에서 움직임을 만들어내는 것이 춤의 창조이다. 이는 춤의 진정한 효과를 인식하는 것으로 그 실질(實質)을 더욱 잘 이해하고 판단하는 통찰력을 통해 춤의 창조 과정을 이해하는데 있다. 춤은 창조로서 우리가 경험한 요소들을 형상하고 서로의 연결 고리를 찾아서 승화시키며 가시화시킨 작업의 표현이다.

창조적 안무가는 자신의 가장 적당한 움직임을 찾아 이를 살아있는 상상력으로 연결시킨다. 이러한 결정적인 결과는 춤이 이루어지고 있는 공간 즉 무대와 관객간의 교류 속에 작품표현으로 나타난다. 신체를 공간 속에 엮어 넣은 현실적 시·공간을 춤으로 변화시킨 창조적 결실, 즉 예술적 욕구가 춤으로서 새로운 것을 만들어 내는 것을 우리는 춤의 창조성이라 한다. 이 과정에서 우리의 축적된 경험들은 상상력으로 형성되고 춤 예술의 창의력은 풍부한 표상으로 나타난다. 이를 위해 우리는 끊임없는 관찰과 경험의 풍부함을 넓히도록 해야 한다. 또한 춤에서 감각을 충분하게 수련하며 표상을 풍부하게 하는 것은 상상력 활동의 표현인 움직임이다. 움직임은 삶에서 가장 지속적인 경험이다. 사랑, 공포, 희망, 열망, 욕심, 동물적인 즐거움 등의 정서 속에서 움직임은 모든 인간에게 자연의 반응으로 주어진다.

이러한 움직임은 춤의 동작을 포함한 의미를 넘어 새로운 구상을 지닌 창조적 예술 형태임을 인지하고 몸의 표현을 통해 주된 예술로서 몸을 통해 탐색된다. 시각과 경험의 폭을 증폭시켜 이미지를 형상화하고 몸의 움직임으로 미의식에 따라 질서화 시키는 것이 바로 춤의 창조의 중요한 요소들임을 알아간다. 우리 몸의 심상을 여는 방법으로서 '신체'와 '춤교육의 창조'는 상상력의 원천이 되는 노력의 흔적이 될 수 있다.

제5장은 포스트모더니즘이 춤뿐만이 아닌 근대 문명 속에 존재하는 도시형 인간의 동시 다발적인 움직임으로 근대(modern)를 초월하려는 실험 의도에서 비롯된 것이라는 것을 제공한다. 모더니즘에서 예술 그 자체를 위한 예술에 집착하던 끈질긴 절대 진리 혹은 유일선의 추구인 거대담론은 포스트모더니즘 예술의 물결과 함께 사라져갔다. 포스트모더니즘의 흐름은 예술의 외부적인 형태변화뿐만 아니라, 예술의 내부적인 관점과 인식에 대해서도 새로운 각성을 지속적으로 촉구하고 있음을 설명한다.

트리샤 브라운–Man Walking Down the Side of a Building
*60~70년대 포스트모던댄스의 흐름

60년대와 70년대의 포스트모더니즘의 춤은 의미보다 춤의 본질을 위해 삶의 가까이에 있는 일상적인 몸짓을 선보였고, 80년대의 포스트모더니즘 춤은 화려한 무대의상과 무대장치를 통해 다시 표현을 춤 속에 등장시켰다. 90년대는 일

백조의 호수

매튜본 – 백조의 호수(재창조)

상생활과 상업화와의 미학을 병행하면서도 예술 자체의 본질적인 목적도 잊지 않았다. 이러한 포스트모더니즘의 자유분방한 예술 환경은 때로는 혹독한 냉대와 때로는 열정적인 환호에서 관객과 새로운 규칙을 만들어 나갔다.

그리고 지금 우리가 서있는 포스트모더니즘 시대 춤의 경향을 '움직임의 확장', '장르의 경계선을 넘기', '내러티브의 변화', '재창조', '몸'으로 접근하여 설명한다.

현재 포스트모더니즘 춤의 지향점은 상대성에 대한 인식의 자유로운 탐색을 담고 있다. 이러한 탐색은 포스트모더니즘 이후 '국지적인 작은 이야기', '타자의 목소리', '담화들'을 중시하며 지금까지 제1세계 백인서구문화, 중심적 춤문화 등에 소외시 되어온 여성의 춤문화, 제3세계의 춤 등의 발전을 소개한다. 뿐만 아니라 여전히 급속히 발전해가는 과학기술의 발전 속에 디지털기술이 인간에 대한 탐구를 통칭하는 인문학의 결합을 원하고 있다. 딱딱한 IT기기에 사람 냄새를 더한 아날로그적 감성의 결합을 원하는 과학은 춤예술을 유혹하고 있다.

안무가들은 춤 표현 영역을 넓히기 위해 모든 스타일의 움직임에 과학 기술의 기법을 도입하고 있다. 그러나 몇몇 춤 예술가들은 자기만의 아이디어를 가지고 과학기술의 기법 속에 더욱 더 충동적이며, 구체적이고 빛나는 인간의 본성을 찾아가는 작업도 강화시키고 있다. 포스트모더니즘과 춤이라는 주제로 춤에 나타나는 현시대의 경향을 살펴보고 춤의 새로운 시각과 미래를 조망해 볼 수 있다.

제6장 춤의 교육사상은 두 장으로 나누어 제 I 장은 플라톤, 니체, 존듀이, 마틴부버를 살펴보고, 제 II 장은 라반, 마가렛 두블러, 마이클폴라니, 파울로 프레이리를 살펴본다.

춤교육의 사상적 역사를 통해서도 알 수 있듯이 춤은 교육을 통한 치유로서의 정서적 표현을 포함하여 다양하게 시도되어져 왔다. 이는 춤이 곧 우리의 삶이요, 춤 속에는 자아 정체성, 성 그리고 문화적 차이에 대한 관심들이 모두 통합되어 있기 때문이다. 교육사상가들의 연구를 통해 그들의 심오한 사례들을 제

자비에 르 로이 – 미완성자아(1998)

시하였다.

7장에서는 평가와 현시점, 두 가지로 크게 나누어 다루었다. 먼저, 평가는 판단에 대한 정의를 통해 그것들이 표준, 기준, 근거라는 것을 포함한 활동이란 것과 판단이란 느낌이 아닌 정보 제공적 성격(information)과 지시적 성격(directive)이라는 점에서 시작하였다. 판단은 느낌만으로 결정할 수 있는 것이 아니며 느낌은 지극히 개인적 취향의 가치로서 작품의 좋고 나쁨은 지극히 주관적인 견해에서 이루어질 수가 있다. 그러므로 개인적 견해는 합리적인 범위를 벗어날 수 있음을 항상 염두에 두어야 한다.

가르치는 교육자는 학생들에게 주관적인 견해에서 행해지는 개인적 선호와 올바른 평가의 차이를 구분할 수 있도록 가르쳐야 한다. 작품의 구성이 뛰어났다던가 혹은 형편없다는 판단행위이다. 판단의 목표는 그것의 구성 방식에 대한 객관적인 사실의 증명이 아니라 자신이 내린 것과 같은 평가를 내리도록 설득하는데 있다. 물론 보는 사람은 주관적인 성향을 띄므로 판단은 타행의 의지가 남아있다. 미학적 판단은 보다 자세하고 더 참신한 묘사와 분석으로 이루어질 때 항상 이의가 제기되고 수정될 수 있으며 타협점을 이끌어 낼 수 있다.

데이비드 퍼킨스(David Perkins)의 근거 대기(descriptive reasons)를 통해 미학적 판단을 살펴보았다. 이는 우리가 미학적 판단이 비교적 판단이 아닌 미학적 판단을 행하고 그것을 정당화시키는 일은 춤 작품을 단순히 점수매기는 것과는 다르다는 것을 인지하게 되는 것이다. 마지막으로 우리는 올바른 평가를 위해 춤작품의 내용을 묘사하고, 분석하고, 해석하며 판단하는 활동을 제시하였다.

또 하나는 춤교육의 현시점에서는 주요 현안을 다루었다. 첫째, 춤예술 교육이 '진리탐구와 전인교육'의 기능을 갖고 있다는 차원에서 보았다. 예술교육을 하는 학교의 목표는 예술적인 완전함이나 창작, 그리고 선풍을 일으키는 춤공

에두아르 로크 –
공중에서의 피루엣

연이 아니라, 창조적인 춤활동이 인성에 끼치는 유익한 효과에 있다. 그러므로 학교에서 춤을 창작한다는 문제와 이에 따른 토론으로 자세하게 살펴보았다.

둘째, 춤교육의 교육과정을 다루었다. 국가의 교육과정은 교육이 인간의 행동을 바람직한 방향으로 변화시키기 위한 계획적이며 체계적인 과정으로서 인간의 잠재력을 최대한으로 신장시키기 위한 것이다. 인간의 활동은 학습과 관련되지 않은 것이 거의 없을 만큼 교육은 학습으로서 인간의 근본적인 활동의 하나인 것이다. 이같이 인간을 인간답게 하고 문화를 전달하고 발전시키는 원동력이 교육활동이다.

춤교육은 인간의 삶의 질을 높여주는 중요한 교육적 수단임이 분명하므로 이러한 작업을 통해 우리는 지식과 사고의 역사성, 상황적 한계성을 인식하고 춤교육이 권력의 유폐적 그물망에 갇히지 않도록 끊임없이 비판과 대안을 모색할 줄 아는 교육적인 인간상(像)을 자연스럽게 만들어 나아갈 것을 제시한다.

어떻게 춤이 정신과 신체의 연결을 통해 정체성이라는 감정에 관한 권한을 받고 어떻게 그 감정을 창조할 수 있는가를 고민할 때 춤이 가진 교육적 목적을 이룰 수 있다. 이러한 과정을 거치며 춤을 통해 삶을 좀 더 비평적으로 이해할 수 있고 나아가 신체에 각인된 기억과 무한한 상상력으로 보다 창조적인 춤의 세계를 확장할 수 있다. 또한 춤은 그 특성상 자율적인 과정을 통해 교육했을 때 더욱 괄목할 만한 성과와 영향력이 산출된다는 사실을 간과해서는 안 된다.

이를 위해 우리는 몸이 획일화되지 않도록 하여야 하며 신체(body)를 통해 실천을 배워야 한다. 앞으로 춤을 실천하는데 중요한 점은 이전에 인식하지 못했던 것을 인식하는 변화에서 새로운 출발점을 이룰 수 있다는 것이다. 춤과 포스트모더니즘의 탐구는 춤에서 토론되어야 할 주제를 제공하고 학생들과의 대화를 통해 새로운 춤교육을 살펴볼 수 있으리라 여겨진다.

춤교육은 사회, 문화적 구조와 연결되어 있고 이는 급변하는 세계에서의 여전히 필요성이 강조되는 예술의 한부분이다. 그러므로 춤교육은 전 지구의 치유와 사회적 변형의 해답이 되고 문화적 소통과 대화의 한 부분으로서 현재 우리가 서있는 포스트모더니즘 사회에서 중요시 될 수밖에 없는 까닭이다. 우리는 춤교육의 필요성을 통해 인간과 인간 사이에서 우리들 자신들에 대한 중심적 경향을 배제하고 타자에 귀 기울이며 사회의 각 구성원들의 삶에 의미를 알아 나갈 수 있다.

포스트모더니즘적 관점에서 출발하여 춤교육을 위한 새로운 실천방안을 통해 한 개인의 역사적, 문화적 배경, 그리고 인종적 정체성 등 모든 측면에서의 존재의 구현으로 정의되며, 교육이 제시하는 거울의 역할이 될 수 있다. 춤의 이론적인 기초를 새로이 인식하도록 제공함은 물론 현재 우리가 서있는 예술교육에 대한 간접적 비판이 될 수 있다. 이는 앞으로 춤교육의 새로운 시각에 대한 기초적인 작업의 중요한 일이 될 것이다. 춤은 우리에게 정신과 신체의 연결을 통해 전체성이라는 감정에 권한을 부여한다고 했듯이 우리는 이러한 감정을 통해 춤을 창조할 수 있는 것이다.

춤교육의 창조적 역량을 통해 우리는 통찰력을 확대시킬 수 있다. 이로써 학생들은 삶에서 춤이 차지하는 영향력에 대해 좀 더 풍요롭고 비평적인 이해방식을 갖게 될 것이다. 이는 춤교육을 통해 삶의 의의는 물론 인간으로서의 완성을 향한 새로운 통찰력을 얻을 수 있게 된다.

제2장

춤교육 어떻게 해야 하는가?

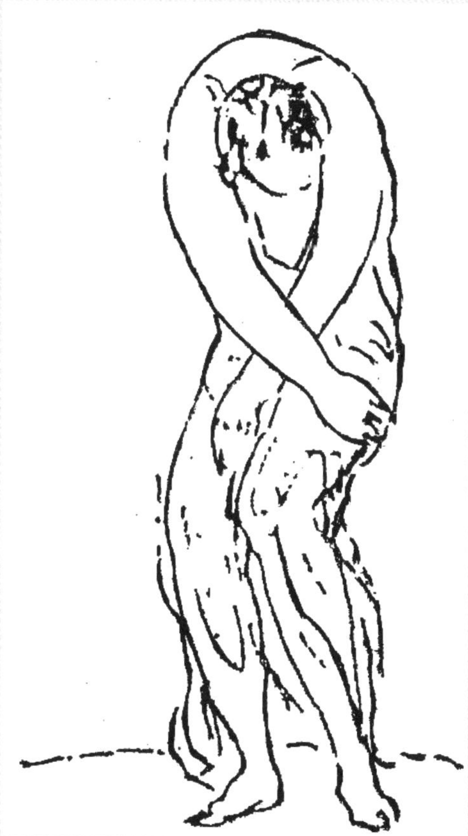

제2장

춤교육 어떻게 해야 하는가?

1. 포스트모더니즘 속의 춤교육

인간은 과거의 예술이 넓은 의미인 기술(techne), 즉 자연을 모방하는 예술과 달리 합리적인 활동을 펼치며, 심지어 근대 이후부터 예술의 대한 개념의 폭을 무한정 넓혀왔다. 이에 예술의 반성을 위한 새로운 문제들이 대두되고 있다.

근대 이후 이러한 반성에서 점차 드러나고 있는 현대 예술의 경향은 후기자본주의 사회의 문화 논리로서 주장되고 있는 포스트모더니즘(postmodernism)의 성격을 지닌다. 철학 사상에서 출발한 포스트모더니즘을 통해 춤교육을 위한 새로운 실천방안을 살펴볼 수 있다. 포스트모더니즘을 통한 춤교육에 대한 논의를 '광기'와 '시선'에서 시작하여 급변하는 세계에서 단일한 주체를 중심으로 한 예술의 '다원성'을 강조하는 포스트모던 사회의 교육적 관점으로 확장하여 살펴보고자 한다. 이러한 과정을 통해 현대사회의 춤교육 분야에 새로운 이정표를 세울 수 있으리라 기대한다.

(1) 광기와 시선

춤이란 신체를 통한 움직임의 전달이다. '신체를 읽는다.'는 것은 쉬워 보이지만 언어화되기는 어렵다. 물론 이들 춤이 읽혀질 수 있고 언어화된 텍스트가 존재하더라도 읽기를 시도하는 관객에게는 결코 쉽지 않다.[1)]

특히 춤 작품을 보면 애매하여 가끔 제대로 언어화할 수 없는 것을 보고 현대춤은 난해하다고 말하지만 누구나 춤이 언어화되고 있다는 사실을 잘 알고 있다.

사실 신체란 역사와 사회에 영향을 주며 춤은 신체를 눈에 보이는 것으로 만들려는 행위로서 신체를 표현하고 묘사한다. 또한 항상 인간은 새로운 이미지와 낡은 이미지를 절충하려 하였는데 무대에 나타나는 신체에 대해서도 역시 마찬가지로 이해할 수 있다. 언어화와는 반대로, 의미는 잘 알 수 없어도 음악과 어우러진 신체의 움직임은 직접 자신의 신체 속에 파고 들어와 우리의 감각을 격렬하게 자극하고 있기 때문에 신체는 쾌락 또한 지니고 있다.

우리는 이러한 신체에 대해 얼마나 잘 알고 있는가라는 질문에 신체는 단지 기술적 용어, 즉 우리가 기술적으로 얼마나 어떤 동작을 잘 행하는가에 대한 사고로 판단되기도 한다. 우리는 신체가 어떻게 표현되고 이해될 수 있는가에 대한 가능성을 인식하여야 한다.

우리는 춤이 이른바 신체 혹은 신체 이미지라는 바탕 재료인 것에 대한 일정한 개략도를 가지고 있고 춤은 신체를 통해 무수히 많은 것을 내포하며 표현한다고 인식한다. 그러나 실제로 신체가 얼마나 무한한 가능성을 지녔는가를 인식할 수 있다면 춤의 가치는 무한대에 이르게 된다. 이에 신체에 대한 사고의 틀 깨기를 위해 '광기'의 개념을 통해 신체를 살펴보도록 하자.

어떠한 조건 아래서든 탄생한 춤은 역사와 사회적 영향과 맞물려 탄생하고 광기를 통한 신체의 이미지로 춤을 생성시키고 있었다. 사실 광기를 춤의 신체와 연관시키고 예술적 표상으로 만들어 그것으로 신체가 갖는 다양한 의미를 알려준다는 사실은 언뜻 쉽게 이해되지는 않는다.

그러나 춤을 예술작품으로 볼 때 광기에 대한 견해는 그리 낯선 견해가 아니다. 그것은 플라톤이 제시한 두 종류의 시에서도 찾아볼 수 있는데 하나는 시적 열광에서 나오는 시이고, 다른 하나는 문화적 기술(솜씨)에서 나오는[2] 시로서 예

죽음의 춤 미카엘볼게무트(1493) – 한스홀바인(1526) – 고야(1913) – 알프레드 쿠빈(1901), 우리모두의 어머니, 대지

*광기 속에 등장한 춤

Flücht alls don Tod, ist doch kein Ort
Auff Erde, darin nicht sey der Tod

*다양한 예술 속
죽음의 춤

술작품은 신의 광기에 의해 창조된다는 것이다.

고대이후 중세에서는 춤이 죽음의 무도를 따라 광기의 축에 의해 신체를 폭발시켰으며 이러한 광기의 움직임은 서양의 신체가 갖는 운명을 발견하고 '발끝으로 서기'를 통해 발레를 탄생시켰다.

또한 발레의 신체에 대한 엄격하게 성문화된 신체 동작의 외적 기준에 대한 거부는 현대 무용을 낳았으며[3] 이러한 춤에 광기의 영향은 오늘날의 신체를 통

라실피드(1932)
*발레슈즈의 탄생

안나파블로바

이사도라던컨

*발레의 새로운 형식 & 현대무용을 향한 첫걸음

한 무궁한 발전을 이루어내며 안무의 발전에도 기여하고 있다.

20세기 후반 이러한 광기의 신체는 모더니즘 전통에서 예술 작품들이 위대한 문화적 유산으로서 도서관에 소장되거나, 미적 감상의 대상으로 박물관에 진열되거나, 아니면 대학 강단의 가르치는 대상으로 전락되었다.[4] 이에 저드슨 춤단체를 선두로 한 포스트모더니즘의 춤의 탄생까지 이르게 된다.

광기는 신체 속에서 우리의 삶을 대변하며, 현대 춤에서 다루어야 하는 권력과도 깊은 관계를 지닌다. 이에 권력과 관계된 시선을 통해 춤의 '신체'에 좀 더 접근해 보자.

시대에 따라 시선이 변하기도 하지만 시선은 개인적인 것이 아니라 주요한 사회문화적 현상이기에 타자와의 관계로서 나와 세계를 맺어주는 기본적인 매체이다. 따라서 시선은 인간관계의 기본인 권력관계와도 밀접한 관계를 맺고 있다.[5]

제레미 벤담의 페놉티콘 원리가 푸코의 『감시와 처벌』에서 주요한 분석이 된 것처럼 포스트모던 철학들은 사회의 모든 분야에서 시선을 통해 권력을 생산한다는 것이다. 춤은 어떻게 연관이 될까?

물론 춤추는 우리는 누군가 바라보는 것에 의해 예속될 수밖에 없다. 뿐만 아니라 춤꾼의 신체 표현도 개인마다 차이는 있지만 기본적으로는 사회적, 역사적 사건에 속박되어 있으며, 더욱이 오랜 전통 속에서 완전히 획일화되어 버리기도 한다. 그러므로 안무가의 개성과 자의식을 표현하는 춤꾼의 움직임이 서로 닮아가는 것도 결코 춤의 흐름의 시대적 범주를 벗어날 수 없기 때문이다.

이에 춤추는 개인의 신체는 틀 안에 고정되어 있는 최소한의 신체로서 역사적, 사회적 의미에서 밖을 볼 수 없는 신체일 것이다. 그러므로 일상적인 고정관념에 갇힌 시선은 일찍이 신체적으로 매너리즘에 빠져 신체가 어떤 질서에

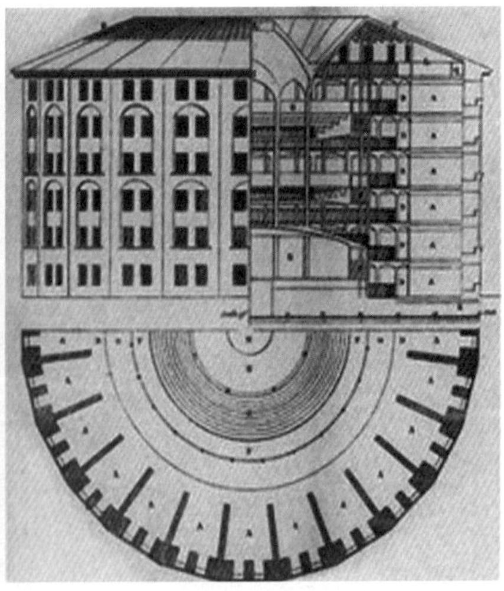

제레미 벤담 – 파놉티콘과 그 내부 사진

의해 점차 통합됨에 따라 망각된다. 이후 그것이 새롭게 되돌아 왔을 때에는 그 무엇에 허를 찔려서 침범당한 것처럼 의식[6]하게 될 것이다.

그러므로 춤에서 시선이 더 이상 통상적인 시선으로 밖에 머물 수 없도록 해야 한다. 그러기 위해서는 안무가와 춤꾼이 춤을 보는 사람에게 전달하여 주어야 할 것은 비일상적이며 특이한 시선이다.[7]

우리가 늘 쉽게 움직이던 자신의 춤의 동선을 벗어나야 한다. 또한 그 반대로 동선의 안쪽까지도 움직임을 바꿀 수 있어야 한다. 그러면 어느새 어색하던 움직임은 자유로워질 것이다. 자유와 억압은 동전의 양면과 같은 불가분의 관계로서 자유롭기 위해서는 억압에 대응해야 한다. 즉 날카롭고 예리한 광기를 숨긴 시선을 지닌 신체를 갖도록 노력해야 한다는 것이다.

이에 춤교육은 광기를 춤의 신체와 연관시키고 예술적 표상으로 만들 수 있어야 한다. 이를 위해 신체 속에 있는 흐름을 부정하고, 가장 광기적인 신체로 바꿀 것을 단호하게 요구한다. 이것이야말로 춤교육을 위한 신체의 실천이 될 수 있다.

(2) 다원성

오늘날의 세계는 다원주의적 사고에 의해 지배되고 있는 사회이다. 이런 현상은 과학, 철학, 문화, 예술, 사회, 정치 등 각 분야에서 나타나고 있다. 심지어 종교에서도 각 종교의 다양성과 특수성을 용인하고 수용하고자 하는 다원적, 상대적 사고가 등장하고 있다.[8]

다원주의(多元主義)는『다원론적 세계 Pluralistic Universe』를 저술한 윌리엄 제임스(William James)가 일(一)과 다(多)의 문제에 대한 답은 다른 문제들에 접근하고 대답하는데 가장 중요한 영향을 미치는 것으로 모든 철학 가운데 가장 핵심적인 문제라고 주장하면서 사물의 가변성과 존재와 상호관계의 다양성 등을 고려

하는 다원론(pluralism)을 주장하면서부터 시작되었다.[9)]

포스트모던 철학자들의 담론은 결국 중심에 대한 해체를 주장한다. 하나의 중심이 중요한 구심점을 이루고 있던 과거의 세계관이 20세기 후반에 와서는 그 힘을 잃게 되어, 주변에 있던 것이 중심으로 부각되고 하나의 중심이 아닌 다수 중심이 존재하는 탈중심적 사회를 이루게 되었다. 포스트모더니즘 사회의 이러한 해체적 경향이 바로 다원성과 관련되어 있다.

리오타르(Lytard)는 일원론적 사고인 거대서사(grand narrative)를 배제하며 다양한 개별의 미시서사(little narrative)의 중요성을 강조하고 있다. 또한 미셸푸코도 총체성에 대한 거부로 파편적이고 작은 것들이 중요하다고 주장하였다.

얼윈 니콜라이-
손가락 인형극
외 2작품

이들을 포함한 포스트모더니즘 철학자들의 담론은 결국 중심에 대한 해체를 주장하는 것이다. 20세기 후반부터는 과거 세계관의 중심이 사회와 문화에서 그 힘을 잃고 주변이 중심으로 부각되고 있다. 또한 하나의 중심이 아닌 다수 중심의 사회와 문화현상을 이루어가고 있다. 그러므로 포스트모더니즘 철학에서 제기하게 된 해체라는 개념은 곧 다양한 것들을 독립된 하나의 실체로 인정하는 다원성을 낳게 되었다.[10] 즉 다원성은 보편적인 하나의 진리를 해체하는 철학적 세계관으로 20세기 후반부터 현재에 이르기까지 전 세계적인 현상으로 나타난다. 이러한 다원성은 포스트모더니즘 춤에 상륙하여 유럽의 춤 안무가들을 중심으로 하나의 세력을 형성하였다. 앞서 살펴보았듯이 다원성의 영향은 유럽의 현대무용에 춤의 경계를 허물어트리고, 타 장르의 예술가들에 의해 이러한 원동력을 제공하며 등장하였고 이 현상은 춤 전반에 걸쳐 다양한 타 예술을 흡수하기에 이르렀다.

오하드 나하린 – Three(이스라엘, 1952~)
*바체바무용단, 네덜란드 댄스시어터안무가 – 유머, 재치있는 공간활용, 강렬한 시각연출

뿐만 아니라 다원성의 영향은 그동안 춤의 중심에 서지 못했던 마우로 비곤제띠, 오하드 나하린, 라미 비에르 등의 작품에 관심을 기울이면서도 나타났다.

즉, 서양의 중심 외의 국가들인 이탈리아, 이스라엘, 남아프리카공화국 등으로 춤의 관심이 움직이며 다양한 문화적 특색을 융합하는 방식으로 바뀌고 있다. 현재 이탈리아 춤꾼들의 업적은 가히 상상을 초월하지만 그동안 이탈리아 춤계에는 오랜 세월 동안 전혀 두각을 나타내지 못했다.

최근 이러한 이상 현상을 쇄신시키는 춤단체가 등장했는데 바로 마우로 비곤제띠이다. 또한 키부츠 댄스컴퍼니의 안무가 라미 비에르는 〈태양이 닿는 곳에〉에서 서유럽의 춤 양식을 중심으로 아프리카적인 율동성과 아시아적인 감수성까지 아우르는 움직임을 보여준다. 다양한 문화적 특색을 융합하는 방식은 움직임뿐만 아니라 장치나 의상, 음악으로까지 확장되어 있다. 비중심문화의 이

아떼르발레또 – 로시니카드, 이탈리아

탈리아와 제3국가 이스라엘 등의 춤들은 각양각색의 문화가 공존하는 지역에 위치한 춤꾼들의 유연한 포용력을 발휘하며 자기만의 예술적 개성과 스타일을 확립해가고 있다. 서유럽의 춤예술과 다른 독창성을 내비치는 이들의 춤은 제5장 춤과 포스트모더니즘을 통해 제3세계의 춤 등의 발전을 소개하게 될 것이다.

현시대의 교육은 계몽철학을 위시하여 주요 국가들의 예술을 거대서사의 실천으로 여겨왔고 춤교육에 있어서도 그 움직임을 따라가고 있었다. 미셀푸코와 '포스트모던'이라는 같은 지반을 지닌 철학자들도 신체를 다양한 학문적 담론의 중심에 올려놓으며 어떻게 훈련시키는 것이 자기인식과 신체를 창조해 낼 수 있는지를 주시하고[11] 있었다. 이제는 우리도 포스트모던 사회에서 공교육사상을 '해체'하여 획일적인 교육을 거부하고 '다원성'에 의한 타자의 목소리가 중요시되는 춤교육의 필요성을 절실히 깨닫고 있다.

라미 비에르 – 태양이 닿는 곳에. 이스라엘

포스트모던 사회에서의 교육은 일상생활 속에서 역사적, 지역적 주체를 발견하는 인간 주체가 세계를 특수하게 성찰하고 서로의 경계를 넘어서는 독특한 사유방식을 지향하고 있다. 이에 '광기와 시선'과 '다원성'의 논의는 춤의 상황에서도 매우 유용하게 여겨진다.

이에 포스트모더니즘 사상을 기반으로 춤교육의 실천적 논의로서 '광기와 시선'와 '다원성'은 변화의 지향점을 찾아본다. 이에 춤은 문화적 다원성(cultural pluralism)이라는 민주주의의 근본정신을 목적과 내용에 반영하며 모든 국가와 사회의 각 구성원들의 삶에 의미가 있도록 해야 한다. 우리는 춤을 어떻게 출 것인가에 대해 고민할 때 다원성에 대한 생각을 신중하게 조명해 볼 수 있다.

사실 교육은 창조적인 작업이지만, 학교에 다니는 것은 창조성의 결핍을 가져온다. 그러므로 학교는 학생들이 수동적으로 정보와 이론을 모으게 되는 상황 하에서 자유를 가르쳐야 한다.[12] 춤교육이 창조적인 작업이며 모든 상황 하에서 자유와 연관되고 시대의 문화적 사회적 영향과 연결되어 있음을 인지해야 한다. 다원성을 통해 교사와 학생이 서로 협력과정 속에서 학생들을 자유롭게 할 수 있어야 한다. 이러한 협력과정 속에서의 춤은 자아 인식과 사회적 이해를 위한 수단으로서 활용될 수 있다. 그러므로 춤의 신체이동과 관련된 춤의 실천을 행할 때 삶 자체와 연결되어 있음을 인식해야한다.

'춤이 어떻게 자율적 교육이 될 수 있을까'에 대한 물음에서 춤의 탐구는 주

관적인 것에 복종하는 것이 아니라는 결론에 이른다. 그러므로 신체는 저항과 자유를 이해하는 수단으로 통일하기보다 차이가 있는 것이 더 좋다는 것에서 다원성에 대한 춤의 실천을 행할 수 있다.[13)]

사실 춤에 있어서 전통이라는 것이 오랫동안 교육자들을 위한 주요한 지침이 되어온 것은 아무도 부정할 수 없다. 하지만 이제 그것은 포스트모더니즘 철학 속에서 다원성을 통해 변화되어야 한다. 또한 지식 즉, 아는 것으로 다양함을 인식해야 하며 이러한 인식은 춤의 중요한 출발점으로 작용할 수 있다. 이에 신체를 알고 춤을 이해하는 데는 다양함의 모든 것을 경험하려는 용기가 필요하다.

이것은 새로운 춤의 논의로 춤이 사람들의 인생과 경험의 적절한 관련성을 유지하도록 하고, 문화를 형성하고 유지해 나갈 수 있게 이끌어주는 사람의 경

맥 스튜어트 – 아무도 바라보지 않는다(1995)

험과 용기가 필요하며 역사적인 관점이 확연히 드러나는 춤의 교육이 이루어져야 한다. 이는 '다름'으로 인한 중심사회에서 차별화되고 또는 차등화 되는 차별과 억압을 없앨 수 있다.

이는 앞서 언급했던 권력과도 맥락을 같이 한다. 그러므로 춤교육을 통한 경험자의 '다름'에도 주목해야 한다. 우리는 정치적, 경제적, 사회적으로 다양한 상황에 놓여있기 때문에 경험을 단 하나의 범주로 묶는 것은 개인의 특수성을 전혀 고려하지 않은 것이다. 춤을 춘다는 것은 해방의 의미이며 춤에 대한 기존 의식에 대한 틀을 깨고 새로운 가능성을 내재한 자유를 추구한다는 것이다. 바로 이러한 지점이 춤이라는 행위를 인간 삶에 대한 비평적 반영과 이해의 장이라고 볼 수 있는 것이다. 바로 이것이 인간 삶에 대한 기억이며 이러한 춤교육은 살아있는 독특한 경험이 될 수 있다. 춤교육에 있어 사고하며 배운다는 것은 자신만의 목소리로 발화하는 방법을 경험한다는 것을 의미하며 바로 이것이 새로운 춤에 대한 실천의 의의이다.

모리스 베자르 안무 – 한 남자를 위한 교향곡 (진로망과 크리스틴볼랑, 2000)

이러한 춤교육에서 우리는 인간이 자신의 인생에 대해 쏟아 붓는 열정적인 헌신과 다른 사람들과 더 넓은 세계에 대한 책임감을 가지고 움직이는 신체를 발견하게 된다. 이에 춤은 그 시대의 문화 지식과 전달의 유형으로서 시각적 이미지가 범람하는 시대에서 새로운 정의의 춤으로 받아들여질 것이다. 춤의 다원성을 통한 관점은 사회적 의사소통체계이며 문화적 체계로서 춤교육은 개인 대 개인, 개인 대 집단으로 감성적인 의미와 사고를 전하는 중요한 수단이 될 것이다. 그러므로 사회의 변화를 반영하여 사회에 존재하는 다양함은 곧 다원성에 입각한 춤의 교육내용을 형성하게 하는 것이다.[14)]

이에 사회의 다양한 계층과 문화의 다원성은 춤교육의 중요한 요소로 선정되어야 한다. 이러한 다원성의 춤교육은 우리의 삶에 미치는 진정한 교육임을 잊지 말아야 한다.

춤교육을 통해 춤의 의미와 그것이 드러내는 문화적인 가치를 알게 되는 일들은 자신의 가치를 살펴보는 계기가 될 것이다. 문화 속에서 춤의 의미를 파악함으로써 자신의 문화와 다른 사람의 문화를 이해할 수 있게 된다.

마지막으로 춤교육에서 다원성에 의한 우리 자신의 문화를 다른 사람들의 문화와 비교함으로써 우리는 두 문화에 대해 이해를 확장시키게 된다. 다만 춤교육에서 경계해야 할 것은 자민족 중심적 경향이다. 다양한 시대와 사람들의 삶에서 춤의 비슷한 점들과 차이점을 살펴볼 수 있도록 해야 하고 인간의 삶 속에서 춤의 다원성을 이해할 수 있도록 진행되어야 한다. 이는 곧 신체를 통해 한 개인의 역사적, 문화적 배경, 그리고 인종적 정체성 등 모든 측면에서의 존재의 구현을 갖게 되기 때문이다.

포스트모더니즘 철학자들의 철학적 사상을 토대로 급변하는 세계에선 단일한 주체를 중심으로 한 획일적인 교육이 거부된다. 그러므로 우리가 살고 있는 포스트모던 사회에서 중요시되는 춤교육은 '광기와 시선'과 '다원성'의 중요성을 인식한 새로운 실천의 논의를 가져야 한다. 이를 통해 신체가 하나의 주제로서 표현되고 이해될 수 있다는 가능성을 인식하여야 하며 이에 '광기'를 통한 새로운 인식을 통해 신체의 이미지를 새로이 생성시킬 수 있다. 기본적으로 사회적, 역사적 사건에 속박되어 있는 신체는 '권력' 속에서 획일화되어 버릴 수 있기

에미오그레코 – 지옥(Hell, 2006), 이탈리아

때문에 신체 속에 흐름을 부정하고, 시선의 각성을 통해 새로운 신체로 바꿀 것을 요구한다. 이는 다원성(pluralism)을 통해 국가와 사회의 각 구성원들의 삶에 의미가 있음을 인식하는 것으로 춤의 살아있는 독특한 경험이 될 수 있다. 이는 춤교육을 통한 비판적인 사고로의 변화로서 춤의 의미와 그것이 드러내는 문화적인 가치를 알게 되고 자신의 가치를 살펴보는 계기가 될 것이다.

2. 페미니즘 속의 춤교육

포스트모더니즘의 시대 속에서 페미니즘은 제2의 물결을 꽃피워 왔다. 페미니즘은 포스트모더니즘이 남성중심주의적 사고를 근대형이상학의 소산이라고 보는 것처럼 근대형이상학의 근본주의, 보편주의 철학이 여성의 억압에 기여했다고 보았다. 이것은 또한 이분법적 사고를 통해 이성/감정, 능동/수동, 강함/약함, 공적인 것/사적인 것 사이의 이분법을 남성/여성의 이분법인 이데올로기적 사고에 직면하여 페미니즘은 포스트모더니즘의 근대 형이상학의 해체를 시도하는 것처럼 남성중심주의의 해체를 추구한다.[15] 이에 페미니즘과 포스트모더니즘은 각기 정치적이고 철학적인 면에서 서로 다르지만 상호보완적으로 작용하며 서로 바람직한 결과를 얻어내고 있다.

포스트모더니즘 이론은 모든 사물을 '만들어진 것' 내지는 구조화된 것으로 여기는 구조주의 입장에 반발하며 남녀의 성차와 역할에 대해 근본적인 원인이 있는 것이 아니라 사회적 인식과 관습에 의한 결과물이라는 사실을 뒷받침해줌으로써 궁극적인 변화 가능성을 주장하는 페미니즘이론을 뒷받침해준다. 포스트모더니즘의 특징이 페미니즘에 부합하면서 80년대 본격적으로 포스트모던 페미니즘론이 활발히 진행되었다. 진정한 의미에서의 여성 해방의 과제, 즉 가부장제의 구조적 모순을 인식하고 남성 중심의 문화에 도전하여 여성의 특성을 탐구하는 현대적인 의미의 페미니즘이 남성 중심적 담론인 모더니즘의 붕괴와 때를 같이 하여 포스트모더니즘 속에서 영향을 받았다.

페미니즘은 남성이 지금까지 누려왔던 사회・경제・정치적 권리를 여성도 평등하게 누리기 위한 사회적인 운동이다. 이러한 페미니즘 운동은 남성 중심 사회가 여성의 억압을 일으킨다고 주장한다. 진정한 의미에서 권력중심의 문화에 도전하여 페미니즘을 통한 춤교육을 논의하고자 한다.

(1) 페미니즘

페미니즘은 여성과 남성의 성 차이 때문에 일어나는 불평등과 억압에서 벗어나고자 시작된 움직임이다. 18세기 영국의 매리 울스턴 크래프트(Mary Wollstonecraft)가 쓴 『여성 권리의 옹호(A vindication of the rights of woman, 1972)』는 중산계급 여성의 정신적, 경제적 자립이 주장된 페미니즘에 관한 최초의 글이었다.

페미니즘은 라틴말로 여자를 뜻하는 'femin(a)'과 'ism'이 결합한 용어로 남성이 지금까지 누려왔던 사회·경제·정치적 권리를 여성도 평등하게 누리기 위한 사회적 사상이 배경이 된다.

페미니즘 운동의 '페미니즘의 제1물결(The first wave feminism)'은 19세기 말에 이르러 영국과 미국을 중심으로 여성의 참정권 획득 운동으로 시작됐으며 이것이 페미니즘 운동의 기폭제가 되었다. 20세기 초까지 일었던 이런 움직임은 여성이 근본적으로 남성과 같으나 여성에 대한 차별은 불평등한 사회관습이나 법, 제도 등에 의해 이루어진다고 파악한다.16) 페미니즘의 '제2의 물결(The second wave feminism)'은 1960년대 후반 시작된 포스트모더니즘의 영향으로 다시 불거진 페미니즘 운동의 부활이다. 포스트모더니즘은 기존 전통과의 단절, 실험정신, 저항성 등을 내포하며 '저항'은 여성의 불평등을 중심으로 시작되어 제2의 페미니즘의 운동에 영향을 준다. 그뿐만 아니라 제2의 페미니즘 운동은 여성의 평등한 정치적 권리가 빠진 것과 함께 가족·섹슈얼리티·노동 등의 영역에서도 운동을 벌였다.17)

이러한 페미니즘 운동은 여성은 남성과 근본적으로 다르다고 주장한다. 그 '차이'로 인한 여성의 '다른 경험'이 남성 중심 사회에서 차별화 또는 차등화 되고, 이 때문에 여성에 대한 차별과 남성에 의한 여성의 억압이 야기된다고 주장한다. 페미니즘은 남성/여성의 이분법인 이데올로기적 사고에 직면하여 남성중심주의 해체를 추구한다. 페미니즘의 기본 개념인 타자가 여성으로 대변된다는 것과 남/여 이분법을 해체하려는 페미니스트의 전략이 포스트모더니즘과 불가분의 관계를 이루기 때문에 이 둘을 일부로 보거나 동등하게 평가하는 시각이 존재한다. 이 두 가지 이론의 특징 가운데 가장 주목할 만한 것이 '자아의 해체'와 '주변적인 것의 부상'이다. 주변적인 것은 '타자(他者)'로 명명할 수 있는데,

'타자는 줄곧 소외됐던 여성이다.'라는 등식이 성립하게 되었다. 이러한 페미니즘의 특징은 1980년대 본격적으로 활발히 진행되었다.[18]

페미니즘 이론은 남녀의 성차와 역할이 원래부터 정해진 것이 아니고 사회의 인식과 관습에 의해 이루어진 것으로 파악했기 때문에 궁극적으로 변화 가능하다고 설명한다. 진정한 의미에서의 여성 해방의 과제, 즉 가부장제의 구조적 모순을 인식하고 남성 중심의 문화에 도전하여 여성의 특성을 탐구하는 현대적인 의미의 페미니즘이 출현한다.

엘리슨 재거(Alison Jaggar)의 페미니즘의 다양한 관점의 정의는 다양성을 명백하게 인식하고 있다. 이전 페미니즘의 개념적인 정의는 인식에 가려진 채 지나치게 단순화되어 있다.[19] 그러므로 좀 더 넓은 개념으로 본다면 논리적인 사고체계가 현대로 들어서면서 일률성을 벗어나 다변화되며 모던시대에 억눌리고 제외되었던 소수의 입장까지 대변하기 시작하였다. 이에 변화하는 세상에 대한 다양성의 대응은 하위문화나 변두리 문화로 홀대 받던 문화 형식들을 부상시켜 주변에서 중심부로 이동하게 된다.

페미니즘 시각은 여성이라는 존재의 조건과 경험에서 시작하여 현재는 다른 학문 분야에서 이루어진 페미니즘 비평의 영향을 받아 생산 및 평가에 관한 연구의 결과로 문화에 대한 좀 더 복합적인 비평까지 제공한다. 페미니즘은 여성이라는 이유로 그들을 조직적으로 거절하는 기회들과 남성들과 동등한 경쟁을 방해하는 사회적으로 부과된 기존 장벽들에 초점을 맞추고 있다. 목적은 여성이 사회권력 구조 속으로 진입하고 그들의 능력에 맞게 그 권력 구조상의 상승을 꾀할 동등한 기회를 줘야 한다는 것이다.[20]

지금까지의 역사 서술 대부분은 인류의 절반을 차지하는 여성의 역할을 축소해 왔다. 그것은 우리 문화를 주도하는 담론이 대개 가부장적이었기 때문이다.[21] 이러한 담론을 폭로하고 그 가치를 떨어뜨리는 것이 페미니즘의 전략 목표이기도 하다. 페미니즘은 현대의 철학적 흐름인 후기 구조주의와 기호학 그리고 심리 분석학적 방법론을 활용하면서 비평에서의 페미니즘적 시각을 받아들였다.

현재의 페미니즘 경향은 여성이 겪는 사회적 불평등 이상의 것에 의문을 제기한다. 여성을 남성과의 관계에서 불리한 위치에 놓는 이데올로기의 심층적 구조를 고찰하는 과정을 통해 가부장제와 마찬가지로 사회계약 역시 또 하나의 예임을 확인할 수 있다. 의식이나 자아가 주체의 중심이 아니라는 라캉적 정신분석의 통찰에 영감을 받아 페미니즘은 언어, 법 그리고 철학에서의 성차별(gender bias)에 도전한다. 여성은 단순히 남성과 동등해지는 것을 목표로 해서는 안 되며 새롭고 고유한 여성적인 언어, 법 그리고 신화를 발전시켜야 한다고 주장한다.[22] 이제 페미니스트들은 여성적인 것의 본질보다는 성(gender) 차이에서 비롯되는 효과와 상호작용까지 연구하고 있다. 이것이 페미니즘의 가능성이다.

이로써 페미니즘을 통한 춤교육도 계급적인 이데올로기 체제에 도전하여 계급의 불평등을 인식하고 교육이 사회 변혁을 주도할 수 있어야 한다고 제시한다.

또한, 페미니즘의 교육은 성 불평등과 사회 문화적 성이 교육 영역 안에서 중요하게 다뤄져야 할 문제라는 것과 근본적인 주체는 '여성'이라는 점을 강조한다.[23] 넓은 의미에서 모든 페미니즘은 여성의 힘 기르기(empowerment)에 있으며, 이 힘 기르기는 여성이 겪는 모든 형태의 억압으로부터 해방될 수 있는 중요한 원천을 제공한다.[24] 이에 페미니즘 교육의 의미는 타자로만 여겨졌던 이 세계를 여성들도 함께 공유할 수 있는 세계로 나아가게 하는 데 있다.

결국, 교육은 젊은이들을 더 넓은 사회 속 문화를 접하게 하면서 동시에 사회화의 과정에 참여하도록 한다. 페미니즘은 인간이 서로 상호보완적으로 작용하고 사회 속으로 더 깊숙이 침투할 수 있도록 길을 열어주는 바람직한 결과를 얻어내게 한다.

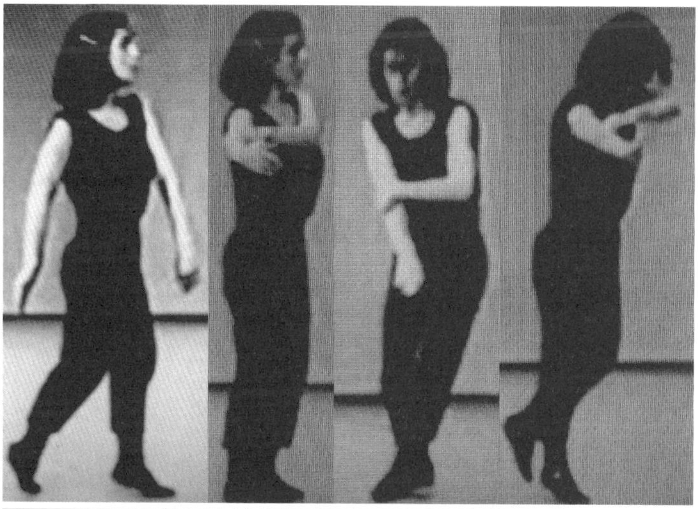

이본느 레이너 – 트리오A(TrioA, 1966)

이본느 레이너 – 혼합사진(A composite photograph, 1972)

이본느 레이너 – 국기공연(flag show, 1970)
국기와 누드의 결합은 압제와 검열에 대한 이중목적(Peter moore사진)

*저드슨 춤단체의 몇몇 여성들은 여성의 재현에 도전하는 작품을 창작하고 60~70년대 여성주의사고(思考)를 반영하였다. 이 작품은 전통적인 여성역할에 대해 강력한 반기를 초래했음은 물론 몸의 역량을 예찬하는 춤이다.

(2) 페미니즘 페다고지와 춤교육

1779년 트랩(Trapp)이 교육학 강좌를 창설하면서 '교육학'이란 학문이 정립되었고 페다고지(pedagogy)는 교육 현장에서 교육 방법에 대한 이론적 준거를 제공하였다. 원래 교육학의 의미를 포함하는 페다고지의 어원은 그리스어 páid(어린이)와 agóus(이끈다, 지도한다)에서 찾을 수 있다. 교육학의 모형이 학생의 자아개념, 경험의 역할, 학습 준비도, 학습 성향, 동기에 대해 각기 다른 모습을 지닌다고 주장[25]하게 되면서 페다고지라는 용어가 쓰이게 되었다. 페다고지는 무엇을 언제, 어떻게 학습하게 되는지에 관한 것이 온전히 교사의 몫이며 이는 학생이 교사의 교육 방법에 절대적으로 따르는 교사 중심 교육으로 교수－학습 과정에 중점을 둔 것이다.

페미니즘은 교육학(pedagogy)과 함께 학계에서 지속적으로 가부장 사회를 비판하고 여성의 권리를 향상하고자 하는 일련의 교육학을 위한 행동으로 나아가고 있다. 이 페미니즘 페다고지는 그것이 중시하는 측면에 따라 크게 5개의 범주로 나눌 수 있다.

먼저, 첫째, 여성의 권리 신장과 보장을 중시하는 자유주의 페다고지의 교육적 관심은 평등한 교육 기회, 성 역할 사회화와 성차별주의라고 정리할 수 있다.[26] 이들은 불평등한 성 고착화 현상에서 벗어나 성 평등을 지향하며, 여성 극복 방법으로 양성적 인간을 육성할 것을 주장한다.

둘째, 마르크스, 사회주의 페다고지는 성 억압을 사회구조에 연결함으로써 여성 억압이 계급적 억압에서 기인한다는 것이다.[27] 마르크스, 사회주의 페다고지는 사회 문화적 성인 젠더가 권력관계와 연결되어 학교 교육을 통해 어떻게 재생산되는가에 관심을 둔다. 학교 안 위계질서 속에서 이루어지는 성별분업은 가부장적 사회의 이데올로기에 의해 학교 교육 가운데 재생산된다는 것이다. 이들은 성별화 된 계급집단(gendered class group)이 학교 교육 과정 안에서 형성되고 재생산되는 것에 주목한다. 학교란 젠더와 계급투쟁이 치열하게 일어나는 장소로서 이러한 투쟁을 통해 특정한 계급 또는 특정한 성의 지배와 종속이 유지되고 재생산되는 곳이라고 설명한다. 마르크스, 사회주의 페다고지는 계급적인 이해를 위한 투쟁뿐만 아니라 인간 이해를 위한 투쟁도 병행하고 있다. 마르크스, 사회주의 페다고지는 사회의 기본구조를 인간이 수행하는 생산력과 관련시킨다.[28] 이 입장은 교육의 문제를 사회구조 안에서 고찰하였다는데 의미가 있다.

셋째, 급진적 페다고지는 '지나치게 빠른(radical)'이라는 의미가 있으며 근원적 페다고지라고 불리기도 한다. 급진적 페다고지는 성의 문제를 더욱 부각하고 여성과 공동체에 대한 사회적 관심을 확대하는 방향으로 발전되었다. 여성의 완전 해방을 중시하는 급진적 페다고지는 남자가 학교 지식과 문화를 전유하는 과정에서 파생되는 성별 불평등 즉, 학교에서 배우는 지식은 남성의 사고와 경험만이 기술된 반쪽 지식을 보편적인 '인간의 지식'으로 포장된 채 학생에게 제공된다고 말한다. 때문에 급진적 페다고지는 여성 중심의 교육 환경(예: 남녀별학, single-sex schooling)의 건설을 주장하였다. 성이 고려된 교육은 하나의 정답보다는 성교육 차별에 끊임없이 질문하고 관심을 갖는 것이 해결책이다.[29] 급진적 페다고지는 이성에 관계있는 힘의 불균형을 비판한다.

넷째, 정신분석학 페다고지는 개인의 심리적 발달과 해방이 주된 관심사이다. 가부장적 사회에 길든 여성 심리의 건강한 발달과 나아가서 여성의 억눌린 심리의 해방에 초점을 둔다. 블렌키(Belenky)와 그의 동료들은 「여성을 인식하는 방법(Women's Ways of Knowing(1986))」[30]에서 여성의 학습 방법은 그동안 정신과 문화가 남성 영역으로 간주되어 여성의 정서적인 감정이 억눌려지고 신체적 감정조차 무시되기도 하였다고 밝힌다. 이에 어머니와 대지, 자연과 인간을 통한 여성 학습 방법은 지금까지 남성 중심의 보편적인 학습방법과는 다르다고 주장한다.

다섯째, 후기 구조주의 페다고지로 나누어진다. '포스트모던'과 '후기구조주의' 사상은 서로 맥을 같이 하고 많은 경우 그 뜻도 동일하게 사용된다. 포스트모던 페미니스트들은 교육의 성별 불평등을 여성의 침묵에서 기인한다고 주장한다. 이들은 이러한 침묵을 여성의 또 다른 목소리라고 간주한다. 여성의 침묵을 남성이 지배하는 공적인 담론의 저항으로 파악한다. 이러한 여성들의 담론은 잡담, 수다 등으로 지배적 남성 담론에 대항하는 사회 문화적 실천이 될 수 있다[31]는 것이다.

이처럼 페미니즘의 페다고지는 교육학적인 해석이나 이해에서 약간의 차이를 드러내지만, 방대한 운동과 이론을 구축하기에 이르렀다. 그러므로 페미니즘을 통한 교육은 춤을 가르치는데 중요한 가치를 갖는다. 페미니즘 페다고지는 춤교육에 대한 논의를 통해 실천으로 활용할 수 있을 만큼 이미 우리 사회에서 그 정당성을 보유하고 있다.

앞서 살펴본 결과 페미니즘을 통한 춤교육은 지금까지 인류의 문명을 이끌어 온 남성의 의식은 물론 여성 자신의 의식에 대한 '재건'에 중점을 두어야 한다. 그러므로 우리는 페미니즘 춤교육을 사회 문화적 경향을 넘어 인간 사회의 기본적 질서, 행복 추구에 대한 인간의 교육으로 보아야 한다. 춤교육은 페미니즘의 모든 교육적 개념을 재검토하여 새로운 사회를 지향한다. 그러므로 춤교육은 존재와 역사의 전 영역을 규정지으려는 획일적 사고를 차이와 타자를 통해 해체하고 다원성으로의 이행을 시도하고 있다.

이에 페미니즘을 통한 춤교육의 실천은 '몸의 경험'과 '주체성의 형성'을 그 실천방안으로 제공하고자 한다. 이를 통해 우리는 춤이 페미니즘 교육론을 숙고하면서 교육을 통해 어떠한 측면을 배우게 되는지를 알아볼 수 있다. 그것은 남성 위주의 억압된 무력의 이미지에서 벗어나 교사의 역할과 교실에서 획일화

트리샤브라운 – 집적(Accumulation)

*주체성과 과정

트리샤브라운 – 측면통과

*춤꾼이 공중에 매달려 똑바로 서지 않는 동작의 시도

된 강제적인 교육을 벗어날 수 있는 힘을 기르는 역할이 중요함을 살피는데 있다.

페미니즘을 통한 춤교육은 실천을 강조한다. 즉, 페미니즘의 실천적 귀결이 되는 춤교육은 새로운 사고의 표현이다. 이러한 새로운 사고는 차이와 타자에 대한 관심과 배려로서 교육과 연결된 인지 방식을 가진다. 이는 남성중심주의를 해체한 페미니즘을 통한 교육적 가치의 요구이다. 그러므로 페미니즘 춤교육을 통해 몸의 경험과 주체성 형성을 새롭게 구성하고 춤 예술가들이 그것을 재생산하는 활동에 관심을 기울여야 한다.

(3) 춤교육의 실천 논의

1) 몸의 경험

페미니즘을 통한 춤교육은 여성과 남성의 차이를 인정하며 이러한 차이를 근거로 인간의 사고와 삶을 찾아 나가는 데 있다. 이러한 페미니즘을 지지하는 교사들은 학생들의 현실 경험을 끌어내고 그들만의 독립적인 사고로 이끌어 내는 교육을 설명하고자 한다.[32]

춤교육에서 경험을 통한 학습은 각자의 학습 유형을 도출하는 데 있다. 이것은 페미니즘을 통한 교육으로 중심적인 교육에서 벗어나 얼마나 삶이 각자 개인의 뿌리를 통해 이루어져 있는가를 알고 그 차이를 인정하는 것에 있다. 그러므로 춤교육은 페미니즘을 통해 새로운 개안(開眼)을 갖는 매우 중요한 일이 된다.

① 삶의 경험

페미니즘 춤교육이란 생생한 삶의 경험을 통해 문화와 공존하는 세상을 살펴보는 것이다. 이에 춤교육은 삶의 경험을 이해하기 위한 노력에 중점을 둘 수 있도록 이끌어야 한다. 삶에 대한 경험이란 자신의 경험과 연관된 사회적 관점을 살피고 그것이 자신이 속한 개인의 경험을 넘어 집단적인 경험으로 어떻게 느끼게 되는지 알게 하는 것이다. 여기에서 우리는 세계를 더 정당하고 열정적인 곳으로 재형성하기 위해 신중하고 의식적인 투쟁의 모습을 찾을 수 있다. 즉, 의식적인 투쟁의 모습은 교육이란 생생한 삶의 경험에서 출발해야 한다고 주장하는 페미니즘과 결합하는 것을 말한다. 그렇다면 우리는 춤교육 현장에서 어떻게 가르치고 배워 나갈까?

천주은 – 얼음심장

엘리자베스 엘즈월스(Elizabeth Ellsworth)는 교실 안에서의 획일적인 가르침 즉, 권위주의적인 구조[33]에 주시했다. 그녀의 말처럼 춤을 배우는 학생 대다수가 일괄적인 수업을 받아온 것이 사실이다. 물론 춤 수업은 전통적인 테크닉을 배우는 것이 시작임은 분명하다. 우리는 전통적인 방식으로 수업에서 기술과 형태를 배워 나간다. 특히 기술적인 수업에서 교사는 권위 그 자체이다. 이러한 춤의 교육적 방식 속에서 우리는 교사에게 춤에 관한 지식까지 배우게 되는 것이다. 어떤 경우는 교사는 동작 하나하나를 상세하게 가르치고 학생들은 이러한 동작을 반복하고 심지어 교사의 몸짓 그대로를 학습하게 한다. 그뿐만 아니라 학생들은 이러한 동작을 지속적으로 반복하고 자신이 아닌 바로 교사가 되기 위해 최선을 다한다. 획일적인 교사의 수업은 권위와 학생의 복종 속에서 지속적으로 학습된다.

교실은 하나의 권력체계를 이루고 있다. 춤교육에서의 전통적인 교육론은 교사와 학생 사이의 긴밀한 복종관계를 의미한다. 긴밀한 복종관계란 춤교육에서 교사의 지도로 손과 발의 움직임, 몸의 사용법 그리고 공간의 사용 등을 학생들이 지속적으로 교정하고 수정해 가면서 그들을 거의 복제품에 이르게 하는 노력을 말한다. 이러한 전통적 교육론은 획일화된 움직임과 지시 복종 여부가 학습의 관건이 된다. 학생은 이러한 노력 속에 교사처럼 되기 위해 절대적인 복종관계를 유지한다. 전통적인 춤교육론은 교사가 세운 기준에 근거하여 모두를 획일적인 교육의 테두리 속에 넣으려 하고 이러한 교육은 절대적 복종을 강조하는 획일화된 교육이 된다.

권위적인 수업은 창조적으로 가기 위한 길을 제한한다. 그러나 전통적인 춤교육론이 신체적 힘과 기술 발전에 도움이 되는 것은 부정할 수 없다. 물론 춤을 학습하는 사람은 때론 기술적인 문제에 중점을 둘 때가 있다. 전통적인 교육론에서 지향하는 반복적인 학습이 때론 필요로 하겠지만, 학습 과정에서 중점을 둬야 하는 것의 첫 번째가 기술이 되어서는 안 된다. 우리는 춤을 교육할 때 기술 역량을 발전시키는 것 속에 교육이 총체적 억압체계를 가지는가를 다시금 살펴보아야 한다. 예를 들면 쥬떼(Jete)를 뛸 때 기술보다는 주제를 위한 동작적인 수단이어야 하며, 그 속에서 교사의 기술 속에 담긴 정서와 사고를 전달해야 하는 것이 주목적이 되어야 한다.

② 주제를 위한 동작

페미니즘의 관점에서 본다면 우리는 학생들의 수업에서 나타난 긴밀한 복종의 관계에 의한 획일적인 움직임을 떠나 차이를 인정하는 사고로의 전환이 필요하다.

춤을 배우는 데 있어서 학생들은 그들이 춤을 추는 것이 그들 삶의 경험을 나타내고 각자의 다른 차이는 다양성의 표현임을 인지해야 한다. 춤을 배우는 것은 각자의 차이에서 발견되는 다양성을 받아들이고 다시 사회와의 관계 속에 재생산해내기 위해 배우는 것임을 잊어서는 안 된다. 춤교육은 전통적인 학습을 위한 기능적인 교육을 수행하는 학교라는 관념에서 벗어나 페미니즘의 춤교육을 통해 자신의 삶을 표현할 수 있도록 교실에 내재한 지배계급에 저항하는 이데올로기를 가져야 한다. 학생들은 차이를 인정하고 저항의 이데올로기 속에서 자신만의 창조적 역량을 키워나갈 수 있다.

우리는 몸을 통해 한 개인의 삶에 대한 기억을 가지며, 기술적인 춤의 완성을 위한 도구로 취급된 몸을 뛰어넘어 풍부한 지식의 원천을 만들어 나갈 수 있다. 페미니즘 관점에서 춤교육은 자기 삶의 경험을 반추해 보고 이를 통해 자신의 존재를 점검하고 사회, 문화에 대한 견해를 비평적으로 검토해 볼 수[34] 있어야 한다.

블렌키(Belenky)는 무의식적인 것을 의식화하는 행동에 대해 저술하고 있다. 블렌키에 의하면 무의식적인 행동은 페미니즘 교육으로 몸의 기억을 포함한다.[35]

춤은 학생들에게 그들 자신의 몸과의 관련성을 떠올리는 것을 포함한다. 몸은 춤출 때 필요한 가장 기본적인 도구지만, 기술적으로 어떤 동작을 표현할 수

앨빈 에일리 – 계시
(Revelations 1960)

있는 것만이 아니라 하나의 주제로서 이해될 수 있다는 가능성을 인식하여야 한다. 우리가 춤추는 춤 속에 자기 자신이 있다는 것을 인지하여야 한다.

자기 삶의 경험에서 출발하여 미국을 대표하는 전설적인 흑인 안무가이자 춤꾼이 된 앨빈 에일리(1931~1989)의 예를 들어보자.

그의 작품 〈계시(Revelations, 1960)〉에서도 볼 수 있듯이 검은 피부색과 대비되는 흰색 원피스와 흰색 우산은 당시로써는 매우 파격적이었다. 그뿐만 아니라 앨빈 에일리는 흑인만의 정열적인 움직임 즉, 엉덩이를 반복해서 움직이는 그들 고유의 춤을 발레에 도입하였고 흑인 특유의 긴 팔과 다리를 사용하여 흑인의 장점인 유연성을 내세웠다. 또한 아프로 캐리비언(Afro-Caribbean) 리듬을 혼합하여 몸통에서 시작한 수축과 팽창이 팔다리로 퍼져 나가는 비트와 불규칙한 움직임을 선보였다. 흑인들의 영혼이라고 불리는 흑인영가를 사용한 〈계시〉는 흑인의 몸에 새겨진 기억으로 그들의 삶을 떠올리게 하는 자신들의 춤을 찾고자 하였다. 그뿐만 아니라 미국 사회의 인종 탄압을 묘사함과 동시에 하위 주체로서의 그들의 위치를 재정립하였다. 앨빈 에일리는 자신의 감정을 춤으로 표현하는 능력을 최대한 활용하여 그들 과거의 상처를 치유하려고 노력하였다.

③ 차이에 대한 인식

우리는 차이가 결코 부끄러운 것이 아니며 이를 인식하고 자신의 삶에 내포된 기억을 소중히 여겨야 한다.

앨빈 에일리는 자기 삶의 경험을 소중히 하여 인종 차별을 받았던 흑인들의 과거 경험을 몸으로 주저 없이 당당히 표현해 강한 저항의 의지를 보여주었다. 그들은 춤을 통해 그들이 겪은 고통을 단순히 잊어야 할 과거로 묻어두는 것이 아니라 춤 예술로 끌어올려 이를 극복하고 희망적인 미래로 나아갈 수 있도록 하였다.

이처럼 몸의 기억은 자신의 피부, 몸의 형태, 심지어 조상의 뿌리까지 포함한 삶의 모든 경험을 포함한다. 몸에 대한 기억 속에서 춤이 지닌 상상력은 곧 창조력으로 이어진다. 학생들은 몸의 기억 속에서 관심과 경험 그리고 두려웠던 일과 자신들의 희망찬 미래를 통해 자신들의 자아와 다른 사람들의 자아를 볼 수 있다. 우리는 다른 사람과 공유하는 사회 문화적 경험과 우리의 독특한 개인적 경험으로 우리가 지향하는 교육을 통해 자아를 형성할 수 있다.[36] 이는 페미니즘 춤교육으로 학생들이 비평적인 반성의 과정에서 의식적인 선택으로 자유라는 개념과 연결 지어 비로소 자기탐험을 통한 생생한 삶의 경험을 되찾게 되는 것이다.

박시종 – 염화미소

우리는 자신의 몸을 탐험하는 과정을 통해 그 속에 기록되어 있는 의미를 찾으려 노력해야한다. 따라서 춤교육은 교사가 획일적으로 제시하는 기술과 지식의 강압으로부터 자유로워지기 위한 시도이며, 저항을 통해 엘리트주의와 위계구조를 파괴할 수 있는 가능성을 열어준다. 또한 춤의 과정을 통해 민주화를 위한 시도와 개인의 진정한 뿌리 찾기를 위한 교육의 본질적 가치를 제시할 수 있다.

페미니즘교육을 통해 춤교육에서 언급한 몸의 크기, 형태의 관점은 단순히 몸을 넘어 자신과 세계의 사람들의 가치와 문화적 의미를 인식하는 것이 필요하다. 즉, 진정한 교육을 이해하기 위해 우리 몸속에 잉태된 문화의 가치를 이해해야 하며 이를 통해 움직임이라는 몸짓으로 저항과 몸의 경험을 통한 자유를 이해할 수 있어야 한다. 몸을 통한 삶에 대한 경험은 자신이 사는 시대적 상황 속의 권한, 권력, 그리고 동일성을 문제화하고 성(性)과 계급, 인종, 성적 선호도, 문화적 차이 등의 주제를 검토하게[37] 되기 때문이다.

페미니즘을 통한 교육 내에서의 차이는 불평등을 바라보는 시각이 아니라 다양함을 볼 수 있는 시각을 허용하는 것이다. 아울러, 페미니즘을 통한 춤교육의 실천 방안을 제시하면서 몸이 기억하는 인간관계를 생각하게 되고 새로운 몸에 대한 재인식으로 변혁적인 사고를 갖게 된다. 우리는 몸을 통해 한 개인의 인종적 정체성과 성적인 측면은 물론 인간의 존재와 역사・문화적 배경, 그리고 한 개인의 존재적인 구현까지 살펴볼 수 있다. 춤교육에 있어서 전통적인 기술의 답습을 넘어 자신을 향한 자유 찾기라는 가능성을 깨닫고 몸을 통해 세계에 대한 책임감까지 부여받은 움직이는 몸이라는 것을 알게 되는 것이다.

페미니즘 춤교육은 우리가 경험하는 현실에서 사회적 가치를 인식하게 하고 개인과 사회를 통해 자신들의 신념을 갖게 하며 우리의 열정을 확신시키고 인식하는 힘을 길러준다. 이러한 학습 유형은 그동안 어떠한 권위에서 창출된 전통적 학습 유형에서 벗어나 개인의 삶을 변화시키는 힘과 능력 획득에 초점을 맞춤으로써, 학생들 삶의 변화는 물론 개인적인 요소와 사회 구조적 요소와 상호작용을 한다는 사실까지 깨닫게 한다.[38] 그뿐만 아니라 이러한 교육적 바탕 속에 자라난 학생들은 창조적 역량을 갖고 자신의 본성을 되찾는 힘을 갖게 된다. 이것은 인간 본성을 찾아가는 과정으로 우리의 삶을 새롭게 한다. 페미니즘의 춤교육은 우리에게 단순히 테크닉적인 습득의 장을 넘어 몸에 담긴 경험을 통해 인간의 본성을 찾아가는 춤이 되도록 이끌어 간다.

2) 주체성의 형성

페미니즘을 통한 춤의 구체적인 교육적 실천은 관심과 배려이다. 페스탈로치는 어머니의 심상을 교육론의 초석으로 사용하고 있으며 그가 강조한 어머니에 대한 의미를 살펴볼 수 있다. 그는 교육에서 어머니가 가진 끝없는 신뢰와 드넓은 포용력은 넓은 바다를 헤쳐 나가는 교육의 중요한 요소가 된다고 말한다.[39]

어머니가 지닌 모성의 의미를 회복하고 확장시키는 것이 페미니즘의 춤교육을 하는 길이다. 또한, 드넓은 포용력 속에 강조되는 페미니즘의 여성적인 사고는 여성뿐 아니라 남녀 모두가 지향하는 더 성숙한 사고로 인지하여야 하며 우리 인격 안에 통합되어야 한다.[40]

① 어머니의 심상

어머니의 심상에 대한 역할이 교육론을 통해 그동안의 획일적, 권력 지향적, 계급구조에 저항하게 된 것은 페미니즘의 이론적 실천에서 그리 놀라울 일은 아니다. 1970년대 미국 여성 심리학자 낸시 초도우(Nancy Chondroid)는 어머니 역할에 대한 분석을 남성과 여성의 심리적 차이로 설명해주었다. 그녀에 의하면 여성과 남성의 경험은 깊은 무의식의 차원에서 발원하고 특히 어머니의 역할은 바로 남성들과는 확연히 구분되는 여성들의 관계적인 심리구조에 의해 이루어지는 것이라고 본다.[41]

넬 나딩스(Nel Noddings)은 페미니즘 교육론의 본질적인 양상인 수용과 보호에

어머니의 심상

대해 언급한다. 보호는 '어머니 언어'(1984)로서 이것은 어머니와 같은 감정적인 순응성을 의미한다[42]고 하였다. 또한 질리건(Gillian)은 여성의 삶에 미치는 '보호의 미학'이 남성의 권리의 미학과는 대조적으로, 여성들의 도덕적 사고의 기저에 깔렸다[43]고 주장하고 있다.

이들 모두의 주장은 페미니즘이 갖는 어머니의 심상을 통해 심리적, 도덕적, 순응적 의미로서 교육론을 취하며, 어머니의 특성을 규명하여 그것을 표출시키는 교육을 다양하게 모색하는 것이다. 이러한 페미니즘이 갖는 어머니의 특성은 춤교육론에서 학생들이 자신의 능력을 찾아내고 그것들을 발전시킬 수 있도록 고무시킨다. 많은 학생은 교사의 따스함과 포용력에서 도전적 시도의 힘을 얻는 것이다. 도전은 학생에게 스스로 자신을 찾아가고 문제점들을 처리하는 자신을 발견할 수 있게 된다. 그뿐만 아니라 아이들에게 언제나 동정심을 발휘하고 도움을 주는 어머니에 대한 심상을 배워가는 개인으로 성장해 나간다. 페미니즘 춤교육은 어머니의 신뢰와 끝없는 포용력 속의 무한한 힘으로 학생들의 창작력을 이끌어 내는 것이다.

춤은 자신의 표현이고 이것은 창조적인 수업인 춤 수업에서 진정으로 중요한 일이다. 창조적인 춤은 무한한 힘과 끝없는 포용력의 안정 속에서 학생들이 힘을 얻고 자기표현을 촉진하는데 큰 역할을 하게 된다. 이것이 어머니의 이미지를 춤교육론에서 찾으려는 이유이기도 하다.

교실은 하나의 공동체다. 그동안의 획일화된 춤교육은 공동체로 구성된 교실 안 학생들을 발전적으로 이끄는데 어느 정도 영향을 미쳐온 것은 사실이다. 또한, 이러한 가르침은 교실 내 학생들의 전체적인 기술 향상에 이바지한 것 역시 사실이다. 그러나 근대의 획일화된 과학 기술의 진보 속에서도 권력에 종속된 지식 때문에 본질적으로 모순될 수밖에 없었던 것을 인지한 것처럼 결국 개별화된 주체인 학생들을 관리와 통제로 묶은 춤교육은 완벽한 교육이 될 수 없는

색깔 드러내기

한계를 드러내게 될 것이다. 관리와 통제의 교육은 결국 창조적 결핍을 가져올 것이며 춤교육에서 창조적 영향력을 키우는 일이 커다란 문제점을 갖게 될 것이다. 그러므로 창조적인 역량은 공동체의 획일화된 움직임의 교육과의 투쟁을 요구한다.

② 색깔 드러내기

어머니의 모성이 지닌 관심과 배려 속에서 학생들은 창조적 역량을 얻기 위한 투쟁의식의 힘을 기르게 된다. 이때 페미니즘 춤교육에서 얻은 어머니의 끝없는 포용력 속 무한한 힘으로 자신의 '색깔 드러내기'를 이뤄내야 한다. 이를 위해서는 개인 자신이 권력에 의한 강제적 복종구조를 극복하고 획일화된 모순을 끄집어내어 교실 안 주체를 자신으로 바꾸어야 한다. 자유로운 의사소통과 춤교육에 의한 학생들의 실험적이고 도전적인 춤을 수용해야 하고 이들이 가진 각자의 개성을 살릴 수 있도록 힘을 주어야 한다.

페미니즘의 춤교육은 '색깔 드러내기'로 교실 안에서 성공과 실패를 경험하

프리다칼로
(Frida kahlo)
1907~54 멕시코

게 되더라도 이를 두려워하지 않고 도전할 수 있는 무한한 모성의 힘을 제공해야 한다.

교실 안에서 모든 것이 성공한다는 가정 아래 학생들을 가르치며 교사가 동등한 기회와 여건을 제공한다는 획일적인 사고에서 나오는 교육은 있을 수 없다. 현실 속 삶은 모두 다르기 때문이다. 사회생활에서 실패란 언제든 일어날 수 있고, 그것의 성패 여부는 예견할 수 없다. 그래서 교사가 똑같이 진행하는 a-b-c의 순차적인 교육은 학생들이 성장 후 직면하는 사회에는 존재하지 않는다.

그러므로 앞으로 사회에서 교사들이 가르친 획일적이고, 수동적인 자세를 능동적인 힘으로 전환할 수 있는 영향력까지 포함하는 교육론이 필요하다. 페미니즘의 자신의 '색깔 드러내기' 교육은 획일적인 교육을 주도하는 춤교육에서 주체성 확립에 도움을 준다. 학생 자신의 '색깔 드러내기'가 학업 목표와 일치하지 않는 경우도 사회구조에 대한 적응 그리고 성공과 실패를 배워 나가는

독일 돈론 댄스 컴퍼니 프리다 칼로의 푸른집

*프리다 칼로는 자화상을 통해 자신의 정체성을 날카롭게 파헤쳤으며 페미니즘이 성장한 1970년대 이후에 페미니즘 미술의 선구자로 재평가되고 있다.

인식 변화가 주체성 확립에 도움을 주기 때문이다. 이것은 '색깔 드러내기'를 통해 자유에 대한 책임감을 기르는 것으로 새로운 주체성 형성에 도움을 줄 것이다.

그들은 자유에서 오는 용기로 말미암아 더 어려운 시간을 갖더라도 공동체 안에서 자아를 찾고 색깔 드러내기를 할 때 스스로 변화하게 되고 자신의 주체성을 형성하게 되는 것이다. 교실 안에서 스스로 억압된 상태에서 벗어나기를 인식하고 비판과 격려 속에서 변화를 찾게 되는 것이야말로 새로운 주체성을 형성할 수 있는 용기 있는 행동이 된다. 이것이 춤의 페미니즘이 갖는 교육의 힘이다.

페미니즘 이론의 맥락에서 파울루 프레이리(Paulo Freire)는 해방적 교육론이 학생들의 자기 소리의 배양, 관계상의 이해, 학생들이 그들의 몸을 소중히 하도록

독일 돈론 댄스 컴퍼니 프리다 칼로

돕는 것 그리고 그들 스스로 다른 사람을 위한 책임감을 키우는 것 등을 종합한다고 주장한다.[44]

페미니즘을 통한 춤교육에서 학생들이 자신의 '색깔 드러내기'를 위한 투쟁이 절대 쉽지 않지만, 자신을 다스리는 외부의 힘에서 벗어나 생산적인 힘으로 자신의 새로운 주체성을 형성하는 역할을 갖기를 바란다.

마기 마랭의 〈비대한 세상(Groosland, 1986)〉은 바라보는 시선의 주체에서 벗어나 자기 자신의 주체성을 확립하고 성에 관한 인식의 변화를 통해 긍정적인 관점에서 바라볼 수 있었던 작품이다. 이 작품은 발가벗은 뚱뚱한 몸의 거죽을 뒤집어쓰고 2인무를 추고, 독무(獨舞)도 추며 남자 춤꾼이 육중한 몸의 여자를 들어 올리는 유쾌한 풍자를 시도한 작품이다.[45] 그녀는 작품 인터뷰에서 뚱뚱했던 과거의 경험을 "내가 임신했을 때, 뚱뚱한 사람들처럼 뼈와 살이 육중해진 경험이 있어요."[46]라고 털어놓았다. 이러한 경험을 바탕으로 그녀는 바흐의 정

마기마랭 – 비대한 세상 (Groosland 1989, 한국 초연 2006)

교하고 우아한 브란덴부르크 협주곡에 맞춰 뚱뚱한 몸으로 뒤뚱거리며 추는 춤을 시도한다.

그동안 춤에서 가녀린 몸은 여성적인 이미지로 굳어져 있었다. 특히 춤에서 여성의 몸은 여성의 전형적이고 이상적인 틀을 만들어 놓음으로써 어느 예술 장르보다 춤이 여성의 가녀린 몸에 주목해 온 것이 사실이다. 가냘픈 이상을 지닌 여성의 미적 이미지는 근대 과학의 지식 체계의 결과 창조된 사회적 범주였다.

또한, 과거 몸은 비대한 여성과 남성 모두에게 가해지는 폭력을 정당화하기 위해 마련된 이데올로기였다. 권력 억압과 조작의 주체였던 이들은 비대한 몸이 여자뿐만 아니라 남자까지 인간 이하의 천대를 받아도 마땅한 존재라는 사실을 끊임없이 강조해 왔고[47] 이들 역시 그동안의 차별적인 상황에 익숙해져 왔었다. 그만큼 날씬한 몸은 사회적 편견의 시선뿐만 아니라 춤에서 춤의 기술만큼 굳건한 것이었다.

춤에서 날씬한 몸은 일련의 습관까지 요구받아 혹독하고 고된 훈련을 거친

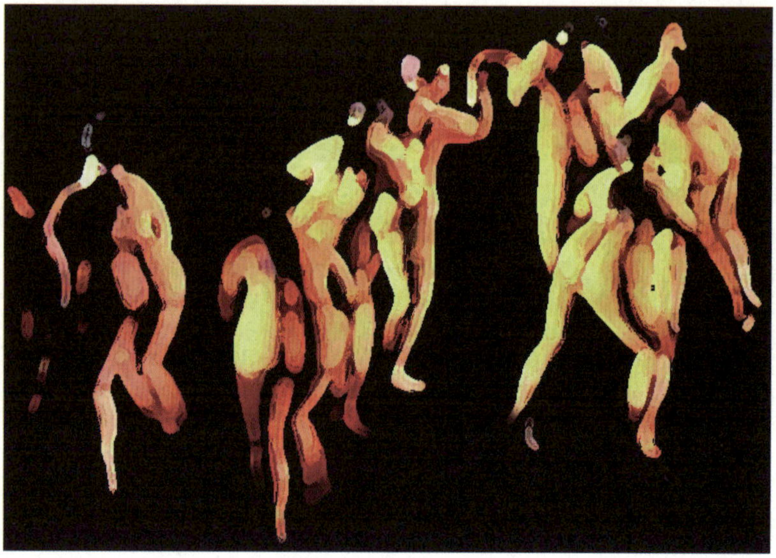

마기마랭 – 비대한 세상 (Groosland 1989, 한국 초연 2006)
*베케트작품으로 〈메이비(May Be)〉 만듦

다. 이에 마기 마랭은 〈비대한 세상〉을 통해 섹슈얼리티(sexuality)와 여성 몸의 관계를 부각하고 근대 과학의 지식체계가 만든 몸의 미적인 이미지에 관한 기준을 내세운 현대사회를 극렬히 비판하고 있다. 그녀는 비대한 육체라는 표현을 통해 여성과 남성 모두를 포함하여 몸을 비인간적인 타자에서 인격적인 주체로 복귀 가능성을 제시하였고 특히 여성 몸의 섹슈얼리티인 성에 대한 해체의 표현에 주목하였다.

그러므로 페미니즘 춤교육의 교육적 관심은 권력에 종속된 지식 때문에 본질적 모순을 가진 중심적 사고에서 벗어나 학생들이 기존과 다른 학습 방법을 발견하는 것이다. 이러한 춤교육은 '색깔 드러내기'로 자신의 삶에 대한 궁극적 목표 설정과 타자에 대한 배려라는 의미 있는 교육의 회복을 중점으로 한다.

학생들의 주체성 확립을 위해 해방적 환경, 전통적인 기관, 인종주의, 성차별주의를 모두 수반한 사회적인 변화를 위한 투쟁을 위해 페미니즘 교육론이 필요하다.[48]

넓은 의미에서 모든 페미니즘 춤교육의 근본적인 목적인 '색깔 드러내기'는 여성과 타자를 넘어 인간이 겪는 다양한 형태의 억압으로부터 해방될 수 있는 중요한 원천을 제공한다.[49] 페미니즘에서 다양성을 명백하게 인식하는 것은 각자 '색깔 드러내기'로 주체성을 확립하는데 있다. 새로운 주체성 형성은 인간문제에 대한 실천적 관심을 둔다는 것을 의미한다. 이는 생물학적 특수성을 극복하는 것으로 페미니즘의 교육론을 통해 재생산되는 것이어야 한다.

페미니즘을 통한 춤교육론은 지금까지의 공적인 담론이었던 교육 과정을 해체하고 일괄적인 문화와 사고 및 일상의 삶조차도 다양함의 사적 담론을 활용하며 교육과정을 개혁하는 한 방법이 될 수 있다고 제시한다.[50]

이러한 페미니즘 춤 교육사상은 교육 과정에서 소외되었던 여성뿐만 아니라 타자들로 주변에 머물러 있는 다른 소외된 하생들, 그들의 주체성을 교육체제의 중심에 갖다 놓을 수 있는 저항 담론을 형성할 수 있는 여건을 마련해 준다.[51] 페미니즘을 통한 춤교육은 학생들 자신뿐만 아니라 사회를 통한 관계 형성에 변화를 가져올 것이다.

엠컨셉 & 빌라빌라 – 델라구아다

이로써 페미니스트 힘의 개념은 지배를 위해서가 아니라 창조적인 잠재력에 초점을 맞추고 '사회를 하나로 묶는 연결고리'[52]로써 인식되어야 한다. 그뿐만 아니라 그들은 춤을 통해 주체성을 형성할 수 있는 계기를 마련하고 자신들과 주변 문제까지도 숙고하게 된다. 그 속에서 춤꾼들의 언어와 신체 동작은 안무와 관련되어 청중들에게 사회에 대한 각각의 다른 시각에서의 이미지를 제시한다. 사회적으로 의식화된 예술을 통해 자신을 변화시키고 이러한 문제를 인식하는 것은 새로운 주체성 형성에 기인한다. 결국, 새로운 주체성 형성은 더 많은 창조에 힘을 보태고 춤은 문화에 반영되어 우리가 함께 나누는 세상을 연결해 준다. 관객들과의 교감을 통해 자신을 이해하고 타자들을 포함한 온 세상 모두를 포함하여 그 속에 자신을 형성하게 된다.

이에 페미니즘을 통한 춤교육은 여성처럼 타자로 여겨왔던 이들과 이 세계를 함께 공유할 수 있는 세계로 만들어 나가는 인간 해방에 그 목표가 있다.

페미니즘을 통한 춤교육은 '차이'에 대한 이해의 노력과 '타자'에 대한 관심과 배려와의 연결된 인지 방식을 갖고 있었다. 첫째, 차이는 페미니즘 춤교육에서 교실 내의 획일적인 가르침 즉 권위주의적인 구조에 주시하였다. 학생들은 수업에 나타난 복종 관계의 획일적인 움직임을 떠나 차이를 인정하는 사고로의 전환이 필요하다. 교사는 기술보다 주제를 위한 동작적인 수단에 중점을 두어

프로젝트 반달루프(Bandaloop) – 미국 콜로라도 아트센터

*세계 20여 개국에서 약 250회 공연을 가졌고 한국에서도 라푸마 TV광고와 삼성프라자 빌딩에서 공연을 선보였다. 루돌프감독은 6살부터 발레를 시작한 춤꾼으로 히말라야를 5년간 등반하기도 하였다.

야 하며, 그 속에서 교사는 기술 속에 담긴 정서와 사고를 전달하여야 한다. 또한, 학생들은 페미니즘을 통해 차이를 인정하고 권위적인 교육론이 만든 지배계급에 저항하는 이데올로기 속에서 자신만의 창조적 역량을 키워나갈 수 있다. 이러한 역량은 몸에 대한 경험에 있다. 이러한 몸의 경험은 삶의 경험으로 춤을 학생들 자기 몸과의 관련성을 상기시켜야 한다는 것을 포함한다. 몸의 기억은 자신의 피부, 몸의 형태, 심지어 자기 조상의 뿌리까지 포함하는 삶의 경험을 의미한다. 몸에 대한 기억 속에서 춤이 지닌 상상력을 갖게 되고 이는 창조력으로 이어진다. 춤교육에서 자신의 삶의 경험을 소중히 하고 춤을 통해 그들의 삶을 주저 없이 춤 예술로 꺼내 보이고 이를 통해 극복하는 것은 희망적인 미래로 나아갈 수 있는 일이다. 페미니즘 춤교육의 진정한 실천은 우리 몸에 새겨진 문화의 가치를 이해하고 이러한 교육적 바탕 속에서 학생들이 삶의 경험을 통해 인간 본성을 찾아가는 과정이다.

둘째, 페미니즘의 실천적 귀결이 되는 교육은 여성적인 사고의 표현이다. 페미니즘은 남성중심주의를 해체하고 타자에 대한 어머니의 이미지를 통한 교육적 가치를 요구한다. 드넓은 포용력 속에 강조되는 페미니즘의 여성적인 사고는 여성뿐 아니라 남녀 모두가 지향하는 더 성숙한 사고로서 인지하여야 하며 우리 인격 안에 통합되어야 한다. 페미니즘 춤교육은 어머니와 같은 끝없는 포용력과 무한한 신뢰를 바탕으로 학생들로 하여금 자신의 색깔을 자발적으로 드러낼 수 있도록 해준다. 이러한 힘을 통해 학생 자신이 권력에 의한 강제적 복종의 구조를 극복하고 획일화된 모순을 끄집어내어 자신을 교실의 주체로 바꿀 수 있다. 이러한 페미니즘 춤교육은 자신의 삶에 대한 궁극적 목표설정과 타자들에 대한 배려라는 의미 있는 교육적 회복에 중점으로 둔다. 페미니즘 춤교육 사상은 교육과정에서 소외되었던 여성과 타자들의 주체성(subjectivity)을 교육체제의 중심에 갖다 놓을 수 있는 여건을 마련해 준다. 이는 인간이 겪는 다양한 형태의 억압으로부터 인간이 해방될 수 있는 중요한 원천을 제공한다.

페미니즘의 춤교육은 실천 방안인 몸의 경험을 통해 인간 본성을 찾고, 주체성 형성을 통해 인간 해방이라는 두 가지 측면과 관련하여 더 깊은 실천의 의미를 내포한다. 페미니즘을 통해 문화적 한계와 춤 형식에 구애됨이 없이 페미니즘의 접근법이 활용되기를 희망하며 스스로의 신뢰와 선택 속에 지속적인 반성을 해 나가게 되기를 바란다.

페미니즘에 대한 논의는 인간 사이의 상호주관성, 관계성이 회복 가능하고, 공동 목표로 추구할 수 있는 실천적 근거로서 춤의 교육적인 가치들에 대해 재조명하고 우리의 삶을 새롭게 한다. 결국, 춤은 자아인식과 사회적 이해의 수단으로 진정한 의미를 찾을 수 있다. 이는 학생들이 상호 주관적으로 개방된 주체로 변화되어 의사소통적 합리성에 토대를 둔 이상적 사회로 나아가는 계기가 될 것이다.

The Postmodernism & Education of Dance

제3장

신체

제3장

신체

테리 이글톤(Terry Eagleton)은 "신체가 기록해 내는 힘에 대항하여 반란을 일으킬 수 있는 것 또한 몸속의 어떤 것이다."[53]라고 했듯이 춤교육에서 신체에 대한 이해는 필요하다. 신체의 고찰은 필수적이고 이 책은 실제 신체의 상황에서 새로운 생각, 행동을 심으려는 춤의 이미지 사이에서 변화를 반영하고 발전할 수 있도록 몸*의 구조를 살펴보는 것으로 시작하려한다.

춤을 출 때 감각은 어떠한 완벽한 지시 안에 있는 것은 아니다. 그것은 생각을 자극하는 것으로부터 출발하고 있다. 이에 해부학적 신체의 구조에 대한 고찰은 독자가 꼭 이해해야만 하는 신체 각 부분에 대한 교습이다. 우리는 몸을 통해 우리 자신의 '신체'를 어떻게 평가하고 어떻게 여길 것인가에 대해 신중하게 조명해 보아야 한다. 우리는 신체의 구조를 통해 확대된 이해력으로 보고 듣고 경험할 수 있으며, 이는 신체의 이동과 흐름을 통해 이루어지는 작업 활동의 주요 목적이 된다.

1. 신체의 구조

우리의 신체는 일상 속에서 매 순간마다 반응하며 이러한 현상은 몸 안에서

---

*최근 신체론의 논의에 있어서 몸, 신체, 육체의 개념을 각각 구별해서 사용하는 경향이 있으나, 본 글에서는 의미의 구별 없이 사용하였다.

감각을 변화시킨다.

'뼈에 대한 고찰'을 통해 신체에 구조를 살펴봄은 몸이 갖는 이미지들이 개방 상태의 감각을 통한 움직임에서 유용성을 지니는가를 알아보기 위함이다.

화가에 있어서 붓처럼[54] 춤꾼에게는 몸이 도구이다. 몸의 표현이란 신체를 이용하여 동작을 만들어내고 감정을 표현해 내는 것을 뜻한다.

레오나르도 다빈치(Leonardo da Vinci, 1452~1519)는 '나는 모든 사물과 동물들의 연구에 있어서 각 부분들이 가진 기능에 대해 말할 것이다. 이로서 인간의 전체 형태와 본질을 묘사해 보이겠다.'고 했다.

따라서 그가 인간의 형태와 본질의 연구를 위해 그린 그림을 살펴보며 신체각각의 뼈가 가진 느낌의 차이를 주목해 보자.

레오나르도 다빈치는 모든 사물에 대한 연결 관계를 중시하여 현상의 연관성을 인식하고 평가할 수 있는 시스템의 사고를 가진다. 이것은 신체의 구조에 대한 인식으로 학생들을 지도할 때 몸의 움직임에 발전 가능성이 무한하다는 것

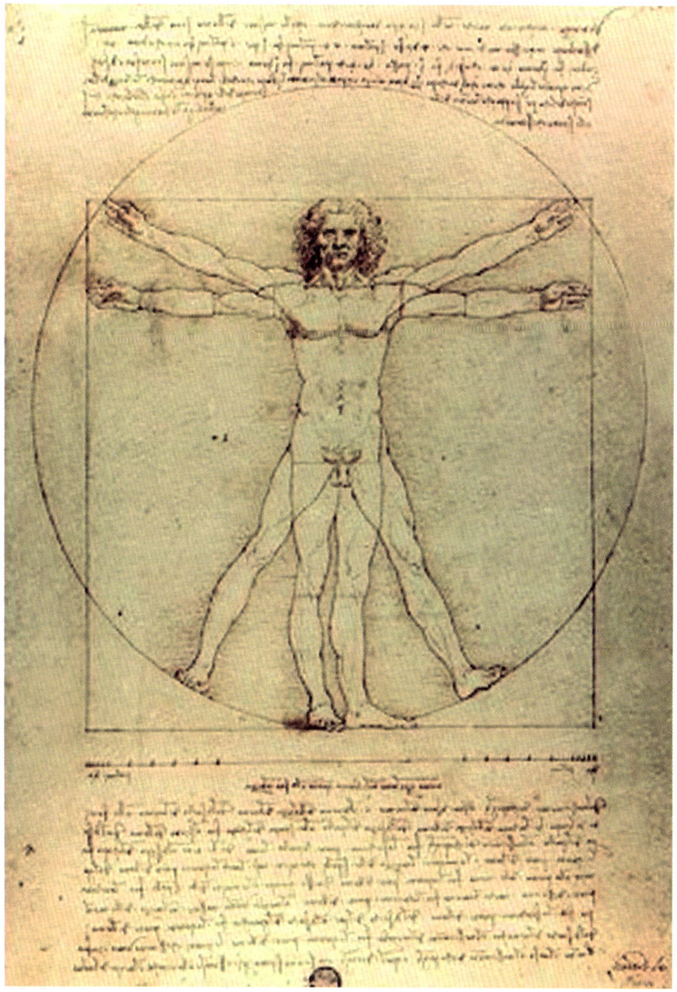

레오나르도 다빈치(Leonardo da Vinci)

을 일깨워 줄 수 있는 좋은 수단이다.

어떻게 구름이 모였다 퍼지는지
어떻게 수증기가 땅에서 공기로 올라가는지
어떻게 안개가 만들어지고 공기가 짙어지는지
그리고 왜 어느 파도가 다른 파도보다 더 파래 보이는지 알려다오.
대기의 여러 지역을
그리고 눈과 우박의 원인을
어떻게 물이 굳어서 얼음이 되는지
그리고 어떻게 새로운 것이 하늘에서 형성되는지
어떻게 나무에서 새잎이 나는지
어떻게 추운 곳에서 돌에 고드름이 달리는지 자세히 설명해다오…….[55)]

레오나르도 다빈치는 잔잔한 연못에 돌을 던지면 잔물결이 연속적으로 큰 원을 그리면서 퍼지는 현상을 보고 그 이미지를 마음의 눈을 따라 그려보았다. 그리고 하나의 잔물결이 다른 잔물결에 어떤 영향을 미치는지, 잔물결의 에너지는 어디로 가는지에 의문을 품었다. 그는 밖으로 퍼지는 원을 통해 '연결 관계의 원칙'을 느꼈다.

레오나르도의 연결 관계는 자연에 대한 사랑에서 시작되었고 이후 그는 신체에 대한 해부를 통해 마치 자연에 숨겨진 신의 창조 법칙을 알아내고자 하는 탐험가처럼 이리저리 신체의 연결 관계를 찾아 나섰다.

그의 인간과 자연에 대한 정신의 연결 관계를 살펴보고 신체의 구조를 관찰하였으며 이러한 관계의 원칙을 통해 몸을 느껴보고자 하였다.

춤꾼은 언어적 방법으로 몸을 이용하여 지식과 감정, 가치관, 상상력을 표현해 낸다. 그러므로 신체의 구조에 대한 인식을 통해 동작을 만드는 몸의 신체부위별 머리, 몸통, 팔, 손, 다리, 발의 차이와 다양성의 가능성을 찾아나서야 한다. 신체를 통해 외적인 부분 이외에 내적인 부분까지 생각하여 활용하고 좀 더 포괄적이고 자유로운 움직임을 찾도록 한다.[56] 우리는 상상을 통해 마음에서 이러한 심상이 몸 안에 퍼지도록 생각하여야 한다.

(1) 머리

머리는 모든 것이 있는 감각들의 창이다. 이러한 창을 통해 어떤 새로운 것이 나올 것인지 기다려 보자.

머리의 창의 각 부분을 열어 두어야 한다. 머리에서 어떻게 생각하거나 꿈꾸느냐에 따라 우리의 몸은 상상의 도구가 될 수 있다.

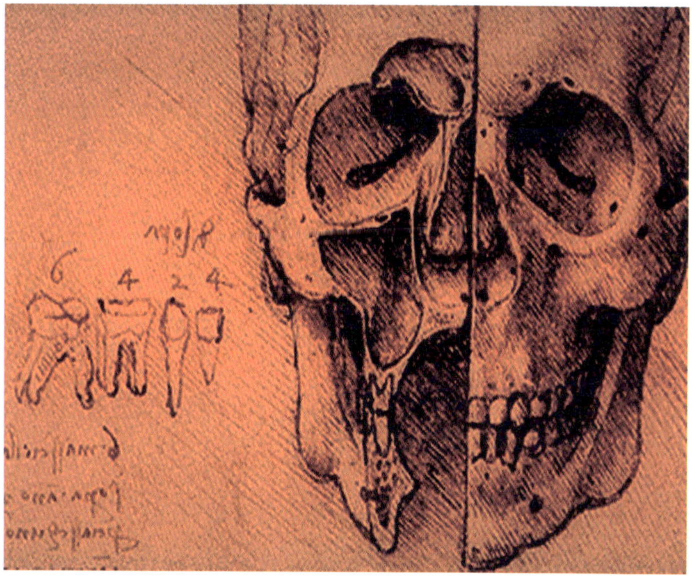

나에게 말하라. 눈을 감고 귀, 입, 턱안, 눈밑, 두개골을 열어라. 그리고 눈 속 깊은 곳에서 눈동자를 쉬게 하라. 감은 눈을 통해 청각을 깊게 하고 입안에서 혀를 부드럽게 하라. 눈을 다시 떠 보아라.

대부분의 세상과 교류는 듣기, 보기, 균형, 냄새, 호흡, 먹기를 통해 머리에 전달한다. 머리는 척추 뼈를 통해 몸의 말을 듣는다.[57] 보이는 사진처럼 목을 최대한 위로 길게 뽑아 머리끝의 모든 창을 열어보자.

머리로서 온몸을 구석구석 살펴보고. 얼굴 피부의 작은 구멍들까지 열고 그

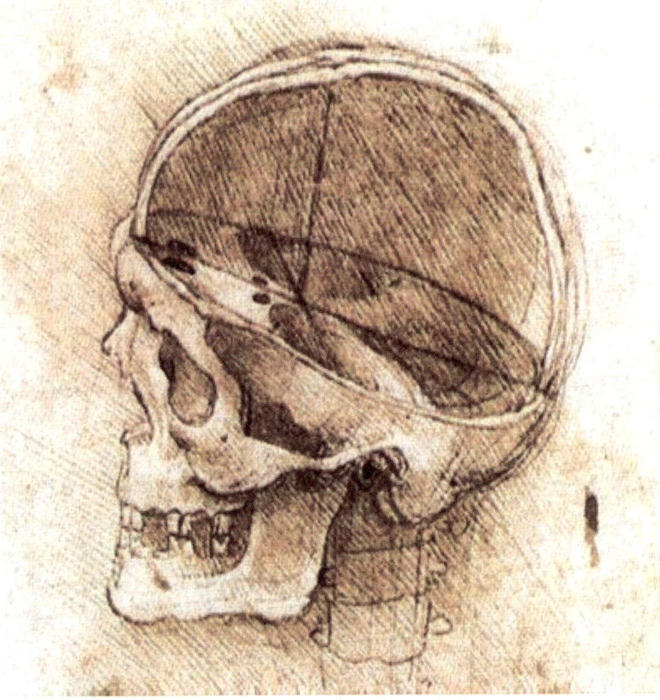

모습을 느끼려 하라.

우리는 몸의 뼈가 딱딱하고 유동적이지 못하다고 생각하는 경향이 있다. 하지만 두개골을 포함한 모든 뼈는 살아 있고 이러한 상상 속에서 얼마든지 변화한다.

얼굴 전면은 균형을 이루고 턱은 팔처럼 자연스럽게 매달려 있다고 상상하라. 그리고 자신의 두개골의 뼈를 마치 로버트처럼 4개로 나누어 열어 보아라. 앞, 양옆, 뒤 4개의 나눈 뼈를 각기 움직여라. 회전 중심 안으로 당기는 구심력의 균형을 통해 이들을 다시금 모아보자. 그리고 두개골로 빛을 통과시키고 빛을 4개의 통로로 분산시켜보아라.

그리고 머리를 척추 정상에서 회전시켜보자. 머리는 몸의 정중앙에 위치하며 양쪽의 귀, 양쪽의 눈이 대칭으로 자리 잡고 있다. 이들을 느껴라. 두개골의 뼈들은 마치 지구의 대륙판처럼 연결되어 있다. 두개골로 하여금 뇌를 가볍게 하도록 하고 두개골의 표면을 열어보면 뇌는 길게 연결되어 척추로 흘러 들어간다.[58] 몸의 최정상인 뇌에서 시작하여 머리와 골반 사이를 연결시키는 물결을 만들어 흘러 보내보자.

(2) 척추

척추는 모든 신체동작의 근본이다. 그것은 24개의 분리된 뼈 혹은 척추골과 두 개의 다른 선골과 미골로 구성되어 있다. 유년기에는 다섯 개의 척추골로 이루어져 있으나 성인이 되면 하나로 융합되어진다.[59] 척추는 몸의 중심부이며 동작과 느낌의 중심부가 된다.

척추는 자연스러운 굴곡이 있으며, 목 앞으로 굴곡이 있고 뒤쪽의 굴곡은 허리 아래에 있으며 이러한 굴곡은 실제 존재하며 비정상이 아니다. 척추움직임의 유연성은 춤꾼이 가장 소망하는 자신이며 앞으로 해야 할 많은 연습은 굴곡의 정 방향과는 반대로 움직임으로써 보다 많은 유연성을 척추에 부여하는 것[60]이다. 척추는 세부분으로 나눌 수 있다. 상부척추, 중부척추, 하부척추로 이들 각각은 다른 것과 상관없이 기능을 발휘하거나 연결된 하나로서 전체로 움직이게끔 훈련되어 있다.

척추는 위로 머리를 지닌다. 척추는 머리에 한 끝부분이 고정되어 있다.

척추 끝에서 척추모습을 보면 척추는 마치 하나의 긴 줄기 같다. 머리, 늑골, 골반, 미저골 끝에서부터 양귀 사이 두개골 근처까지 척추 뼈는 길게 서 있다. 척추에서 하나의 굴곡은 다른 하나를 들어올린다. 요추신경의 굴곡은 흉부의 굴곡으로 올라가고 목의 굴곡은 머리로 올라간다.[61] 척추골 사이의 쿠션을 느

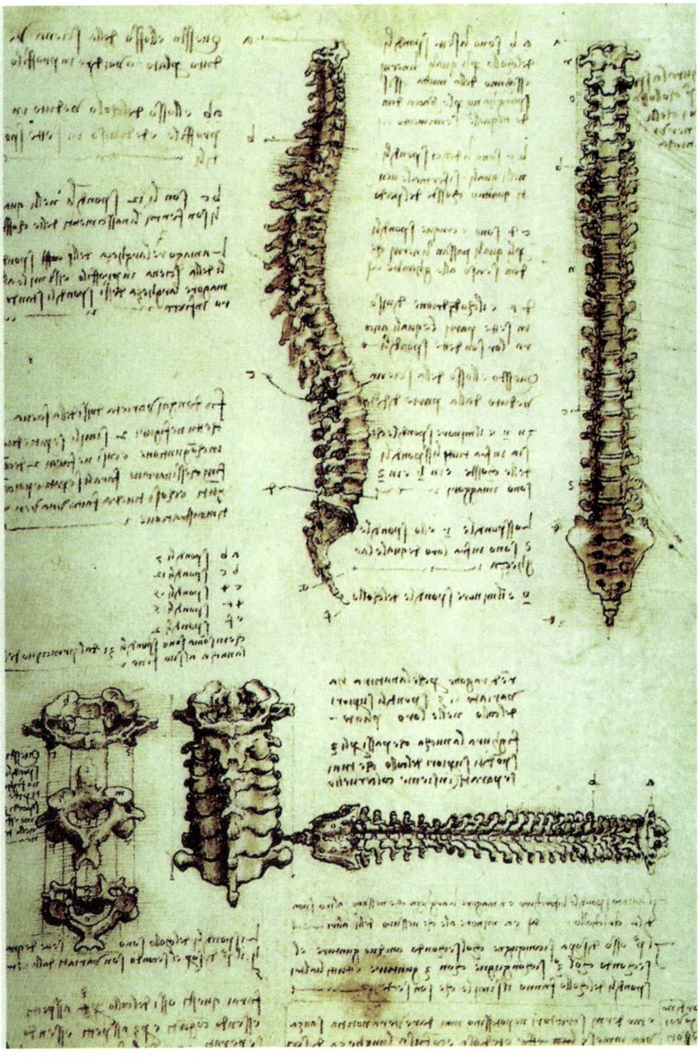

껴 보라. 척추 사이의 디스크를 통한 공기의 쿠션을 느끼고 척추 사이사이를 띄어 늘려보아라. 척추가 팔, 다리의 근원이 되도록 하고 뒤로 갈 때 움직이는 양팔을 통해 오른편과 왼편을 가늠해볼 수 있다. 양쪽이 대칭으로 움직인다. 마치 그네처럼 양팔을 움직여 땅 끝에 닿아있는 발처럼 척추에서 중력을 느껴보자.

(3) 등

등은 몸에서 커다란 삼각형을 이루는 듯한 몸의 부위들이 균형을 이루도록 하는 역할을 한다. 최대한 몸의 등뼈를 확장하여 위와 아래로 척추 주변까지 뻗어보자.

등은 무릎이나 고관절이 지닌 것 같은 굴곡은 전혀 없으나 척추를 통해 허리 위에서 목선부분 아래까지 그 길이가 연장되며 척추의 굴곡과 달리 평평하게 보인다. 먼저 등뼈 중앙에서 꼬리뼈 아래를 향한 등판은 마치 넓은 대지를 연상시키며 그 끝이 팔의 손끝까지도 연장될 수 있다. 그런 다음 이러한 연장과는 관련되지 않은 그 밖의 부위 즉 어깨, 팔, 늑골, 힙 그리고 얼굴까지도 연결시켜

움직일 수 있다. 결과적으로 스스로 상반신의 움직임을 지배하는 듯한 느낌을 가지고 지나친 긴장이 없이 상승과 안정을 누릴 수 있다. 이러한 생각을 가지고 몸이 지닌 등판을 느껴보자.

(4) 늑골과 흉골

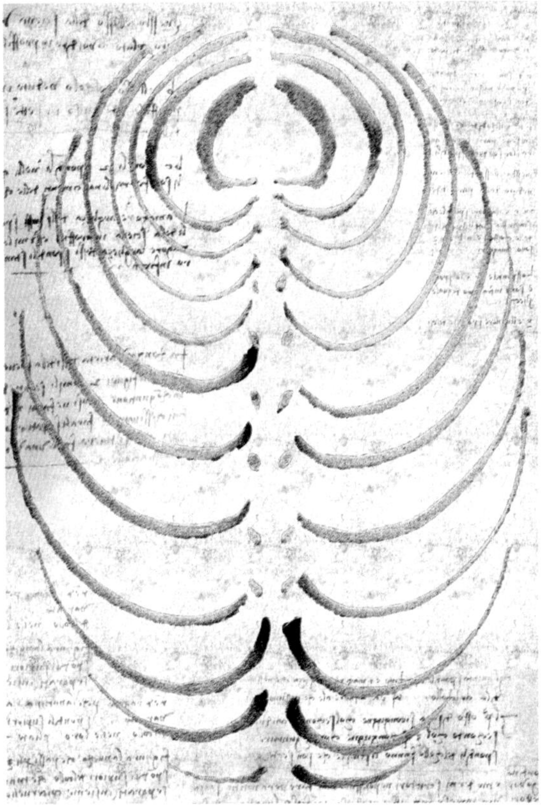

몸에서 등을 활짝 펴고 척추에 날개를 단것처럼 늑골을 열어라. 마치 늑골을 팔처럼 여겨보자. 그 안에서 쉴 수 있을 것처럼 몸 앞쪽을 이완시키고 목구멍에서 골반까지 열고 등 뒤에서부터 지지대가 오도록 해보자.

당신 앞에 늑골이 오게 하여 보고 늑골을 향해 한 걸음 나아보기도 하고 뒤를 보고 물러나 보기도 하자. 그림자 또는 메아리처럼 뒤의 공간으로 이동해보자. 머리, 늑골, 골반 등이 머리 위로 오도록 하고 늑골이 척추를 움직이도록 하라.[62] 늑골의 원형에서 이탈하여 보이는 사진처럼 최대한의 머리를 젖히어 보도록 하자. 등에 머리가 최대한 가까이 이르도록 이끌어 보자.

또 하나의 신체부위는 흉골 또는 가슴뼈이다. 춤꾼에게 있어 가슴은 초점이며, 춤꾼의 동작에 지대한 영향을 끼친다. 들어 올린 흉골은 자신 있게 보인다. 흉골은 균형을 유지하는 데 있어 중요하며 발등 위의 흉골의 존재는 서 있을

때나 움직일 때 또는 한발로 균형을 잡을 때 안정감을 의미한다.[63)]

몸통은 심장과 폐를 지닌 중요한 생명기관으로 상부의 몸통은 호흡과 연관이 있다. 몸통과 함께한 팔 다리의 사용은 움직임에서 생동감 있는 신체모습을 지닌다. 몸통을 통해 신체 움직임의 섬세한 표현을 이룰 수 있기 때문에 흉골의 움직이는 부분을 어떻게 조절해야 하는지를 알아야 한다.

몸에는 중력의 중심지 즉 체중이 '집중되는 지점(center of gravity)'이 있다. 이 지점이 사실상 골반 중앙 어딘가에 있지만, 춤꾼은 중력의 중심지를 흉골에 있는 것으로 생각하는 것이 더 편하다.[64)] 다음 사진과 같이 가슴부분 즉, 흉골을 몸의 중심에서 이탈해보고 다시 한 번 중심지로 모아보자. 이러한 체험(움직임)을 통해 흉골이 균형을 잡는 데 있어 아주 중요하다는 것을 느끼게 될 것이다.

(5) 고관절과 골반

골반은 체중의 중심선을 이룰 때 신체에서 균형 잡힌 위치에 있게 된다. 그러므로 신체의 안전성은 몸의 중심을 유지하며 모든 균형에 있어 지지대가 될 수 있어야 한다.

마티스 – 푸른 누드

천골은 후두부에 산소가 차고 오름에 따라 내려가는데 이때 어깨와 늑골을 가만히 두고서 힙을 양쪽으로 흔들어 보고 다시 중심위치로 오라. 춤에서는 특별한 관심을 요하는 신체부위가 있다.

실제로 고관절(hip joint)에 대해 이야기하려고 할 때 좌골(hip bone)과 골반(pelvis)을 혼동해서는 안 된다. 고관절은 몸통과 다리사이의 접합부분이다 .

골반은 꼬리뼈가 앞으로 밀어 넣거나 뒤로 기울어지지 않아야 하며 평평하고 수직선이다.

춤꾼으로써 목표중 하나는 가능한 범위 내에서 자신의 능력에 맞는 어떠한 방법을 찾아 자신의 신체를 최대한 활용할 수 있는 것이다. 동작에 있어 가장 훌륭한 솜씨란 골반을 이용한 폭넓은 범위를 만들어내고, 가장 큰 무게를 감당하는 골반을 중심으로 적절한 강도로 움직이는 것이다. 그리고 적절히 발전된 리듬과 균형감을 갖는다.[65] 먼저, 기교 있는 솜씨들을 가지고 있지 않다면 우리는 어떠한 신체의 도구를 이용하여 신체기술 중에서 어느 것을 발전시킬 수 있겠는가? 물론 적절한 신체도구를 이용하는 솜씨는 등, 뒷다리, 안다리근육과 복부, 등, 넓적다리, 종아리, 힙과 발의 근육을 강화시켜줄 수 있다. 골반의 중심은 필요한 조정과 리듬감은 물론 각각의 신체 부분의 단독 동작뿐 아니라 신체 모든 부분을 서로 연관시켜 동작을 구사할 수 있다. 골반의 몸 전체가 가지는 균형은 손과 발의 어떠한 동작으로부터도 수용능력(capacity)을 발전시켜 그 모습을 테크닉으로 제시해 줄 수 있다. 다음 사진은 골반을 중심에 두고 복부, 넓적다리, 종아리, 힙, 다리근육으로 한 하체의 사용 속에서 몸의 균형을 지닌 알라스콩 동작이다.

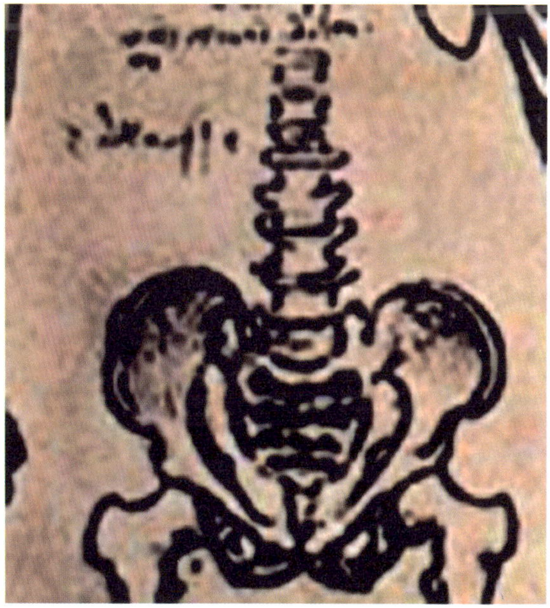

(6) 손과 팔

'손'은 춤꾼들의 움직임에 가장 신비하고 다양한 표현을 할 수 있는 부분 중의 하나이다. 다음 미켈란젤로의 작품은 창조주와 아담의 손끝이 닿을 것 같은

알라스콩

* 발레의 용어 중 불어로서 골반을 중심으로 한쪽다리를 올려 균형 잡는 동작이다.

모습이 표현된 '천지창조'이다. 신과 인간이 교감을 위해 손가락을 맞대는 자세는 우주의 E.T외계인과 인간과의 교감에서도 볼 수 있다. 레오나르도 다빈치의 모나리자 손은 손만을 떼어내어 보더라도 누구의 손인지 알 수 없었더라도 모나리자의 미소만큼 온화하다. 담비를 쓰다듬는 손 그리고 세례자 요한과 보티첼리의 삼미신에 등장하는 손의 예에서 볼 수 있듯이 손의 움직임은 수많은 의미와 상징을 내포하게 된다.

손이 주는 느낌을 따라 어떤 움직임에서 춤의 이미지가 가능한지 살펴보고 손을 여러 가지 관점으로 연결시켜 동작의 가능성을 탐색해 보는 것이 중요하다.

마치 주먹을 불끈 쥔 것처럼 아래 손을 꽉 쥔 손은 도드라진 힘줄에서 강인함이 엿보인다. 손등에 나타난 핏줄이 불끈 솟아 있는 이손은 세월의 흔적이 곳곳에 배어 숙연한 마음마저 들게 한다. 그러면서도 정적이며 원숙미를 과시하는 유려한 움직임마저 지녔다.

깍지를 낀 양손은 단연 멋스럽다. 타인에 대한 사랑과 인생의 즐거움을 강조하며 깔끔하게 접혀 마주잡은 손은 절제된 움직임을 가졌으며 무언가 진지함을 이야기한다. 마주 쥔 손도 부처님처럼 인자한 느낌을 준다. 이 손의 손톱 끝은 뭉툭하고 퉁퉁하며 어딘가로 빠져본 경험이 있어 삶이 즐겁다는 걸 깨달은 것처럼[66] 고요하지만 넓은 세상을 다녀온 후 많은 풍파 뒤에 오는 유독 따뜻함을 말하고 있는 듯하다.

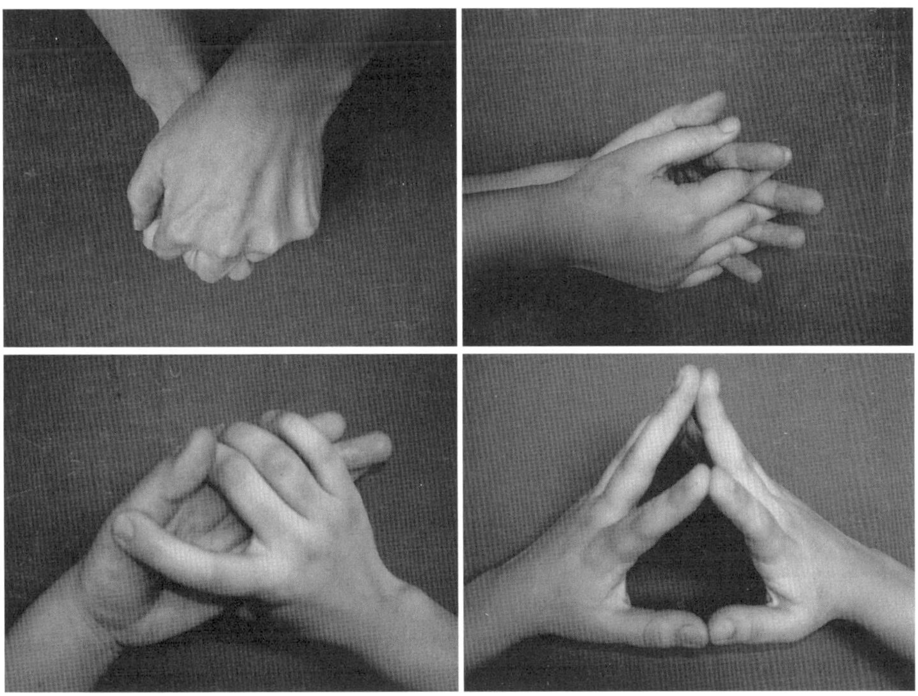

양현지 손

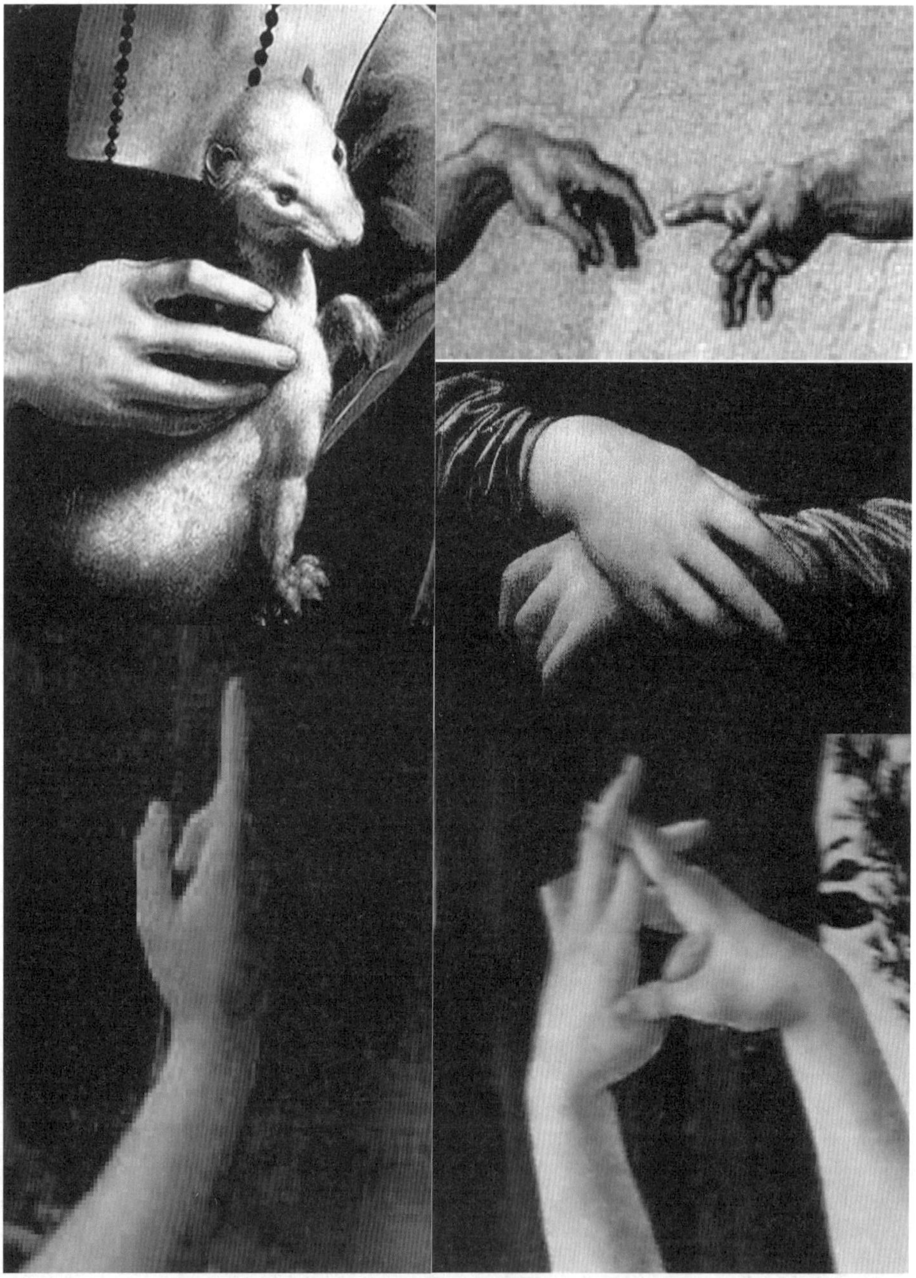

*누구의 손일까요?

경주에는 고요한 손을 가진 두 불상이 있다. 그것은 마애여래입상(좌)과 약사여래좌상(우)으로 김용택 시인이 '내 손이 가만히 있으니 세상이 다 고요하구나.'[67] 라고 했을 만큼 이 두 손은 구도자(求道者) 같은 인상을 풍기며 고요한 가운데 연꽃의 향기로 누군가를 인도하는 모습이다.

경주 남산 약수골 마애여래입상

경주 굴불사지 석조사면불 약사여래좌상

관조스님 – 부처님의 손(2011)

E.T.

당신은 죽어야 합니다.
(미르타-윌리)
나는 ……와 약혼 하였습
니다.(지젤-바틸드)
왜 내가 죽어야 하나요?
가엾이 여기소서.
(알브레히트)
나는 그가 나를 만나러 오는 것을
들을 수 있다.
나는 당신을 영원히 사랑할 것을 약속합니다.

* 발레를 통한 몸의 표현

시원스레 펴서 뻗은 손가락은 원하는 대로 손을 벌리고 첨탑 모양을 만들어 낸다. 내가 위라는 자신감의 표시로서 권위를 가진 사람들이 쓰는 사회적 서열을 의미하는 동작으로 추진력을 지닌 손이다. 인간의 손은 몸의 구조에서 작지만 맞잡은 손이나 주먹을 쥐고 깍지를 끼는 동작에서 사람의 성품, 고뇌 그리고 감성이 묻어나온다. 춤꾼이 만드는 반응의 손짓은 마치 무의식적인 것의 움직임 같지만 나오는 반응의 손짓은 실제 상태를 정확하게 드러내며 많은 것을 말하고 있다.

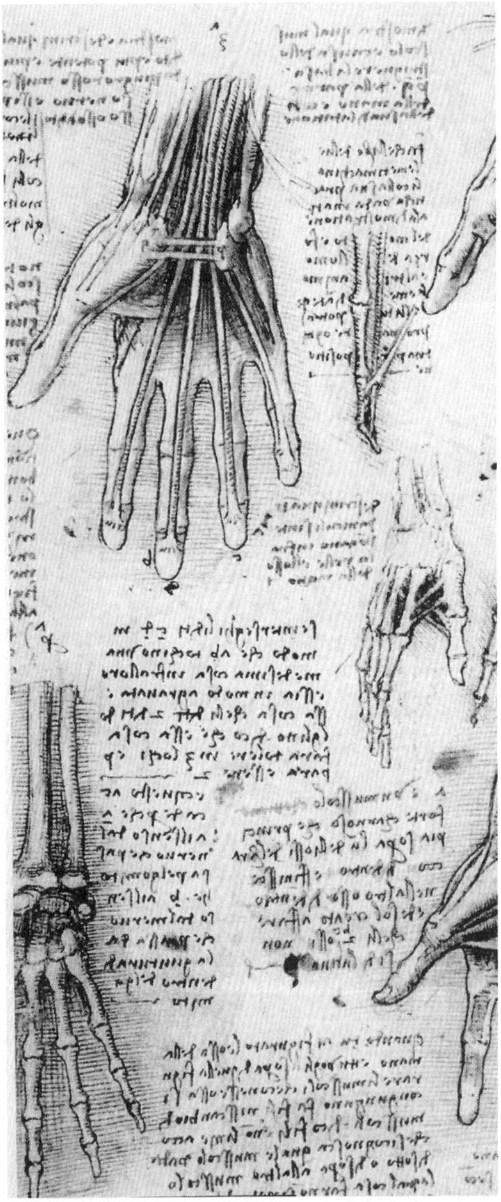

'손'은 차지하는 비중은 작지만 인간 몸의 끝에 달려 가장 신비하고 다양한 표현을 할 수 있는 부분 중의 하나로 때때로 춤출 때 강렬한 몸의 표현을 가져온다.[68] 하지만 손으로 가능한 동작을 너무 많이 취한다면 전체적인 동작의 특성에서 일관성이 없거나 동작의 생동적인 면을 흩트릴 수 있다. 팔의 각진 동작 가운데 새끼손가락을 구부리는 등 상상이나 가끔 전혀 의식 없이 일어날 수 있는 것처럼 손을 움직여 보아야 한다. 손으로 가능한 동작을 인식하고 개발시켜 손 역시 신체의 움직이는 하나의 부분임을 알아야 한다. 손바닥을 둥글게 감아 보기도하고 팔을 쭉 펴고 손가락 하나하나를 쭉 펴서 하늘 높이 올려보라. 손가락으로 몸이 쫙

펴지는 느낌과 어깨에서 힘이 솟아오름을 느껴보라. 그리고 그 끝을 통해 지금까지 경험했던 모든 팔 동작에서 손의 반응을 느껴보자.[69]

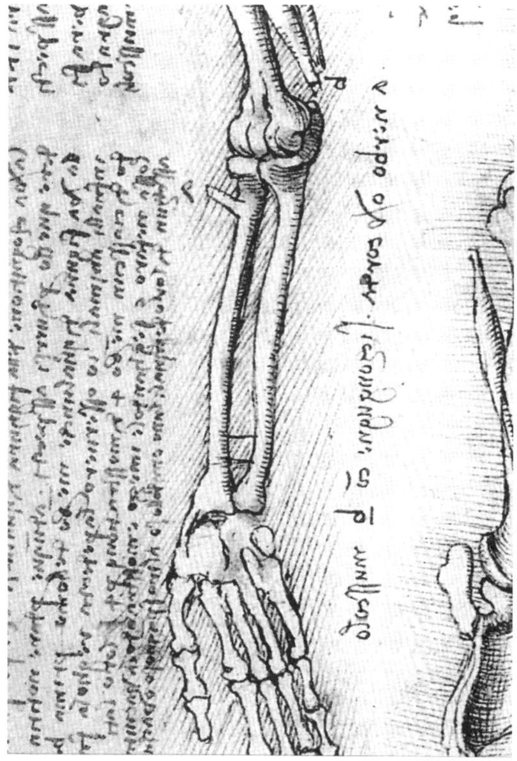

팔은 길다. 그러므로 행동 가능성이 무궁무진하다. 긴팔은 어깨, 팔꿈치, 손톱, 손가락의 관절을 지닌다. 그러므로 팔은 들어올리기나 흔들기 이외에 팔꿈치와 손목관절의 행동을 덧붙여 다양한 행동의 변화를 가져올 수 있다. 팔은 가슴뼈에서 어깨 끝을 지나 한쪽 팔을 들어 올리고 몸의 중앙에서 멀리 떨어진 팔부터 손가락을 사용한 동작을 포함한다. 이때 손동작을 시작해 본다. 그리고 팔꿈치를 이용해서 이와 동일한 행동을 해라. 결국, 양팔은 힙, 늑골과 어깨에 연속적인 긴장을 주게 된다. 팔은 온몸의 옆구리를 폄으로써 올라가게 하라. 그리고 팔은 밖으로 열어 마치 나뭇가지의 형태처럼 다양화시킬 수 있다. 팔의 기능은 두 팔이 서로 몸통과 일치하도록 하거나 이와 반대로 몸통 및 다리, 머리를 반대로 움직일 수 있다.[70] 팔은 매혹적인 동작을 만들어내는데 중요한 역할을 한다.

(7) 다리와 발

다리는 몸통과 연결되어 있는 지점까지 회전할 수 있다. 회전식 행동은 신체부위가 공간에 자리를 잡는 것이며, 스스로 신체부위를 휘기도 한다.

다시 말하면 자신의 축 주위를 회전한다는 것이다. 다리와 몸통의 사지의 움직임은 고관절에서 시작된다. 그러므로 다리는 각기 다른 관절로 각기 다른 행동을 가능케 한다.

일부 관절은 단지 두 개의 행동 즉 굽히거나 쭉 뻗는(flex or extend) 동작만을 가능케 해준다.

그 예로 무릎을 들 수 있다. 다른 관절들 중 가령 고관절은 굽힐 수도 있고 펼칠 수도 있지만 이외 다른 행동도 할 수 있다.[71)]

다리동작은 힙과 연결되어 움직이기도 하지만 힙과 상관없이 다리 근육만으로도 움직일 수 있다. 그러나 이때의 다리는 몸통이 안정성을 유지할 때 동작이 가능하다.

아래 사진과 같이 다리의 필요한 조정과 리듬감은 신체 부분 다리의 단독동작뿐 아니라 신체 모든 부분 팔, 몸통, 어깨 힙, 가슴 등을 서로 연관시켜 동작을 행할 수 있다.

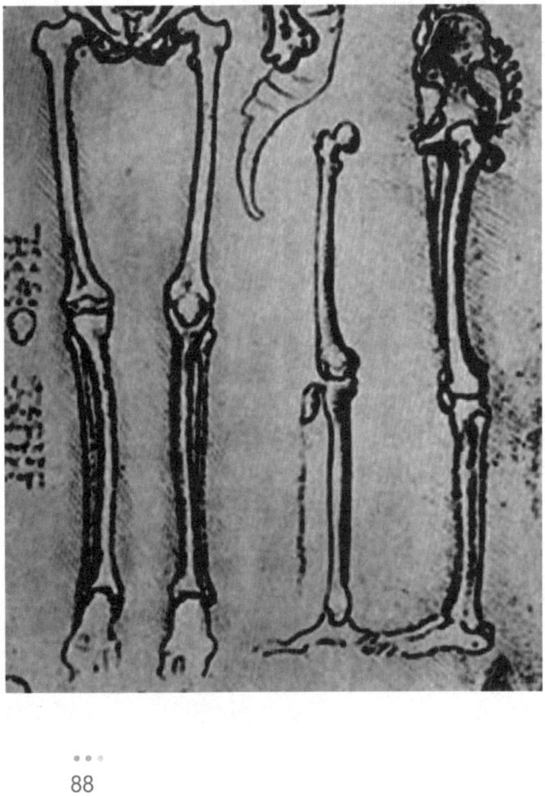

동작에 있어 가장 훌륭한 솜씨란 관절을 이용한 동작의 폭넓은 범위, 가장 정교한 동작을 만들어 내는 근육, 가장 큰 무게를 감당하는 근육의 적절한 강도, 그리고 적절히 발전된 리듬과 균형감을 명시한다. 아직 기교 있는 솜씨들을 가지고 있지 않다면 이러한 기술 중에서 어느 것을 발전시킬 수 있는가? 신체도구인 다리를 이용한 적절한 솜씨는 뒷다리, 안다리 근육을 연장시켜주는 것은 물론 복부, 등, 넓적다리, 종아리, 힙과 발의 근육을 강화시켜준다.

발은 몸의 지탱이라는 기능을 가진다. 특히 두발이 마룻바닥에 집중되어 있을 때 신체는 균형 잡힌 직립 위치에 있게 된다. 한발로 균형을 이룰 때는 보다 안정성을 띤다. 발바닥을 3등분하여 체중을 앞으로 옮겨라. 그러면 체중은 발의 등 위에 있다. 이번에는 더욱 더 발뒤꿈치를 바닥에서 멀리 들어 올려 몸 전체를 위로 솟구쳐보자. 발의 다재다능함과 유연성을 통해 여러 동작들을 모색해보자.

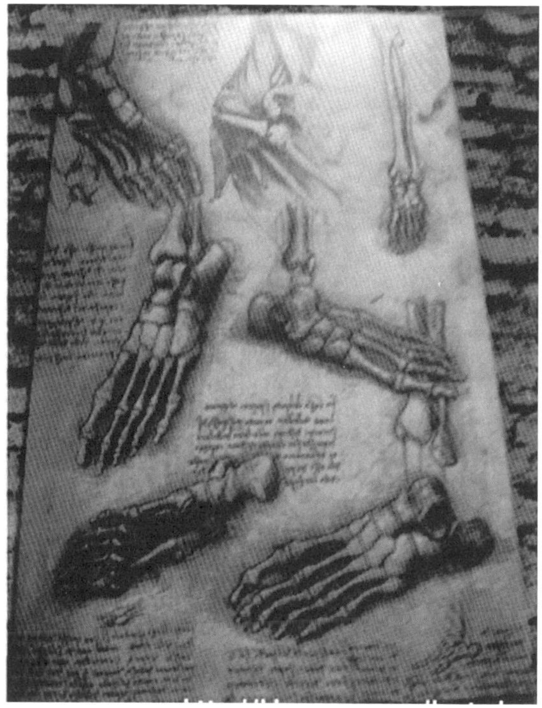

(8) 호흡

머리는 올라가고 몸은 따라간다. 코에서 공기를 느낄 수 있게 숨을 들이마시고 코를 통해 몸속으로 공기를 넣어보자. 호흡은 등뼈의 맨 위에서 이뤄진다. 머릿속은 호흡을 통해 산소로 가득 채워라. 양쪽 눈 뒤편, 턱의 안쪽에 있는 머리뼈를 이완시켜 보고 호흡에 순응할 수 있도록 머리 전체를 떠 올리고 가슴과 골반과 발, 뒤꿈치, 입천장까지도 호흡의 움직임을 느껴보자.

호흡은 우리가 먹고, 말하고, 자고, 움직이고, 생각하는 데 영향을 미친다. 호흡은 우리 삶의 연료이며 횡경막은 호흡을 시작하는 근육이다. 호흡은 가로막의 움직임으로 몸통의 부피를 늘리고, 척추와 늑골의 움직임과 소화와 심장의 리듬에 영향을 끼친다.[72]

호흡은 긴장을 완화시키거나 몸의 상태를 유지시키며 이것은 우리 몸의 긴장과 이완의 상태를 보여주는 유용한 변화의 지표이다. 호흡의 리듬을 보거나

고려하는 것은 몸 자체의 타이밍을 찾는 데 도움을 주고 걸음걸이마다의 타이밍, 말과 생각사이, 그리고 잠자고 일어나는데 대한 도움을 준다. 우리는 방안, 우리 사이에 존재하는 공기를 나눈다.[73]

우리가 들이마신 공기를 호흡을 거쳐 밖으로 배출하자. 뿜는 호흡의 공기는 말 그대로 격랑 속으로 뛰어든 것 같이 크게 불어보아라.

거대한 에너지를 지닌 태풍이 신체 곳곳을 스치며 공기를 내뿜어라. 에너지가 신체를 휩쓸고 지나가서 내뿜는 듯한 모습이 되게 하라. 호흡의 움직임만으로 높은 벽을 뛰어넘어 날아가듯 몸을 던지듯이 뿜어보자. 그야말로 신체는 호흡을 통해 휩쓸고 지나가는 태풍이 되어 신체의 밖을 향해 돌진하는 움직임의 모습을 갖게 될 것이다.

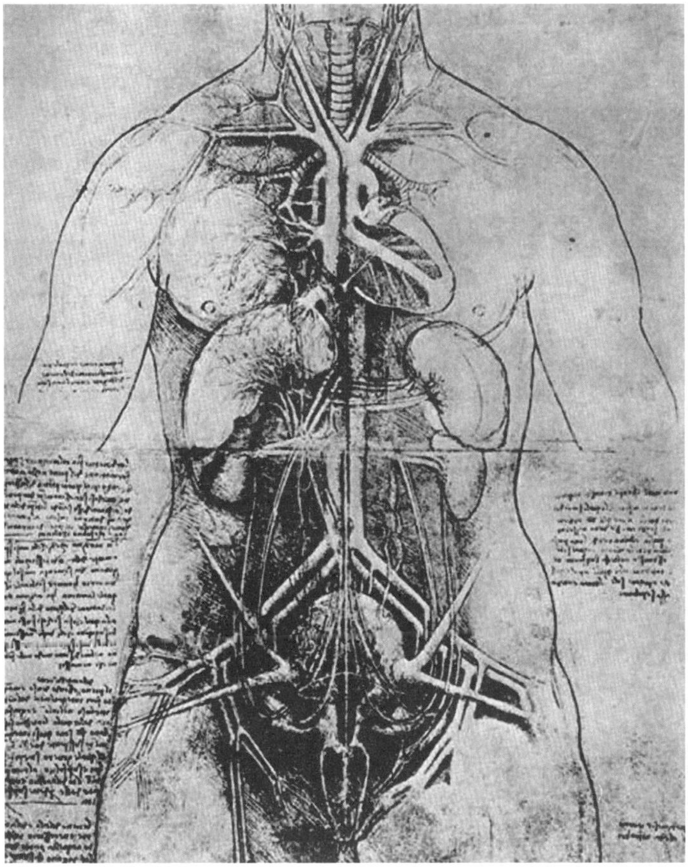

(9) 몸의 전체

몸은 내가 말하고 싶은 모든 것을 말한다는 것처럼 온몸을 통해 온 세상을 느껴 보라. 그리고 발, 다리, 허벅지, 축의 중심을 통해 위로부터 척추들의 중력을 상승시켜 두개골 부근까지 올려라. 최대한 부드럽게 늘려라.

93페이지와 같이 몸 전체에 퍼져있는 뼈들을 보라. 마치 다리의 뒤꿈치 뼈부터 척추의 뼈들까지 아래로 늘리고 뒤로 뻗쳐 늘려라 곧게 다리의 발뒤꿈치까지 그 힘이 전해지도록 하라. 우리의 신체가 하나하나 분리된 별개 기관이라는 잘못된 관점을 극복하기 위해 당신은 서 있는 자세일 때, 몸 전체의 움직임에 대해 떠올려 볼 수 있다. 대뇌의 지시 없이 자연스럽게 움직여보자. 그것은 무의식상태에서 물리적인 힘을 가동하는 행위를 의미하는 것이 아니라 모든 가능성이 반영된 감각의 움직임으로 감정의 끝에서 더 깊이 이해되는 움직임이다.

몸을 늘릴 때, 등뼈 중앙에서 꼬리뼈 아래로 그리고 머리끝으로 척추를 연장시켜보라. 그런 다음 이러한 연장과는 관련되지 않은 그 밖의 부위 즉 어깨, 팔, 늑골, 힙 그리고 심지어는 얼굴까지를 생각해 보라. 결과적으로 지나친 긴장이 없이도 상승 및 안정을 그리고 스스로 꼭대기에 있는 듯한 느낌이 들 것이다.

몸의 부분이 가지고 있는 독특성이 움직임에 대한 어떤 느낌을 제공해준다. 이는 인간이 각기 지닌 특정한 체형, 크기, 체중 등으로 개별성을 보여주기 때문이다. 그러므로 몸의 구조와 뼈의 연결 관계를 통해 움직임을 알아가는 것은 무언가를 찾은 후에 새로운 동작에 대한 가능성을 탐구할 수 있는 것으로 몸에 담긴 의미를 발견할 수 있다.[74]

몸을 집요하게 관찰하고 세세하게 느끼면서 자유로운 상태에서 독창적인 움직임을 만들어 내야한다. 그만큼 몸의 구조를 통해 지속적으로 자신의 몸을 느끼는 것이 중요하다. 몸의 구조를 알아가는 것은 곧 몸을 통해 움직임으로 연결시키는 것을 도와주는 중요한 부분 중 하나이다. 창조적인 다양한 표현들을 통해 춤의 폭이 더욱 넓어지는 것을 경험하게 될 것이다. 몸을 세밀하게 관찰하는 신체부위별 연구를 통해 직접 느껴야 한다.

신체구조는 감성과 체험 그 자체를 있는 그대로 느끼도록 해야 한다. 신체의 각 구조의 느낌을 알면 알수록 움직임은 다양해진다. 이를 통해 몸을 움직이면서 체험하면 환기할 수 있다. 물론 이것은 몸에 금방 체득되는 것이 아닐지라도 점차 또는 어느 순간 문득 그때의 기억들이 적용될 것이다. 그것은 아주 미묘한 차이일지라도 아주 큰 움직임이 된다.

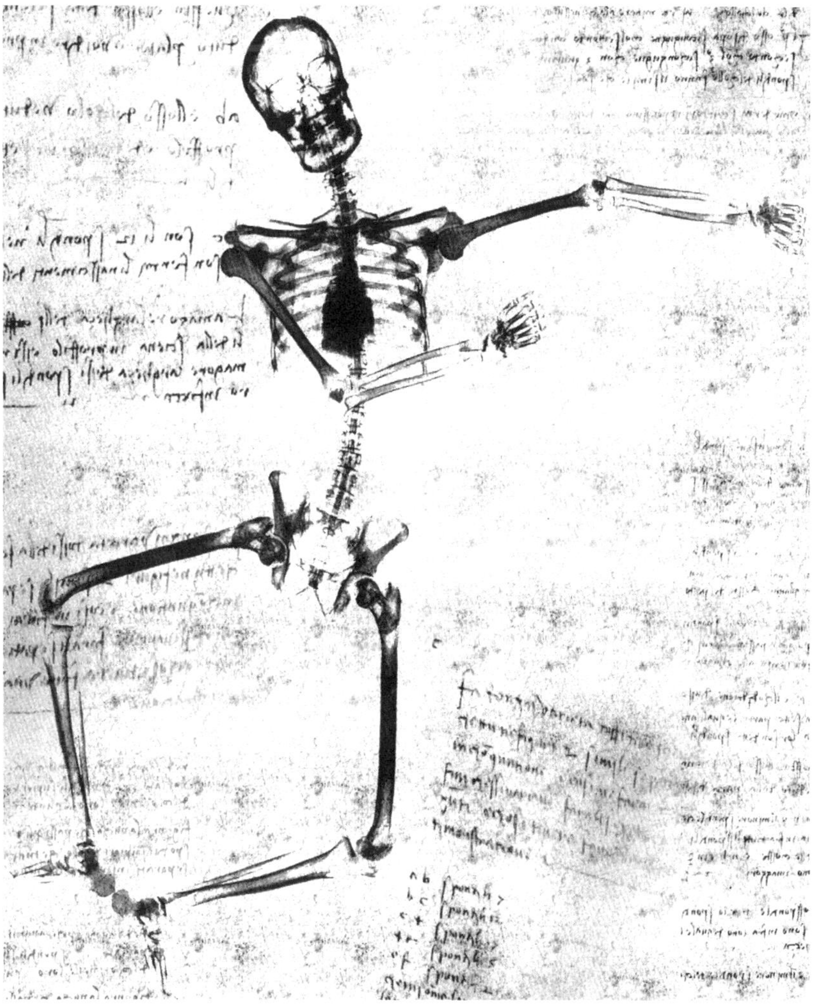

2. 즉흥

우리는 신체가 무엇인지 그리고 우리의 사회적 상호작용에서 신체가 움직일 수 있고 움직여야만 하는지를 배운다. 춤 테크닉은 동작경험들, 신체이미지, 신체 자아 그리고 광범위한 함축성을 가지고 있는 동작개념들을 제공한다.

(1) 접촉즉흥무 – 신체가 만드는 춤

접촉에 의한 즉흥을 배우는 과정에서 움직임을 배운다는 것은 결국 다른 사람과의 상호작용을 수반한다. 초기단계에서 마루는 파트너가 되기도 한다. 마룻바닥 위에 누워서 체중이 달라붙는 것을 느끼고 바닥에 닿는 피부의 감촉을 의식하게 되고 그러면서 시간의 흐름을 놓고 체중을 의식하는데 집중한다. 이를 통해 나의 신체 속의 내면화된 감각을 경험하고 점차 체중의 미세한 변화와 관절들의 가장 작은 움직임에도 몰두하게 되는 것이 배우고 느끼는 첫걸음이다.

접촉에 의한 즉흥행위는 교사의 차이 또는 접근 방식의 차이에 관계없이 모든 교사들은 그들의 학생들에게 터치와 체중 압력의 물리적 감각에 집중하도록 지도해야 한다. 물리적 반사 감각은 춤꾼들에게 있어 비전과 의식적으로 선택된 행동에 대한 감각보다 더욱 중요성을 띤다.

접촉에 의한 즉흥행위를 할 때 상대 춤꾼의 체중과 신체는 비록 힘이 어떤 동작들이 일어나도록 허용해 줄지는 몰라도 접촉에 의한 즉흥행위는 근육적 힘에 의존하지 않는다. 접촉즉흥무에서는 다른 사이즈나 체중을 가진 사람들과 춤출 수 있으며 그 열쇠는 그 형식의 제한된 범위 내에서 자신의 동작 의식에 의지하는 것이다.[75)]

상대의 체중과 터치에 민감해 지는 것 이외에도 접촉에 의한 즉흥 행위 과정에서 학생은 필연적으로 무방향성을 받아들여야만하며 일상적인 동작에서 요구되는 일반적인 축의 방향성이 아닌 나선형으로 돌거나 몸을 구부리는 동작에서 공간을 통과하며 아래위로 또는 옆으로 도는 새로운 동작을 배워야 한다. 공간간적 무방향은 때론 사람을 무섭게 하지만 두려움은 육체적 위험에 대한 타당한 반응에서 나온다.

심금란

접촉즉흥무 1단계에서는 안무된 동작보다는 조건적 또는 반사적 통제들과 전략들에 의존하면서 거칠고 어색한 낙하를 이룬다. 이러한 경험은 무방향성의 즐거움과 공간적 관계의 재고를 배우게 된다. 점차 자연스런 동작흐름의 기간을 경험하게 되고 에너지와 동작의 빈번하게 변화를 갖게 된다.

접촉즉흥무 2단계는 두 신체의 진행 중인 동작의 흐름의 나선형통로에서 신체도 훈련되어가는 것을 느끼게 된다. 1단계에서 처음에 단조롭고 역동적이지 않았던 움직임이 접촉 춤꾼들의 행위에서 기술이 소화된다. 이는 많은 연습을

필요로 하며 행위와 감수성 사이에 대화가 존재한다는 것을 이해해야 한다.

또한 접촉즉흥무 2단계에서 기초적 기술이 체중과 터치의 자각상태를 개발하고 무방향적으로 된다면 많은 기술과 경험을 통해 즉흥행위 춤꾼들은 낙하, 구르기, 거꾸로 하기, 다른 신체 부위로 체중 받치기 등 특정 종류의 기술적 움직임을 연습한다.

접촉즉흥무 3단계는 동작에서 평이성이 강조되고 통제되었던 눈과 손의 접촉요소들을 통합시킨다. 신체를 구부리고 부드럽게 하기, 주변시야 사용하기 등을 통해 부드러움의 요소까지 포함시켰다.

접촉즉흥무는 머리부터 시작해서 지속적으로 손, 발, 몸통 등 몸을 떼지 않고 붙여주는 등 터치 감각은 동작의 동시발생성을 돕는다. 누군가의 손과 발로 균형을 잡아주는 것은 체중의 주고받기 연습으로 이러한 행위는 학생들에게 상호 책임을 지는 입장에 두게 한다.

심금란

체중 주고받기 – 상호 책임

접촉즉흥무는 체중교환을 통한 두 신체의 움직임에 그 초점을 두고 있다. 그러므로 접촉에 의한 즉흥행위는 특정 종류의 성적 참여를 기르므로 예술 형태로서 무대 춤은 관객의 감각적 반응을 끌어들인다. 이를 통해 동작의 의미에 대해 배우게 되고 이러한 감각적 행위들이 어떻게 인식되고 해석되는가 하는 문제는 여전히 공연자들, 안무가들 그리고 관객들에게 선택적이고 특정한 것으로 남아있다.

접촉즉흥무에서 춤꾼 간의 상호작용을 비교하는 것은 신체의 터치와 에너지를 해석하는 차이점들을 두드러지게 한다. 사회적 또는 성적 의미들이 명백하게 이 몸짓 속으로 읽혀지게 된다. 사회적 만남은 눈의 초점, 얼굴표정, 팔과 손의 동작 그리고 수많은 터치를 포함한다.

Istanbul-based artists Mustafa Kaplan and Filiz Sizanli

접촉에 의한 즉흥행위에서 터치의 기능적인 사용은 탁월하다. 이 형식은 터치와 체중감각을 통한 춤꾼들의 의사소통에 달려있다. 터치는 관능성을 가질 수 없고 춤꾼들 간의 의사소통을 말한다.

접촉즉흥무에서 유머나 신랄함을 담는 방법 중 하나는 갑작스런 동작을 춤꾼과 관객에 의해서 사회적으로 의미 있는 동작으로서 상호인식을 하게 하는 것이다.

접촉즉흥무의 춤 형식은 두 신체가 함께 움직이고 있는 방식에 대한 신호로서 터치에 집중하는 것을 요구하며 터치와 체중운반의 함축성은 자유를 포함한다.

접촉즉흥무는 자유를 통해 터치의 질을 변화시키며 여성의 신체적 힘의 역

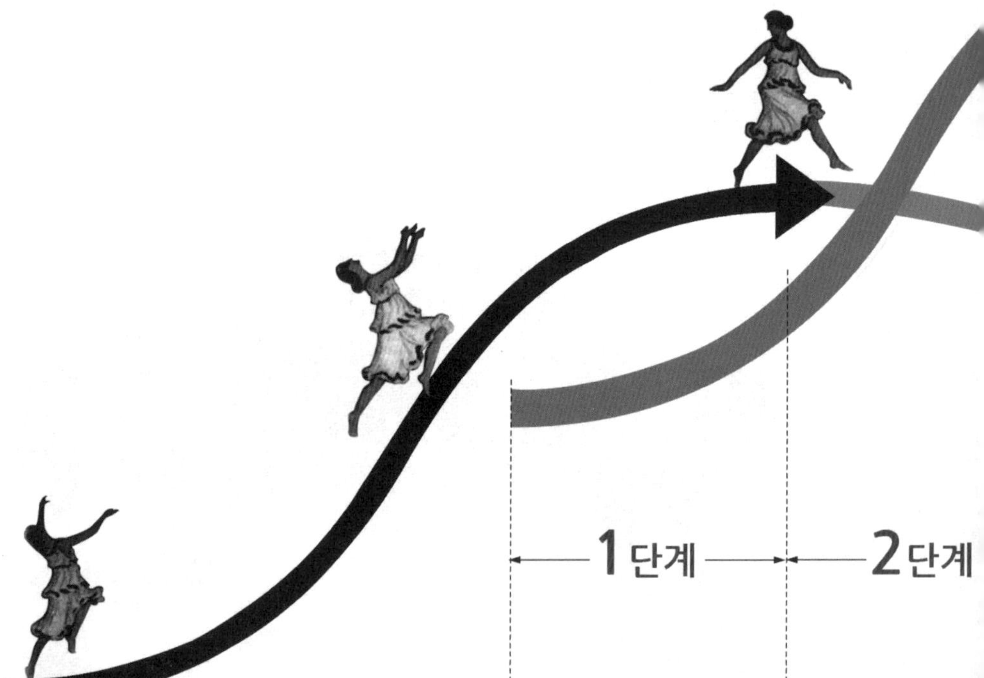

량과 가능성 그리고 남성의 감수성을 재정의 했다.

캐나다 접촉즉흥무의 춤꾼인 레이몬드(Silvy Panet-Raymond)는 "손동작은 감정적인 지시나 직선의 디자인을 만들곤 하는데 이것은 단순히 표상적이거나 표현적이지 않다. 이것은 지탱해주는 것이다."[76]라고 말했다.

1단계 : 기초, 어색한 낙하 역동적이지 않음

2단계 : 낙하, 구르기, 특정기술 연습

3단계 : 눈과 손의 접촉을 통합 부드러움의 요소

접촉즉흥무의 형식은 사회적, 치료적 경험들로 장려되어 즉흥행위의 치료적 효과로 80년대 중반 이후 미국 운동센터 전역에 퍼져 보다 광범위하게 나타났다. 특히 영국의 접촉즉흥무는 릴리스(release)테크닉과 광범위하게 결합되어 교류적, 심리학적 치료요법으로 다양하게 사용되었다.

뿐만 아니라 터칭의 환경과 의미들에 대한 대안, 접촉즉흥무 춤꾼들이 제공한 터치의 해석들은 참여자들에게 신체와 자아를 다르게 구성하는 가능성을 허용했다.

접촉즉흥무 춤꾼들은 이 형식을 '평가로부터 해방'이라고 하였다. 평가보다 접촉즉흥무의 주요 관심사는 단순히 동작에 대한 그리고 다른 사람들에 대한 경험을 가지는 것이었다.

사람들이 더욱 접촉즉흥무 형식을 행하는데 숙련되고 공연수가 증가하자 공연에 대한 다른 종류의 평가 방법들이 발전하기 시작했다. 이런 발전상들이 숙련된 춤꾼과 덜 숙련된 춤꾼들, 아마추어와 프로간의 분명한 차이를 만들었다.

접촉즉흥무는 춤으로 잘 추는 사람, 못 추는 사람 모두 함께 자연스럽게 출 수 있는 예의를 지녔다. 인간은 누구와도 춤출 권리가 있으며, 어떤 사람도 무시해서는 안 된다는 것이 접촉즉흥무의 정신이다.

접촉즉흥무는 두 춤꾼 간의 육체적인 대화가 중요하기 때문에 모든 춤에 독특한 도전을 보여준다는 개념을 지닌다. 그러므로 진정한 자유 의식을 갖는다. 이러한 차이는 '실수를 할 수 있는 춤'이라는 개념과 명백한 방식으로 성취 수준을 최소화시키는 점에서 자연스레 즐기는 사교적 춤의 상황과 같다.

공연되는 춤은 언제나 기술 수준이나 능력의 명백한 평가를 포함하지만 접촉즉흥무는 모든 사람들이 참여할 수 있다는 것에서 자연스런 춤의 기능을 가질 수 있다는 특성이 있다. 모든 사람이 참여할 수 있는 접촉즉흥무는 미에 엄밀한 기준을 제시하는 발레, 현대무용의 예술의 공연 형식과 차이를 갖는다.[77)]

접촉즉흥무는 공연으로서의 공개적인 평가를 최소화 시키는 것으로 '받아들일 수 있는 다양한 범위의 신체'를 춤 형식에 참여시키는데 공헌하였다.[78] 또한 접촉즉흥무의 이념은 다른 사람에게 보이는 신체의 외관에 바탕을 두기보다는 신체의 동작과 감각이라는 측면에서 자아를 정의하며 이것은 다양한 능력과 신체의 여러 유형에 대한 포용을 고무시킨다.

(2) 스티브 팩스톤과 접촉즉흥무(contact improvisation)

아리조나의 턱슨(Tucson)에서 체조 선수로서 신체의 유연성 증대를 위해 춤을 시작한 스티브 팩스톤은 뉴욕에서 마사 그라함의 기법을 익히면서 춤으로 전향하였다. 그는 머스 커닝햄의 춤단체에 초대되어 그 곳에서 1964년까지 활동했다. 다른 한편으로 팩스톤은 자신의 작품을 구상하면서 동료들과 공연을 하기도 한다. 1962년에는 저드슨 춤단체(Judson Dance Theater)를 설립하는 데에 중요한 몫을 담당했다. 팩스톤이 안무한 초기 작품들은 커닝햄과 공연했던 작품들에 대한 비판으로부터 그 창작동기가 발생되었다. 팩스톤은 현대무용의 출발이 자유와 평등을 약속해 준다고 생각했다. 그러나 팩스톤은 어디를 둘러보아도, 심지어 가장 급진적이고 민주적이라고 간주되는 무용단에서조차 '색다르게 왜곡된 발레단 체제'와 같은 독재와 스타 중심 체제를 보게 된다.[79]

초기 작품들에서 팩스톤은 평범한 대상을 교묘히 처리함과 함께 신체의 구체성을 강조하였다. 그는 또한 비일상적인 아이템을 즐겨 사용하기도 했다. 요컨대 평범한 사물들이 환상적으로 전환됐던 것은 무대라는 틀에 의해서가 아니라 질감, 소재 또는 그 크기를 급격하게 변화시키거나 동물 또는 자주 접해지지 않는 주변 환경의 부분들 때문이었다. 심지어 1967년작 〈퍼포먼스에 관한 주석(Some Notes on Performance)〉에서는 개가 등장한다. 팩스톤은 개와의 듀엣에 대하여 이렇게 토로한다. "자세의 미묘한 변화가 요구되는 '땀나는' 게임이며, 방심해서는 안 되는 적극성이 요구된다. 그리고 장난스러운 면도 있었다."[80]고 하였다. 팩스톤에게는 춤이 아닌 걷기동작이 동작의 경지를 열어주었다. 걷기는 위계적이지 않은 다양한 구조이며 이완과 권위가 동시에 이루어질 수 있는 연기 그 자체였다. 걷는다는 것은 모든 사람이 취하는 동작이며 춤꾼도 춤을 추지 않을 때 늘 취하는 동작이다. 그래서 걷는다는 것은 공연자와 관객 사이의 공감대를 형성하며, 공통된 경험인 동시에 개인마다 차이가 나는 특질이며 스타일이기도 하다.[81] 팩스톤의 작품은 비록 극 전개의 내용이 일상적으로 보일지는 모르지만, 언제나 사건전개를 위한 형식적 순서를 갖고 있었다. 그러나 다른 사람들과의 공동 작업에서의 즉흥적인 안무나 임의적인 행동들을 자주 취하기도 했다고 언급한다.[82] 접촉즉흥무의 테크닉은 중력과 육체 덩어리로서 떠다니는 몸의 능

스티브 팩스톤 – The Grand Union, 1972(Babette Mangolte 사진)

력이 초래할 수 있는 다른 몸에 대한 관계를 탐구하였다. 접촉즉흥무는 1970년대 미국에서 급속히 인기를 얻었으며, 1980년대 초기에는 예술과 사회 운동으로 발전하였다. 그 테크닉 수업들은 '잼(jams)'이라 알려진 것으로서, 춤꾼들은 이것을 배워서 공연했고 이를 통해 사회적 활동을 이루기도 하였다. 이 접촉 즉흥무의 서정적 운동성은 미국은 물론, 발레 트레이닝을 대체할만한 것이 거의 없는 유럽에 하나의 대체물로서 제공되었고, 수많은 춤단체들의 움직임 스타일로 구체화되었다.

교사들은 모든 학생들이 접촉즉흥무에 접근할 수 있도록 돕는 역할을 해야 한다. 또한 학생들에게 서로 칭찬하고 격려하도록 요구한다.[83] 이러한 각각의 테크닉들은 나이나 능숙한 정도에 상관없이, 교실의 모든 참여자들을 춤꾼 집단의 일원으로서 포용한다. 이와 대조적으로 발레에서는 춤단체와 클래스의 수

스티브 팩스톤 – 서있기 *자기 자신의 체중과 균형에 대한 흔들림 감지실험

준, 안무 자체, 그리고 관객들의 반응에서 모두 명백한 가치의 위계가 학생들 사이에 경쟁을 부추긴다. 교사들은 그들이 성공하기 위한 전통의 기준들을 소개하고, 이에 대해 학생들의 수행을 순위 지으면서, 전통의 추상적 이상들의 권위를 구체화 한다. 다른 한편으로 그라함 테크닉은 춤꾼끼리 서로 경쟁하도록 할 뿐만 아니라 자기 자신과도 경쟁하도록 한다. 팩스톤의 즉흥적 솔로작업 속에서 그의 집요한 탐구가 빚어낸 결과들을 그의 동작 스타일에서 관찰해 낼 수 있다. 춤을 출 때 그의 신체는 긴장과 이완의 독특한 혼합이 깃들어 있으며 때로는 그 동작의 모양새가 스포츠, 의학, 발레, 술취함, 현대무용, 조각품, 회화 또는 자연 등의 다양한 배경으로부터 유래된 이미지처럼 인식되기도 한다. 그러나 그 이미지들은 순식간에 지나가며 우리 지각 속에 남는 것은 창조와 발견, 제어를 잃은 후의 평형회복, 그리고 고통과 무질서로부터 회복을 하려는 신체

스티브 팩스톤 – 위치(1979) *신체의 유동성 활용

*한국의 즉흥춤 – 한국풍 맨손 민살풀이춤 – 조갑녀(88), 장금도(83)

*조갑녀는 '남원에 명무났다'고 큰 찬사를 받았으며 1982년 한국일보 '명무'로 소개

잠재력의 계속적인 감각이다.[84] 스티브 팩스톤은 비인위적인 동작들을 소재로 한 춤에 중점을 둔 창작활동을 하였다. 즉, 그의 춤은 일상적 행동과 그것을 형상화하는 질료로서의 인간의 육체를 중시하여 기존의 관행을 탈피하고 춤의 본질을 회복하려는 탐구에 열중하였다. 초기에 팩스톤은 평이한 걷기에 의한 춤 형식을 구축하기 위해 안무구성과 교육에 있어서 특이한 방법을 연출하였다. 그는 평범한 사물을 확대, 변형시킴으로써 일상적인 것의 중요성을 강조하였다.[85] 접촉즉흥무는 스티브 팩스톤 외에 낸시 스타크 스미스, 리자 넬슨을 비롯한 여러 춤꾼들의 협력에 의해 발전되었다. 스티브 팩스톤 춤은 사회적 경험을 제공하여 예술 속에 인간을 영속할 수 있는 계기를 제공하였다. 그의 접촉즉흥무는 인간 신체가 얼마나 다양한 표현 능력을 지녔는가를 확인하게 한다.

The Postmodernism & Education of Dance

제4장

춤교육과 창조

제4장

춤교육과 창조

1. 춤의 창조성과 상상력

(1) 춤교육의 9가지 기본적 사고

창조를 향한 행동적인 춤교육을 위해 춤을 단순한 기술적 언어에서 인간의 의식 해방으로서의 언어로 개념적 이동을 이루어내야 한다. 신체의 객관화에 저항함으로써 신체를 한 사람의 인생에 대한 비평적인 반영을 위한 이해의 장으로서 바라보기 시작해야 한다. 이는 신체의 움직임이라는 언어를 자신들의 경험과 연계시키는 것이다. 춤은 더 이상 무대, 캔버스 속에 구속되는 것이 아니라, 우리가 누구이며 우리가 되고자 하는 인물의 표출로서 세상 속으로 방출되는 힘으로 이해되어야 한다.

춤교육이란? 학생들을 이끄는 것으로 그들의 관심을 유도하도록 하여야 한다.[86] 사실, 교육에서 학교에 다니는 것은 문제점을 지닌다.[87] 춤교육은 창조적인 작업이지만, 학교에 다니는 것은 창조성의 결핍을 가져올 수도 있다. 능동적인 사고와 자유를 가르치기 위해 교사와 학생들은 서로 협력해야 하고 그 과정 속에서 학생들을 자유로워야 한다.

춤교육의 실천을 위한 능동적인 9가지의 기본적 사고의 지침은 다음과 같다.

① 움직임을 삶의 경험과 연계시켜라.

② 자율적인 교육을 행하고 탐구정신을 지녀라.

③ 기본적인 신체에 대항한 새로운 움직임을 찾아라.

④ 서로 간의 차이를 인정하고 다양성을 존중하라.

⑤ 토론은 동작적 개념을 통해 동작의 이미지가 반영되는 문화적 가치임을 인식하라.

⑥ 창조적으로 생각하는 것을 배워야 한다. 창조적으로 배울 때 창조적인 힘이 개발되고 스스로 삶을 창조할 수 있는 힘을 만들어 내게 된다.

⑦ 기초를 배우는 학생들은 기본적인 전통의 춤기술과 삶 주변의 자연스런 동작의 흐름인 자연의 움직임을 느껴야 한다.

⑧ 힘과 용기는 변화에 중요하다. 자기 자신을 바꿔나가려는 힘이 있어야만 한다. 이러한 힘은 용기를 불러일으키고 이는 변화를 가져올 수 있다.

⑨ 사고의 틀을 깨버려라.

이러한 춤교육만이 창조적으로 생각하는 것을 배울 수 있도록 이끌 수 있다. 학생들이 창조적으로 배울 때 창조적인 힘이 개발되고 스스로 삶을 창조할 수 있는 힘을 만들어 내게 된다. 또한 훌륭한 교사는 학생들의 춤, 태도, 활동, 희망과 환상 등을 관찰하고, 함께 춤추고, 검토하며 함께 토론해야 한다.

(2) 창조성과 상상력

앨빈 토플러는 그의 저서 『제3물결』을 통해 "문명에서 가장 기본적이면서도 결코 소모되지 않는 원료는 상상력을 포함한 정보이다."[88]라고 했다. 또한 미래에는 기계적 반응 능력보다는 분별력과 창의력을 갖춘 노동자들을 필요로 하게 될 것이라 한다. 인간에게 상상력과 창의력을 통한 창조적 힘은 고도로 문명화된 미래에 어떠한 기술의 발전을 이루더라도 대체될 수 없는 인간이 지닌 크나 큰 힘이다. 그렇다면 우리는 창조적으로 생각하는 것을 배우고, 학생들의 상상력의 힘을 개발하고 스스로 삶을 창조할 수 있는 능력을 어떻게 키워 나갈 수 있을까? 레오나르도 다빈치, 뒤샹, 모리스베자르 그리고 세계적 발레리나 강수진, 애플 CEO 스티브 잡스 그리고 빌 게이츠까지도 언급하는 인문학 등을 통한 창조적 힘을 살펴보자.

① 레오나르도 다빈치의 상상력

레오나르도 다빈치(Leonardo da Vinci, 1452~1519)의 연결 감각은 매우 포괄적인 접근방법이다. 레오나르도 창조성의 비밀은 공통점이 없는 요소를 연결하고 결합해서 새로운 패턴을 만들어내는 '모든 연결 관계'에 있다.

당시에 그는 어느 농부의 방패에 그림을 그려달라는 부탁을 받았다. 소년 레오나르도는 '그림을 보는 사람은 누구라도 겁낼' 이미지를 만들어내고 싶어서 도마뱀, 귀뚜라미, 뱀, 메뚜기, 박쥐를 비롯해 징그러운 여러 동물들을 수집해 이 동물들의 각 부분을 합해서 불을 뿜어내는 무시무시한 동물을 창조해냈다.'[89] 레오나르도가 무화과나무에 그린 방패의 동물들을 아버지에게 보여주자 그는 레오나르도의 방패를 피렌체의 상인에게 백 두카트에 팔았다고 한다. 오랜 세월이 흐른 후 레오나르도는 '상상의 동물을 진짜처럼 그리는 방법'이라는 간단한 안내서에 이렇게 적었다. 당신이 상상 속 동물 용을 진짜처럼 보이려면, 머리는 사냥감을 찾는 맹견을, 눈은 고양이 눈을, 코는 그레이하운드, 눈썹은 사자 그리고 정수리는 늙은 공작새, 목은 자라에서 따오면 된다.

레오나르도 용의 창조성 비밀은 새로운 패턴을 위해 '모든 동물의 연결 관계'를 보여주고 있다. 통합과 연결이라는 창의적인 방식이다.

레오나르도는 수많은 상상과 구상으로 가득 찼고 그는 진리와 상상이 서로 연

레오나르도가 그린 용

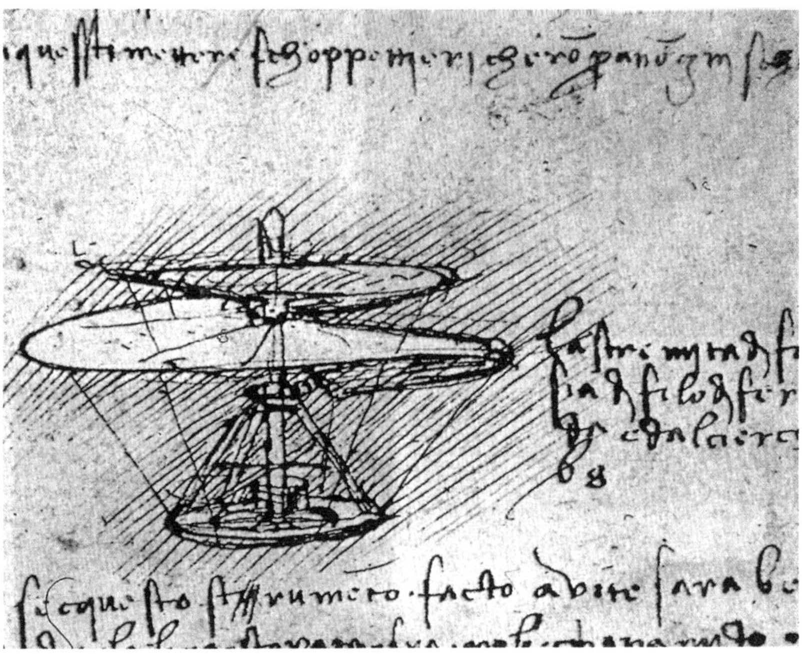

헬리콥터

탐구
용기
사고
기술
자율
전통적인 춤
신체
삶
힘
창조
토론
다양성
능동적
기본사고

계성이 있어 마치 톱니바퀴처럼 연결된다고 느꼈다. 이것은 그의 자연에 대한 끊임없는 통찰력과 분석력에 의해 발전되었다.

그는 상상력을 동원해 빛의 속도와 방향, 충돌의 힘, 메아리의 목소리, 자석의 움직임, 냄새의 운동에 대해 연구하며 서로 다른 자연물들을 결합시켜서 새로운 것을 발명하였다.[90] 플리처상 수상자인 대니얼 부르스틴은 그의 저서 〈창조자들-상상력 넘치는 천재들의 역사〉에서 레오나르도의 집요한 성격에 대해 말했듯이 레오나르도는 사물의 본질을 꿰뚫었고 독창적인 연결 관계를 만들어 내었다.[91]

레오나르도는 해부학 연구를 통해 인체의 비율을 알아냈고 이것은 건축과 도시 계획 연구에 반영되었다. 그는 밀라노 대성당의 중당과 스포르차의 성을 개축하였다. 레오나르도 다빈치의 인체에 대한 이해는 '인간은 지구의 모델'이라[92] 여겼고 그가 지구를 살아있는 조직으로 본 통찰력을 갖게 하였다. 그는 지구의 본체를 구성하는 요소 흙, 물, 공기, 불을 인간이 구성되는 요소와 같이 보았다. 지구의 호흡에서 이루어지는 밀물과 썰물을 인간의 혈관에서 피가 퍼지는 것으로 여겼다.

유동조 – 세가지물 *문자를 프로젝트로 투사한 작품으로 물이 증발하면 바닥과 벽에 비친 문자가 바뀜

1960년대 미술관에서 춤을 진행한 무브(Move) 한국공연(2012)

조르지오 바사리(Giorgio Vasari)는 "대자연의 수레바퀴가 굴러가면서 가장 위대한 재능의 비가 천상의 작용을 거쳐 사람들의 몸을 적시기도 하는데 가끔

단 한 사람만이 초자연적인 이유에서 이러한 아름다움, 우아함, 능력으로 흠뻑 젖기도 한다. 그 사람의 일거수일투족은 너무나도 신비하여, 모든 사람들이 그를 뒤따르면서 그 사람이야말로 인간세계에 태어난 존재가 아니라 바로 신이 점지한 천재, 혹은 그 자신이 바로 신이란 것을 재삼 확인하게 하는 것이다."라며 자신보다 한 세대 앞서 태어난 레오나르도 다빈치(Leonardo da Vinci, 1452~1519)를 "놀랍도록 신적인 사람"으로 묘사한다. 또한 브램리는 과학이 한계에 부딪치자 예술이 그것을 선도하게 됐다고 설명하면서, 레오나르도는 이해에 대한 연구에 봉착하면 '메스와 나침반과 펜을 내려놓고 다시 한 번 붓을 집어 들었다.'라고 하였다.

레오나르도 다빈치는 비전과 논리, 상상, 진실과 아름다움에 대해 알고자 하는 끊임없는 갈망으로 무장하여 자연의 무한한 세부 사항을 엄밀히 조사했다. 그는 이성적이고 과학적인 기준에 맞춰 모든 요소를 다양하게 결합시키고 그것을 상상력의 예술세계를 불어넣었다.

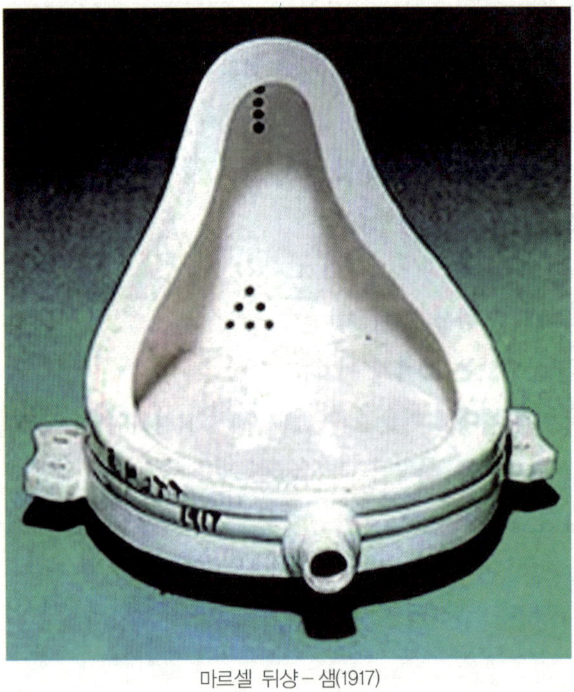
마르셀 뒤샹 – 샘(1917)

레오나르도 다빈치는 이론을 추구하는 현실적인 인간이지만, 예술을 통해 유토피아를 꿈꾸며 상상력의 세계를 모범으로 미리 보여준 예술가였다.[93] 우리는 다빈치가 연결 관계를 훌륭하게 표현한 예술을 통해 그의 무궁무진한 상상력을 살펴볼 수 있었다.

② 뒤샹의 상상력

예술의 어원에는 세상을 이해하기 위

한 창조적인 생각과 솜씨라는 점에서 기술(skill)이라는 뿌리를 가지고 있듯이 예술과 기술의 시작은 같은 부모님 밑에서 태어나고 자란 형제나 다름없었다.

하지만 19세기 이후 과학이 급속히 발전하면서, 이 둘의 차이는 점점 벌어지기 시작하고 기술은 세상에 실질적인 쓰임새가 있는 창조적인 반면, 예술은 생활을 아름답게 하는 창조라고 여겨지게 되었다.94)

마르셀 뒤샹은 피카소와 '논리를 뒤집는 현대미술의 아버지'로 손꼽히고 있다. 특히 마르셀 뒤샹의 현대 예술은 오브제를 통한 예술이다. '레디메이드(readymades: 기성품)'인 절대 예술이 될 수 없는 변기를 가지고 작품의 의미를 부여함으로써 일상생활의 것들을 예술로 끌어들인 장본인이다. 1917년 뉴욕 '독립미술가전'에 'R. Mutt'라고 사인한 남성용 소변기 〈샘 Fountain〉을 출품하여 비도덕적이고 천박하다는 이유로 전시를 거절받기도 했다.

마르셀 뒤샹 – 자전거 바퀴(1913)

뒤샹의 변기는 기존의 예술 개념을 완전히 전복시키고 개념미술이라는 새로운 장르를 낳았다.

마르셀 뒤샹이 1913년에 만든 〈자전거 바퀴〉는 자전거의 바퀴에 의자가 붙어있다. 부엌에서 사용하는 등받이 없는 원형의자 위에 자전거 바퀴를 설치한 작품을 만들어 냈다. 바퀴는 인간 최초의 발명품으로 바퀴 덕분에 원시인들은 수레를 만들어 무거운 것을 나를 수 있었고 이후 데굴데굴 굴러가

여름 봄

겨울 가을

주세페 아르침 볼도 – 사계

*주세페 아르침 볼도는 4계절을 사람의 얼굴로 나누어 과일과 채소로 표현

는 자동차까지 만들어 먼 곳을 빠르게 타고 갈 수 있게 되었다.

뒤샹이 만든 바퀴는 굴러가는 용도로 쓰여야 하는 기술임에도 불구하고 굴러가지를 못한다. 그 이유는 굴러갈 수 없는 조그만 의자에 붙여놓았기 때문이다. 뿐만 아니라 의자도 발명품에 속하며 잠시 쉬거나 앉아서 일하는데 꼭 필요한 물품이다. 하지만 뒤샹이 만든 의자는 엉덩이를 대고 앉을 수가 없게 바퀴를 가운데에 붙어놓았다. 바퀴는 구르는 제 역할을 하지 못하고, 의자는 의자인데 앉을 수가 없는 의자가 되어 버렸다. 그렇다면 도대체 마르셀 뒤샹은 이것을 왜 만들었을까? 아무짝에도 쓸모없는 물건을 만들면 그게 바로 예술이 되는 걸까?

예술가는 이것은 이것, 저것은 저것이라는 경계를 넘나드는 흥미진진한 생각을 내놓는 것이다.[95] 레오나르도 다빈치처럼 그것이 이후에 자전거가 되고 그것이 이후에 비행기가 되어 버리는 것이 아닐지라도 어떤 물건에 대한 상상력으로도 예술작품이 될 수 있다.

모리스베자르 안무 – 볼레로(Bolero) 실비길렘

(3) 인문학과 상상력

상상력이 중요한 세상은 인문학 강국(强國)이 지배한다는 말처럼 훌륭한 춤도 상상력에서 나온다. 슈트트가르트의 주역발레리나 강수진은 14살 강주영의 멘토이다.

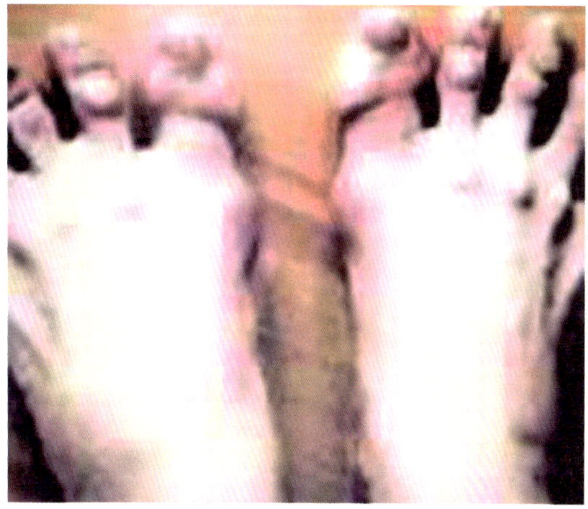

강수진발레리나의 발가락

그녀는 현재 슈트트가르트 50주면 기념공연 〈카멜리아 레이디〉에 출연하고 있으며 한국에 돌아와 '멘토가 되어달라'는 강주영을 만나기로 했다. 강수진의 발가락이 보이는 사진은 유명하다. 그녀의 아름답고 가냘픈 몸매의 가장 끝에 달려 있는 발가락이 마치 노틀담의 꼽추나 슈렉의 발가락으로 상상되기 때문이다. 어떤 이는 심지어 그녀의 발가락이 천년쯤 묵은 고목의 뿌리 같다는 소감을 말한다. 발레리나의 발가락은 예술로서 승화되기 위한 몸부림의 고통을 그대로 보여주고 있다. 지금도 하루 10시간씩 춤연습을 하는 강수진은 춤꾼은 안무가들이 어떠한 동작을 요구하든 개성을 담아 표현할 수 있어야 하고 그러려면 어떤 움직임도 소화할 수 있어야 하기 때문에 매일 10시간 정도는 연습해야 한다고 말한다.

말콤 글래드웰의 책 '아웃라이어(Outlier)'에는 '1만 시간의 법칙'이라는 말이 나온다. 성공한 사람의 비결은 집요한 연습과 반복 학습에 있다는 것인데, 그에 걸린 시간이 대략 1만 시간이라는 것이다. 하루에 3시간씩 10년을 투자해야 비로소 아웃라이어, 즉 달인이 될 수 있다는 말이다.[96] 이러한 까닭에 강수진도 '춤의 달인'일 수밖에 없다.

춤의 기술적인 부분은 강수진의 말처럼 10시간의 연습량으로 채워나간다. 그렇다면 예술에서 가장 중요한 부분인 표현력을 위한 감성의 상상력은 무엇으로 채워 나갈까? 오래전부터 내려오는 전통발레는 음악예술에서 똑같은 악보를 보고 연주하는 것처럼 재현예술에 속한다. 같은 모차르트의 곡이라도 누가 연주하는가에 따라 그 소리가 달라지듯 전통발레도 스토리에 따라 배역의 움직이는 동작은 똑같지만 누가 추느냐에 따라 관객의 감흥도 달라진다. 그러므로 기술적인 면 외에도 어떻게 해석하여 춤의 배역에 상상력을 불어넣는 것인가는 중요한 과제이다.

강수진은 춤을 배우는 학생들과 강주영 학생의 멘토로서 조언한다. "훌륭한 춤은 상상력에서 나오므로 표현력과 상상력을 키우기 위해서는 책을 많이 읽어야 한다."[97]고 말한다.

많은 사람들이 애플 CEO 스티브 잡스의 '상상력'이 완승(完勝)의 비결이라고 입을 모은다. 스티브 잡스는 자신의 상상력은 IT기술과 인문학의 결합에 기초한다고 밝혔다. 그는 "소크라테스와 점심을 함께할 수 있다면 애플이 가진 모든

스티브잡스 & 빌게이츠

기술을 내놓겠다."고 말한 바 있다. 그는 기술이 아닌 마음의 관점에서 세상을 바라보아야한다고 하였으며 사람의 마음을 이해하는 첩경은 인문학이라 여겼다. 또한 스티브 잡스는 '가진 것을 모두 합쳐라.'라며 최고의 인재를 골라 IT기기와 인문학을 결합한 르네상스적 인간이다.

칼 라거펠트 – 토니가른과 지아비코니

요즘 우리 사회에 부는 인문학 열풍은 얼마 전까지 언제 '인문학 위기'가 있었냐는 듯 그 열기가 거세다. 마이크로소프트 창업자 빌 게이츠까지도 "인문학이 없었다면 나도 없고 컴퓨터도 없었을 것이다."라고 말한 바 있다.

심시어 인문학은 철학・역사・문학 등 교양과목을 접목하는 '하이브리드 MBA'까지 확산되고 있다. 플라톤의 대화록이 경영진의 상상력을 넓히고, 다윈의 진화론이 시장에서 생존하려는 경영자에게 통찰력을 제공할 것이라 여긴다.[98)]

관리자들은 테크니컬한 기술이 필요하지만 미래에 조직을 이끌기 위해서는 이것만으로는 부족하며 사회와 문화에 대한 학문의 도구를 이용해 사회가 자원을 배분하고 위험을 계산하는 방법을 배워야 한다고 말한다.[99)] 현시대는 기술・환경・안보・경제・금융・교육 등 모든 영역에서 과거에는 상상도 못했던 다양한 문제들이 생겨나고 있다. 뿐만 아니라 모두를 기술적 문제들로만 흐름을 설명하는 데 한계를 보이고 있기 때문에 보완적인 의미를 위해 인문학이 필요하다는 지적도 나온다.

기술에 교양과목의 지혜를 화학적으로 결합하려는 시도는 세계 유명 MBA스쿨 곳곳에서 진행되고 있다. 세계 각 대학들은 다양한 각도로 문제에 접근하는

*스티브잡스의 애플디자인에 구조를 지탱하는 근본은 선(禪)이다. 선철학은 그의 유년시절부터 그의 가치관에 영향을 미쳤다. 선철학은 아이팟이나 아이폰개발과정에서 영향을 주었고, 아이폰의 버튼의 최소화는 처음 사용하는 사람들이 쉽게 사용할 수 있도록 직관적 구성도를 집어넣었다.[100)]

그는 단순함과 직관 그리고 선의 정신으로 그의 애플로고까지 만들었고 그의 젊은 시절 "필요한 것은 한잔의 차와 조명 그리고 음악뿐입니다."라고 말하는 사진 속의 그는 삶속에도 단순함의 미학을 엿볼 수 있다. '한입 베인사과'-군더더기 하나 없는 디자인으로 공학과 예술을 융합했다.

*포스트모던댄스의 가교역할을 한 머스커닝햄은 선(禪)철학으로 예술가들에게 통찰력을 제공해왔다.〈머스커닝햄 - 교환(1978)〉

방법을 가르치고 있고, 학생들이 보다 넓게 사고하고, 기존 가정들에 대한 의문을 역사로부터 배울 수 있도록 하고 있다.[101] 학생들은 '통합적 사고'를 핵심 교과목으로 배우고 사회학자・과학자・철학자・역사학자의 강의를 듣고 있다.

인문학(humanities)은 문화・역사・철학 등 인간에 대한 탐구를 통칭하는 것으로 사람에 대한 이해와 통찰력을 제공해준다.

인문학에서 인간됨을 추구하는 궁극적이고 중요한 요소들이 근래에 들어 핵심으로 부각되고 있다. 우리는 감성적 강점을 차별화하고 어떻게 활용할지 적극적으로 살펴볼 필요가 있다. 인문학을 통해 상상력을 창출하는 데 집중할 필요가 있다.

인문학을 통한 상상력은 즐거움을 만들고, 즐거움은 상상 속에서 즐기던 환

김광범 안무 – 타락사

*김광범 발레단의 〈타락사〉는 현대적이고 심플한 컨셉트를 강조하여 기교적 표현은 물론 발레가 가지고 있는 정형화된 표현의 한계를 다양한 시각으로 재조명하고자 하였다. – 서울무용제 연기상수상작

영(幻影)이 구체화된 것이다. 책을 통해 경험을 갖고 상상하고 그것에 몰입되는 순간에 에너지를 자발적으로 전력투구하며 행복감을 느끼게 된다.

인문학이 주는 자기 스스로 느끼는 즐거움의 극대화는 자기만족을 가져오며 간접 체험을 통해 즐거움을 배가시키는 요소가 될 수 있다. 상상력은 즐거움뿐만 아니라 부정적인 감정과의 결합도 가능하다. 자기 스스로 상상력을 통해 즐거움과 슬픔을 만끽하는 것이다. 인간의 즐거움과 슬픔이라는 감정은 다른 여러 감정요소와 결합시키면 무궁무진한 상상력으로 창조성을 가져올 수 있다.

수천 년의 인류역사를 통해 살아남은 지혜의 보물인 인문학 고전은 상상력과 무한한 창의력으로 창조성을 샘솟게 하는 샘물이다. 그러므로 인문학은 동

김운미-살풀이춤 *춤교육을 위한 가상현실시스템 구조

서고금을 통해 그 중요성이 강조되어 왔다.[102]

과학과 기술의 근본도 상상력이고 예술의 근본도 상상력이다. 춤에서도 인문학을 통한 상상력은 무엇보다 교사나 멘토의 막중한 책임과 역할이 요구된다. 미래의 춤을 위해서도 무엇보다 상상력과 창조성으로 무장된 인재를 양성하는 일이 필요하다. 춤의 미래가 달려 있는 창의력과 상상력을 가진 인재 양성을 위해서 인문학 교육에 집중적인 투자가 필요하다. 인문학 교육은 교육체계의 핵심으로 자리 잡아야 하며 상상력과 창조의 원천을 통해 우리를 춤추게 할 것이다. 우리의 노력이 결실을 맺어 상상력으로 무장된 인재들을 많이 배출해낼 때 미래의 예술교육으로 우뚝 설 수 있을 것이다.

최지연 – 내안의 또 다른 나

(4) 춤을 위한 창조성교육 – 융합

미술 역사가 케네스 클라크는 과학과 예술의 관계에 대한 글을 시작하면서 원칙들의 상호 의존성을 강조한다.[103] 결국 과학과 예술 둘 다를 참고하지 않으면 현재의 예술사를 제대로 이해할 수 없다는 것이다. 이는 지난 역사는 물론 미래를 위한 진보를 위해서도 과학과 예술의 융합은 필요하다고 진단하기 때문이다.

예술은 인간이 만든 최고의 산물이다. 전자제품들도 단순한 기기가 아니라 인간이 만들어낸 혁신의 산물이다. 과학에서도 인간이 누리는 자연을 통해 디자인의 모든 것이 탄생한다. 아무리 대기업에서 최첨단의 휴대폰을 만든다 할지라도 그것은 예술이라는 창조성과 늘 함께 하며 과학에서 가장 필요로 하는 것도 예술가의 감각이다.

이 시대에서 융합과 혁신의 꿈을 주도했던 잡스는 창의적인 CEO로서 탁월한 직관력(intuition)을 가졌다. 피카소가 "모방하고 훔쳐라. 뛰어난 예술가는 모방하고 위대한 예술가는 훔친다"고 했던 것처럼 그는 피카소의 말을 실천으로 옮긴 창의적인 정신의 본보기였다. 사실 애플이 자랑하는 아이폰도 삼성전자, LG 전자등 한국기업이 히트시킨 터치스크린(화면을 눌러서 조작하는) 휴대폰에서 영감을 얻어 화면을 두 손가락으로 키우고 줄이는 멀티터치 기능을 개발하고 음악 콘텐츠를 결합해 아이폰(iphone)이라는 창의적인 제품을 만들었다.[104]

그는 '다르게 생각하라.(Think Differnt)'는 창의적 사고를 통해 대담한 상상력을 필수적인 원칙으로 내세우며 애플만의 독특한 스타일을 만들어 냈다. 그는 숟가락으로 밥을 떠먹고, 빗자루로 바닥을 쓰는 것이 아니라 어떻게 숟가락을 빗자루처럼 쓸 수 있을까 고민했다.

김종덕 – 또 다른 음모

김종덕 – 사계(四季 – 꼭두의 눈물, 2008)

그는 전화기가 전화만 거는 것이 아니라는 사실을 보여주었다. '이러한 끊임없는 실패의 위험을 감수하는 사람만이 진짜 예술가다' 1996년 포천지(誌) 인터뷰에서 그가 한말이다. 그는 실패를 미래를 위한 디딤돌로 삼고 '늘 갈망하고 우직하게 나아가라(stay hungry, stay, foolish)는 말처럼 실패를 두려워하지 않았다.

스티브 잡스는 회로판과 아름다운 디자인을 결합했고, 뛰어난 마케팅을 시도하였고, 사람들에게 영감을 주었다. 우리는 우수한 제품을 만든 수많은 사람들보다 창의력과 기술을 결합하여 위대한 제품을 만든 스티브잡스에게 놀라워한다. 미(美)와 예술에 대한 사랑을 테크놀로지에 대한 사랑과 결합하고 무엇인가 완벽하게 창조하려 애썼던 면이 우리가 스티브 잡스의 인생에서 배우고 싶은 교훈[105]일 것이다.

폴라로이드 카메라를 만든 발명가 에드윈 랜드가 플라로이드가 예술과 과학

탈을 쓴 비보이

쿠바 말손 – 강일중사진

박영애 – 잃어버린 성도

임응희 – 꽃은 피어 웃고 있고

의 교차점에 서길 바란다고 말한 것처럼 우리가 살고 있는 시대는 융합을 필요로 한다. 특히 21세기의 세계화, 정보화시대에서는 더더욱 '예술의 과학'에서 '과학의 예술'을 연구하고 개발해야만 한다. 지금은 과학이 급속도로 발전하고 엄청난 양의 지식이 빠른 속도로 변화하는 시대이기도하다. 이러한 변화 속에서 사회의 단순한 지식의 전달을 넘어 예술도 전문적 기술을 바탕으로 정보를 전달해 가는 모습으로 바뀌어 가고 있다. 이에 춤도 쳇바퀴를 놓고 빠듯하게 경쟁하는 대신 세계시장의 경쟁의 룰을 바꾸어야 한다. 평범한 다수의 춤보다 자기의 직관을 믿는 혁신적 창조력을 갖춘 춤을 추구해야한다. 그러나 우리는 혁신을 리더와 추종자를 구분하는 잣대로 여기고 21세기 창의적 공간의 시대를 맞이해야한다. 우리는 우리 안에 잠재 되어있는 창의성의 심지에 불을 붙여야 한다. 그것은 학습의 주체가 스스로 자신의 적성과 흥미, 재능을 개발하고 갖추어 나아갈 때 비로소 우리가 공유하는 콘텐츠를 통해 춤의 획기적인 도약이 가능해진다.

그러나 춤의 과도한 융합과 혁신만 강조한다면 자칫 또 다른 획일화로 이어질 수 있다. 그러므로 춤이 우리가 지닌 정체성과 전통을 잃지 않으며 어떻게 융합해가고 창의적으로 발전시킬 것인가 고찰하는 과정도 중요한 과제이다.

(5) 춤교육의 과학화

춤교육은 음악, 미술, 패션 등 예술과 인문학, 사회, 정치 등이 결합한 종합예술영역에서 융합교육과 창조적 증진을 위해 과학과 다양하게 활용되고 있다. 이는 창조적 사고를 육성한다는 모토아래 교육이 다양한 학문의 통합적 이해를 돕는 동시에 재창조의 다양한 사례를 통해 과학과의 새로운 결합을 시도하려는 노력의 일환이다.

한국에서는 반만년의 풍부한 역사와 우리 삶의 뿌리가 되는 각각의 문화들이 창작소재로 개발되어 중요한 자원으로서 여러 분야의 문화콘텐츠로 기획, 제작되고 있다.

춤은 현 시대의 지식기반을 토대로 창조성이 중심이 되는 교육을 추구한다. 무궁무진한 콘텐츠를 제공해주는 한국의 역사, 전통, 풍물, 생활, 전승, 예술, 지리지 등 다양한 분야의 문화원형들을 통해 스토리텔링과 디지털콘텐츠화하는 과정을 통해 춤을 문화콘텐츠산업화 하는데 필요한 창의력과 상상력의 소재를 제공받고 있다.

이러한 과정은 춤에 있어서도 전통적인 창작의 소재를 발굴하고 과학화하는

이미희 – 디지털 댄스 순환속으로(in a cycle)

데 중요한 시도로 특히 창의적 지식이 중심이 되는 시대에 발맞춰 다양하게 개발되는 예술과 과학을 접목한 춤 콘텐츠의 새로운 변신을 가능하게 해준다.

춤이 공연예술로써 창작되어질 때 과학과 예술의 접목은 이미 춤꾼들에게는 낯설지 않다.

춤 콘텐츠는 예술과 과학 분야에서 다양한 방법으로 사용되며 춤콘텐츠는 매체들 간의 상호작용(interaction)을 통해 콘텐츠를 재생산해내는 기회를 갖는다. 이는 문화콘텐츠의 힘으로 작용하고 있다.

이러한 춤콘텐츠는 대중들의 전통 문화와 민족 간에 겪는 경험을 활용하여 상상력을 활용하는 자극제가 될 수 있다. 춤의 콘텐츠는 매체들을 통한 다양하고 재미있는 방법들로 춤이 활성화 되는데 기여하며 앞으로 춤발전에 도움이 될 것이다.

춤콘텐츠 MSMU(Multi Source Multi Use)화는 1차 콘텐츠를 재창조하거나 새롭게 상품화하는 비즈니스 전략으로, 다큐멘터리・각종 사회 이슈 등 다양한 문화소재들을 창작과정에 활용하는 것을 말한다. 이는 미디어의 콘텐츠 생산 활동으로 다채널디지털방송, IPTV, 와이브로, 인터넷포털, UCC포털, DMB 등 다양한 콘텐츠 유통망으로 확산될 전망이다.[106]

현재 춤은 나라와 나라간의 새로운 문화적 환경에 따른 변화의 흐름에 적극적으로 대응하며 사람들에게 춤이 가진 예술적 감동을 통해 유익한 감성을 제공하고 있다. 그들 나라 간에 지닌 문화와 전통들을 서로 빠르게 공유하고 변화하는 시대에 맞추어 가는 창조의 공간이 되고 있다.

춤도 이러한 변화에 맞추어 다른 각도로 춤세상을 바라보아야 한다. 춤의 과학화로 남들이 아닌 자신만의 춤의 생각도 실천해보는데 이바지해야 한다.

2000년대 이후 과학기술을 응용한 연구들이 나타나고 있는 것처럼, IT시대에서 활용할 수 있는 과학기술의 범위를 최대한 확대하여 단계별로 춤의 교육 방안을 구상할 수 있다. 그것의 뉴미디어 활용, 가상학교 실현, 춤 교육시스템화, 유비쿼터스 통합네트워크를 구축한[107] 춤 교육방안이다. 특히 가장 최근에는 춤에 공학적 시스템을 도입하여 춤의 감성교육을 위한 새로운 방법론을 개발, 적용한 사례[108]가 있다.

춤의 감성적 특성이 학생에게 탁월한 감성훈련의 효과와 가능성을 준다는 것을 입증하기 위해 가상현실시스템이 도입되었다. 이 시스템은 정량적인 공학적 분석과 감성적인 질적 분석을 행한다. 이를 통해 춤의 감성훈련이 극대화될 수 있는 학생 위주의 교육시스템이 완성되었다. 이는 춤 교육프로그램이 공학과 함께 시스템화 되었다는 것에 큰 의미를 둘 수 있다.

국외의 경우, 이미 1980년대부터 춤교육을 위하여 위스콘신-메디슨 대학의 컴퓨터과학자 골든 스테픈슨(Gordon Stephenson)과 닥터 버프브렌넌(Dr. Buff Breanan)이 개발한 춤움직임 분석의 컴퓨터지원방법론과 쥬디스 그레이(Judith Gray) 박사가 디자인한 춤교사와 학생들의 행동기록 및 분석을 하는 컴퓨터 기초체계가 개발되었다. 아이오와 대학의 앨런(Allen)과 실리(Sealy)는 라반노테이션의 학습을 위한 컴퓨터지원교수프로그램을 개발[109]하였고 그 밖의 오하이오주립대, 아리조나주십대, UC-얼바인, 유타, 위스칸슨-메디슨 대학 등에서 자료를 공유하고 있다.[110]

또한 감성기반의 3D 아바타 시뮬레이션도 만들어지고 있다. 춤의 대중화란 대중들의 의식 속에서 순수예술로서의 춤뿐만 아니라 보는 춤, 즐기는 춤, 나아가 참여하는 춤으로서 모든 대중들이 함께 즐기고 참여하는 것을 의미한다.[111]

최근 대중을 확보하기 위해 춤계가 시도한 쉬운 소재의 대중적인 춤, 이해를 돕기 위한 기획공연, 야외 상설무대 등은 공연장에 많은 관객을 끌어들이는데 상당한 성과를 거둔 것으로 평가를 받고 있다. 관객에게 어렵고 동떨어진 세계처럼 느껴졌던 순수예술로서의 춤을 대중화시킴으로써 국민들이 향유할 수 있는[112] 문화콘텐츠의 선택을 하나 더 늘려 주었다.

김운미 안무
– 1919

춤의 대중화를 위한 노력으로 기술적인 부분도 다양한 방식으로 개발, 연구되고 있으며, 이 중 춤과 최첨단 기술의 융복합 작업 사례가 급증하고 있다.

특히 '감성기반의 3D 아바타 시뮬레이션'을 통한 춤의 대중화 방안이 마련되고 있다. 기존의 기계적인 딱딱한 모습의 아바타가 아닌 인간의 모습과 흡사한 표정과 감정이 담겨 있는 아바타를 3D 시뮬레이션에 접목하여 춤을 구현하도록 하는 방법이다. 독창적인 콘텐츠 개발과 3D 시장이 열세를 보이고 있는 IT 시장에서 '감성인식 시스템을 기반으로 한 3D 아바타 시뮬레이션'은 춤의 대중화와 함께 춤교육을 위한 학제간 융복합 연구 등 여러 방면에서 활용하고 있다.[113)]

인간이 지닌 기본적인 6개의 표정을 담은 3D 아바타를 아이폰(iphon)에서 사용할 수 있도록 어플리케이션의 게임과 교육을 개발하고,[114)] 3차원 아바타 캐릭터 모델의 체형을 실시간으로 변형하는 시스템[115)]을 진행하였다. 이것은 신체 부위를 나눠 아바타 캐릭터의 성장을 이끌어내며 원래의 아바타라는 의미에서 실제 사람에 더 근접한 캐릭터를 만들었다.

감성기반의 3D 아바타 시뮬레이션 개발에 필요한 기술로써 Motion capture technology와 감성인식 시스템, 3D 아바타 시뮬레이션 환경[116)]이 개발되고 있다.

3D 아바타 시뮬레이션 환경개발은 완성된 3D 아바타를 3D 환경 시뮬레이션 화면에 투여, 다양한 각도와 환경설정으로 같은 춤을 반복 설정하여도 시뮬

조승미 –
백조의 호수

레이션 선택환경에 따라 다르게 보이는 효과를 낼 수 있다. 여기에 Motion capture 한 동일한 동작 데이터로 한명의 아바타 춤꾼을 모델링하면 여러 명으로 복사하여 군무로 재현할 수 있는 효과도 더해질 수 있다.[117)]

사용자가 원하는 각도와 거리에서 볼 수 있으며, 마치 생생한 공연을 보는 듯한 느낌을 받을 것이다. 실감나는 캐릭터의 생동감과 기존의 2D와 비교하여 소비자들의 재미와 흥미를 단시간에 끌 수 있고, 실제 현실과 동일한 환경이나 가상의 환경을 3D로 구현함으로써 대중들에게 보다 쉽게 다가갈 수 있으며, 춤에 대한 다양한 정보와 지식을 제공할 것이다.

가상인물 아바타는 실제 인간의 모습과 최대 유사하게 표현되며, 아바타의 얼굴과 헤어스타일, 의상 등 다양한 아이템을 통해 한국의 전통미를 함께 알릴 수 있는 기회를 제공할 것이다.

3D 아바타 시뮬레이션은 미래세대에 대한 교육적 교구로 그 효과와 활용가치가 클 것으로 예상된다. 이는 학습자에게 흥미를 유발시키고 직접적인 연습

동작감지 · 추적시스템 – 박지은

너울춤 & 처용무(아바타 시뮬레이션)

을 통하지 않고도 언제든지 재미있게 동작을 연구하고 학습할 수 있는 기회를 제공하며, 공간적, 물리적 제약을 지닌 현실세계에서 경험하지 못한 상황을 학생의 필요에 따라 가상공간에서 간접체험의 기회를 제공할 것이다.[118)]

바로 이것이 종합 · 병행적 해법인 '융합'의 교육이다. 과학을 통해 자신을 계량하고 현실이 어떻게 조직되는가 하는 가설을 발전시키고, 자신의 감성과 함께 형태를 재조직하는 방법에 관한 새로운 춤의 가설을 개발하는 것이다.

요즘 전 세계의 가정에서는 네트워크를 통해 한국의 대중 춤이 케이 팝(K-POP)이라는 이름으로 흘러들어간다. 가까운 일본은 물론 유럽 그리고 지구 반대편의 칠레까지도 미디어 매체를 통해 전해지고 있다. 이때 가상현실을 통한 감성교육의 춤이 완벽히 전해진다면 학생들의 감성은 물론 집중력 향상과 몰입도를 증강시키는 춤의 교육적 효과까지도 기대해 볼 수 있으리라 예견된다.

요즘 기술의 화두는 바로 이것이다. 생활의 편리함이나 일의 생산성을 높이

3D 아바타 시뮬레이션 가상 화면

는 것을 넘어 사람의 창조성과 예술성을 북돋워주는 수단의 개발 말이다. 우리는 곧 평범한 사람들 속에 숨겨졌던 예술적 재능까지도 기술의 도입을 통해 만발하는 시대를 보게 될 것이다.[119]

2. 춤의 창작론

(1) 춤의 창조 과정

춤의 진정한 효과를 인식하고 그 실질(實質)을 더욱 잘 이해하고 판단하는 통찰로 춤의 창조과정을 이해할 수 있다. 춤 안에서의 창조란 구체적으로 어떤 의미이고 어떠한 요소들을 지녔는가에 대한 것이며 춤은 동작을 포함한 움직임의 의미를 넘어 새로운 구상을 지닌 창조적 예술 형태라고 할 수 있다. 이에 대한 자세한 답을 얻기 위해 예술창조과정을 살펴보자.[120]

드소와르(M. Dessoir)는 예술창조과정을 3단계로 구분했는데, 첫째 〈창조적 정조〉를 준비단계로, 둘째 〈예술적 형성과정〉을 계획 없이 무의식적으로 진행하는 단계로, 마지막 세 번째는 〈스케치(Sketch)〉의 시기로서 이 단계에서 창조를 표현하게 되는 단계라고 하였다. 뿐만 아니라 이 시기에서 예술적인 계획적 형

아바타
시뮬레이션

영무(靈舞) – 하용부

무몽 – 최선

솟음벅구 – 김용태

성이 시작된다[121]고 한다.

예술창조과정에서 볼 때 춤도 예술이란 범주 안에서 창조되는 타 예술과 비슷한 과정을 지닌다. 다만 몸의 표현이 주된 예술로서 움직임을 통해 표현할 내용을 시도하고 탐색하는 것이다. 해브록 엘리스(Harelock Ellis)가 "춤은 모든 것에 선행하는 예술이며 모든 공연 예술은 춤에서 시작하여 마치 그림과 조각으로, 빌딩으로 나타나는 것이다. 그러므로 별들은 물론 태양 주위에서도 춤을 춘다.[122]"라고 언급하고 있듯이, 춤은 모든 예술창조에 무엇인가를 강화시키고, 새로운 관계를 제시한다.

춤은 창조로서 우리가 경험한 요소들을 형상하고 서로 연결의 고리를 찾아서 승화시키며 가시화시킨 작업의 표현이다. 이렇게 가시화하기 위한 작업에는 안무의 역할이 매우 중요하다. 안무는 창조의 중요한 부분이며 춤을 구성하고 만드는 것으로 일반적으로 우리는 춤의 창조 작업을 "춤을 짠다."라고 말한다.

아놀드(Arnold. L. Haskell)는 안무가(Choreographer)를 춤의 디자이너(dance designer)로 칭

하였고, 안무는 춤꾼(dancer)으로서 오랜 경험을 쌓은 자만이 할 수 있다고 한다.[123)]

춤의 안무는 '그 움직임으로 무엇을 어떻게 말해야 할 것인가?'라는 질문에서 시작한다. 또한 가시화시키는 하나의 구체적인 활동이 즉 움직임이며, 안무란 동작을 배치할 때 주제와의 관계를 고려하며 동작을 적재적소에 배치하는 결정을 하는 것[124)]으로서 이는 경험과 창조적 능력의 기초 위에서 이루어진다. 춤을 창조하는 것은 칸딘스키가 자신의 아틀리에에 비치는 햇빛의 모양에서 번뜩이는 창조를 느끼고, 뉴턴이 자신의 집의 창가에서 떨어지는 사과를 보고 번뜩이는 섬광과 같은 통찰력을 느끼듯, 춤예술 안무가도 이러한 창조과정을 거쳐 동작을 창조한다.

하지만 때로는 움직이면서 또는 움직임을 거듭하는 가운데 안무가가 의도하는 동작구성이 될 때까지 반복 수정에 의해서 안무가 이루어지기도 한다.[125)] 안무가는 자신의 가장 적당한 움직임을 찾고 살아있는 창조적 작품으로 연결될

황희정 – 가을(2001)

수 있게 작업한다. 이러한 결정적인 결과는 춤이 이루어지고 있는 공간 즉 무대와 관객간의 교류에서 나타난다.

작품표현은 때로는 추상적으로, 때로는 너무나도 사실적으로 표현된다. 어떤

운현궁에서 날다
– 이찬주(재구성)

움직임은 보편적인 의미를 갖기도 하고 어떤 움직임은 안무가 자신이 주려는 의도와 관객의 해석에서 차이를 지닐 수도 있다.[126] 이러한 최소한의 차이를 줄이려고 노력도 해보지만, 춤 예술작품은 정확한 전달을 넘어 움직임 만에서 관객이 실제로 보고 느끼는 감동의 예술성을 지닌 시간과 장소의 예술이다.

지제욱 – 동동(動冬)

또한 좋은 창조과정을 얻기 위해 안무가 자신의 자아에 대한 지속적인 탐구가 요구되며, 이와 함께 관객을 고려한다면 작품을 분석함에 있어서도 좀 더 개방적이어야 하고 비평적 자질을 소유한 사람들로부터[127] 비평을 듣도록 노력해야 한다.

마지막으로 춤의 창조는 예술에서의 의미적 형상을 기술을 통해 외적 표현으로 나타내는 것이다. 따라서 각 춤의 장르와 안무가의 특성에 따라 조금씩 차이가 나지만 춤은 신체에 의존하는 정도가 높다. 창조자는 신체를 통해 작품을 표현할 뿐만 아니라 다른 예술과 달리 타인의 신체를 통해 표현하기도 한다. 춤의 창조과정은 신체를 공간 속에 엮어 넣으면서 현실적 시·공간을 춤으로 변화시킨다.[128]

창조적 결실을 위해 예술적 욕구가 춤으로서 새로운 형성을 거치게 되며, 이 과정에서 우리의 축적된 경험들은 상상으로 형성된다. 이러한 의미에서 춤 예술의 창조는 그 의지에 앞서 표상을 풍부하게 가지는 것 또한 필요조건이다. 이것을 위해 끊임없는 관찰과 경험의 풍부함을 넓히도록 해야 한다. 또한 감각을 충분하게 수련하며 표상을 풍부하게 하는 상상적 활동이 춤 창조과정의 중요한 요건이다.

(2) 춤 창조과정의 요소

춤 창조과정의 요소를 살펴보면 이미지의 형상화와 움직임으로 크게 나누어 볼 수 있다. 안무를 창의적으로 구성하는데 있어 유일한 문제는 이미지를 유발시키는 동작을 선택하여[129] 이러한 이미지를 인체의 행위로 표현하는 것이다.

안무가는 작품의 구성요소를 선택하듯이 자신의 경험으로부터 소재를 불러온다. 조각, 물체, 모양, 형태 등의 시각적 자극에서 연상되어 색채, 리듬에서 이미지를 얻기도 하고, 촉각적 자극으로부터 근육의 신체 반응을 갖는 동기를 얻기도 한다.[130] 이러한 자극은 작품의 창조의 전제조건으로 가장 전면적이고 근본적이다.

구안나 – 네겹의 침묵 구안나 – 비가

창조적 대상으로부터의 자극에 대한 자신의 감정과 실험의 이미지(Image)를 형상화시키는데 이것을 현실적 형태의 복사라고 할 수 있다. 이러한 춤 창조는 하나의 예술창조 활동으로 창조 욕구에서부터 주제가 흘러나와 춤의 이미지를 갖는다.[131] 이 이미지는 조금씩 차이를 갖는데 인간의 사상, 감정, 생활경험 및 인생에 대한 견해에 따라 다르기 때문이다.

박영애 – 가이아 · 둥지에 머물다

다음은 또 하나의 요소인 움직임이다. 사실 예술 중에서 춤만큼 움직임(Movement)이 기본이 되는 것은 없다. 춤의 표현 도구는 몸의 움직임이고, 춤은 형태를 이루는 움직임의 관계이다.

움직임은 삶에서 가장 지속적인 경험이다. 사랑, 공포, 희망, 열망, 욕심, 동물적인 즐거움 등의 정서 속에서 움직임은 자연스러운 반응으로 모든 인간에게 주어진 것이다.[132] 움직임은 특별한 목적을 의미할 때도 있고 무작위적이고 형태가 갖추어지지 않을 때도 있다.

또한 움직임은 객관적 특징과 주관적 특징을 모두 지니며 인종마다 나라마다 다르다. 즉, 움직임은 장소나 시간에 따라 다양한 전통적인 몸짓의 통합체[133]라 할 수 있다. 이러한 몸짓의 의미 역시 안무가의 경험에서부터 나온다. 하지만 안무가의 창의적인 환상과 구성은 다양한 춤을 위한 몸짓을 발견할 수 있다고 할지라도 춤이 전달하고자 하는 근본적인 아이디어와 잘 맞아야[134] 함을 명심해야 한다. 그러므로 춤은 예술의 형태로서 춤의 원리를 반영해야 하고 자연물질을 상징적으로 이용할 수 있어야 하며 움직임은 안무가가 최종적으로

'이것이 내가 이용하고자 하는 움직임의 주제다'라고 말할 수 있어야 한다.[135] 이에 시각과 경험의 폭을 증폭시켜 이미지를 형상화하고, 몸의 움직임을 미의식에 따라 질서화[136] 시키는 것이 바로 춤의 창조과정의 중요한 요소이다.

The Postmodernism & Education of Dance

제5장

춤과 포스트모더니즘

제5장

춤과 포스트모더니즘

1. 포스트모더니즘

현대 예술의 경향은 후기자본주의 사회의 문화 논리로서 주장되고 있는 포스트모더니즘(postmodernism)의 경향을 지닌다. 포스트모더니즘은 초기 모더니즘의 예술적 검증과 반성, 더불어 모더니즘이 외면했던 전통과 대중성, 지역성 등을 되찾아, 현대주의적 이상을 더 풍요롭게 해주는 모더니즘의 완성처럼 보인다. 그러나 새로운 형식을 추구하는 비문학적, 반극장주의적, 반심리적인 실험춤 운동은 70년대 말과 80년대에 들어서면서부터 새로운 탈출구를 더 열지 못한 채 갑자기 불어난 듯한 춤의 관객층과 소비주의적 문화 형태와 공명하고 있는 듯한 거대한 극장주의와 타협, 흡수되는 현상을 보였다.[137]

정의

포스트모더니즘은 제2차 세계 대전 이후에 서구에 존재하는 하나의 시대정신(Zeitgeist), 인식소(Episteme), 또는 패러다임(Paradime)의 개념으로 사용되었다. 포스트모더니즘은 춤뿐만이 아닌 근대 문명 속에 존재하는 도시형 인간이 동시 다발적으로 근대를 초월하려는 실험인 것이다. 포스트모더니즘은 지난 20세기에 걸쳐 서구의 문화와 예술, 삶과 사고를 지배해온 모더니즘에 대한 반동으로서 60년대 중반부터 나타나기 시작했다. 포스트모더니즘은 하나의 통일된 사조나

운동은 아니지만, 그 중심적 동기는 모더니즘을 통해 수립된 고급문화와 저급 문화의 엄격한 구분, 예술 각 장르간의 폐쇄성에 대한 반발이다.

장르와 장르 사이의 '경계선을 넘는' 작업

포스트모더니즘의 또 다른 주된 특징은 모더니즘적 문화와 사고방식이 세워 놓은 엄격한 지배의 틀을 거부하는데 있다. 포스트모더니즘은 소통이 불가능한 정치, 문화, 전문화의 영역을 깨뜨리고, 삶과 문화의 경계를 무너뜨리기 위해 예술에 정치와 이데올로기를 끌어 들여 비판적으로 다룬다.

자연으로의 회귀

신체의 규모에 충실하려 한다면, 포스트모더니즘이 일상적인 몸짓에 접근해 가는 것도 당연한 일이다. 그러나 일상적인 움직임을 그대로 사용하려 한 것이 아니라, 항상 신체의 제약에서 벗어나지 않는 생활상의 움직임을 느끼려 하고 있다.

고급문화와 대중문화 사이의 '간격을 좁히는' 작업

사실상 포스트모더니즘이 처음으로 구체화되기 시작한 것은 다름 아닌 대중문화와의 관련성이었고, 지금까지도 대중문화와 매우 밀접한 관련을 맺고 있다. '억압된 것의 복귀현상'은 문화영역의 경우 그동안 무시되어 왔거나 소홀히 취급받아 온 장르들이 새롭게 가치를 인정받는데서 가장 잘 나타난다. 포스트모더니즘은 대중문화(popular culture)를 적극적으로 수용할 뿐만 아니라 고급문화(high culture)까지도 함께 하여 혼합시켜 받아들이고 있다. 이러한 혼합은 예술의 범위를 넓히며 전통적 미학에서의 예술의 경계를 허물어 광고의 영상까지도 예술로 흡수되는 결과를 갖게 되었다.

포스트모더니즘의 주요 전략과 목적

포스트모더니즘의 창조 전략을 정리하면 재현, 패러디, 이중 코드, 전도된 아방가르드 등으로 볼 수 있다. 포스트모더니즘(Postmodernism)의 개념을 완벽히 파악하거나 정의한다는 것은 쉬운 일이 아니다. 왜냐하면 포스트모더니즘에는 다양한, 그리고 때로는 서로 모순적인 요소(contradictory elements)들이 함께 포함되어 있기 때문이다. 예술 역사학자 클리브 딜노트(Clive Dilnot)는 "포스트모더니즘은 불확실(uncertainty)하고, 불안정(insecurity)하며, 의문(doubt)에 싸여 있다."고 했다.

포스트모던 시대의 예술은 모든 창작적인 시도가 가능하다. 그동안 모더니즘에서 지향하던 끈질긴 절대 진리 혹은 유일선 추구는 포스트모더니즘 예술의 물결과 함께 사라지고 있다. 포스트모더니즘은 모더니즘과 달리 새로운 예술 추구방식을 찾아 하이 모더니즘(High Modernism)의 지나친 심각함(seriousness)에 대해 반발하면서, 예술에서 새로운 태평함(insouciance), 즐거움(playfulness), 절충주의(eclecticism)를 추구했다.138)

포스트모더니즘은 건축(architecture)부문에서 시작되었고 이후 문학, 미술, 음악, 춤 등 모든 예술 분야로 퍼져 현재 절정을 이루고 있다. 새로운 포스트모던 예술의 전형적인 모습으로는, 미국 라스베이거스의 건축물, 해프닝 공연(happening), 언더그라운드 영화(underground film), 팝아트(pop art), 그리고 우리나라 출신의 세계적인 비디오 아트 예술가 백남준으로 대표되는 비디오 예술(video-installation) 등이 포함된다.

빡빡하고 치밀한 형식과 엄격한 미학기준을 지니는 모더니즘 예술과는 달리, 포스트모더니즘 예술은 미완성적(fragmentary)이며, 절충적(eclectic)이다. 또한 포스트모더니즘의 아이러니(irony), 패스티쉬(pastiche), 냉소주의(cynicism), 허무주의(nihilism), 그리고 심지어는 상업주의 등의 특성들이, 모더니즘의 심각함을 제거해 버리기도 한다. 모더니즘 예술이 고급예술에 대한 거의 맹목적인 추구로서 뭔가 새롭고, 미래지향적(future-oriented)이었다면, 포스트모더니즘은 과거에 대한 향수(nostalgia)

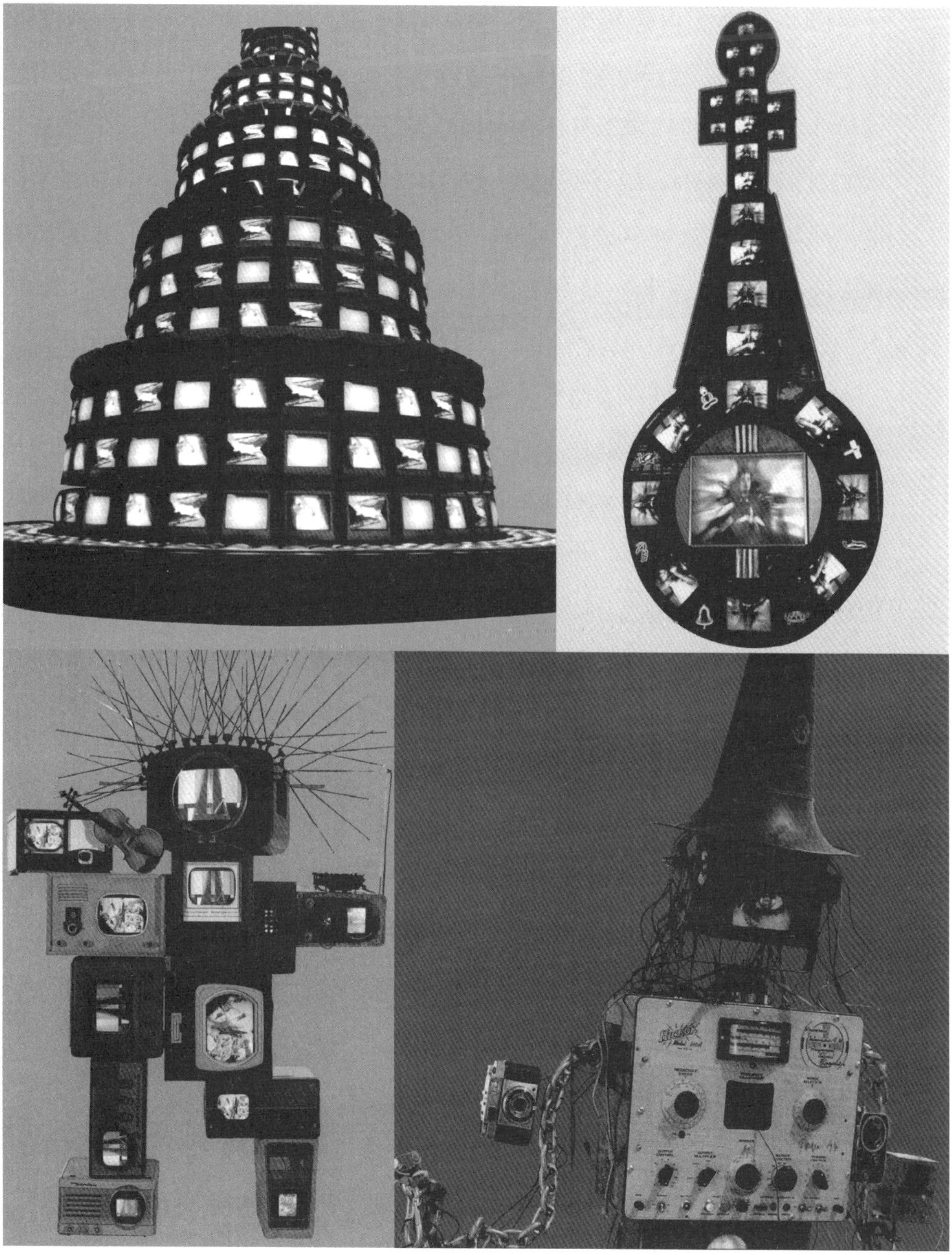

백남준 – 비디오아트 · 다다익선 · 호랑이는 살아있다

와 새로운 예술에 대한 열정을 담아내고 있다. 포스트모던 예술은 예술 역사상 있었던 모든 예술 형식이나 장르를 절충시켜 사용하며 뿐만 아니라 그동안 학계에서나 문화계에서 소외시킨 예술까지 포용해 나간다.

니겔 헤일(Nigel Wheale)은 1995년에 발간한 그의 책 『포스트모던예술(The Postmodern Arts)』에서 포스트모던 예술은 '패러디와 아이러니를 통해 절충주의를 강화하고, 예술의 스타일은 쓸락(schlock)이나 키치(kitsch) 그리고 캠프(camp) 등의 취향을 보이며, 풍유적(allegorical)인 모습을 띠며 목록을 사용'하여 만들어진다고 했다.[139]

여기서 포스트모던 예술에서 사용되는 용어를 살펴보자. 패러디는 기존의 다른 작품을 모방하여 우스꽝스럽게 제작하는 것을 말한다. 패스티쉬는 마치 퀼트이불처럼 여러 작품을 긁어모은 혼성작품을 말한다. 그리고 시뮬레이션은 가짜 혹은 모조품의 예술을 말하며, 풍유(allegorical)는 하나의 작품에서 여러 가지 해석을 풍유적으로 낳게 하는 것이다.

포스트모던 예술가들은 언제나 새로운 예술의 룰을 스스로 창조해 나간다. 따라서 포스트모던 예술은 결코 하나의 유일 독선적인 룰로 정의될 수가 없다. 다양한 모습으로 발전해 나가는 포스트모던 예술을 획일적인 잣대로 보겠다는 것은 문화현상 자체를 왜곡하겠다는 말밖에 되지 않는다. 수많은 예술가들과 관객들 사이에 다양한 형태와 현상으로 나타나고 있는 포스트모던 예술은 새로운 절충주의와 예술의 장르 연합, 과학기술의 진전 등으로 더욱 발전해나가고 있다. 20세기말의 문화를 주도해 나가기 시작했던 포스트모더니즘의 흐름은 예술의 외부적인 형태변화뿐만 아니라, 예술의 내부적인 관점과 인식에 대해서도 새로운 각성을 지속적으로 촉구하고 있다.

포스트모더니즘은 고급예술과 대중문화의 차이점에 대한 가치기준 그 자체에 대해서도 재고를 하게 만들뿐 아니라, 우리의 문화 역사가 현대역사와 정치학에 미치는 영향까지도 다시 생각하게 한다. 포스트모더니즘과 춤은 새로운 사회가 우리들에게 요구하는 새로운 것을 제시한다. 이러한 변화의 요구는 우리 사회, 문화, 예술 전반에 새로운 질서 구축의 길을 만들었다. 춤이라는 예술도 이런 추세에서 예외가 될 수 없었다. 우리가 포스트모던 춤에 대한 토론을 하려고 한다면, 그전에 먼저 과연 춤에서 포스트모더니즘이 무엇인가 하는 것부터 정확히 할 필요가 있다. 사실 춤의 역사를 살펴볼 때 다른 예술 사조의 영향으로 등장한 춤들이 많았다.

물론 모더니즘이 등장하기 시작한 20세기초 발레뤼스의 실험정신은 명백히 선구자적 입장을 보였지만, 춤 역시 포스트모더니즘을 향해 나아가는 시대적 흐름을 거스르지 못하고 춤의 포스트모더니즘시대를 시작하게 되었다. 포스트모더니즘이 본격적으로 시작된 미국은 베트남전쟁, 케네디와 마틴 루터킹 암살사건, 이혼율의 급증, 소비주의 팽배와 같은 상황들로 인하여 일대 전환기를 맞이하였다. 또한 문화적인 측면에서 큰 변화는 기성문화에 대한 청년문화인 반문화의 시작이었다. 유럽의 아방가르드는 포스트모더니즘의 철학자 데리다, 미셸 푸코, 리오타르 등의 이론들이 전파되며 국가 간의 경계를 초월하여 국제적으로 영향을 미치고 있었다. 이러한 유럽의 아방가르드는 예술의 반동(反動)운동으로 미국 포스트 모더니스트(Post-modernist)들에게 예술적 에너지와 양감의 원천으로 작용하였다. 포스트모던 철학자들이 말한 이 위기의 시대, 전환의 시대에 직면했을 때 춤예술가들도 상대성을 탐구하기 시작하였다. 시대의 요구는 모든 춤예술가들에게도 똑같이 중요성으로 인식되어 춤의 포스트모더니즘 시대를 열었다.

2. 포스트모더니즘 속의 춤

포스트모더니즘이 시작된 1960년대 초 미국의 예술세계에서는 '인식예술(conceptuar art)'이 폭발적인 인기를 얻는다. 예술의 근본목표가 예술의 제작품, 즉 실물예술에서 예술의 관객(art's audience)쪽으로 옮겨지고 있을 때 춤도 실험공연으

존 케이지와 머스커닝햄

더글라스 던(나타니엘 틸레스톤 사진)

로 그 중심축을 이동하려 하였다. 춤에서 이러한 실험공연을 위해 기여한 사람은 바로 머스커닝햄이다.

그는 자신의 스튜디오에서 로버트 던(Robert Dunn)과 구성 워크샵을 열어 학생들을 가르치기 시작했다. 던은 이때 존 케이지(John Cage)와 함께 음악구성을 연구하며 우연성과 관련된 작업경험들을 자신의 구성수업에 적용하였다. 또한 그는 프랑스의 이상주의 작곡가 에릭 사띠(Erik Satie)의 반복적인 시간구조를 분석하여 그 결과를 안무에 이용하도록 권장했다. 던은 학생들이 수업에서 만든 작품들을 발표할 수 있는 저드슨 교회(Judson Church)를 찾아내어 그곳에서 1962년 7월 6일 콘서트를 열었다.[140] 이 사건을 우리는 포스트 모던댄스의 본격적인 활동이 시작되는 획기적인 계기라 한다. 저드슨 교회에서 제공된 첫 공연은 어둠속에서 영화를 돌리는 것으로 시작하여 무려 3시간에 걸쳐 이루어진 공연이었다. 프로그램에 선별된 작품들에서 프레드 허크는 롤러스케이트를 타고 나왔고, 존 허버트 맥도웰은 빨간 양말 한짝을 신고 거울을 들고 나왔으며, 데보라 헤이는 무릎에 무언가를 감고 절뚝거리며 돌아다녔다.[141] 이들 저드슨 그룹의 특징은 이후 포스트모던댄스 안무가들의 핵심적 이론으로 전승되었다. 그들의 실험과 모험, 그리고 흐름은 포스트 모던댄스 철학의 토대를 가졌다. 사실 춤의 포스트모더니즘 정의는 결코 쉽지 않다. 하지만 춤 이론가이며, 춤 미학자인 데이비드 미첼 레빈(David Michael Levin)은 1990년에 발표한 그의 논문 「춤 포스트모더니즘 : 춤과 언어와 민주주의(Postmodern in Dance : Dance, Discourse, Democracy)」에서 그동안 모더니스트와 포스트모던이란 용어를 춤에서 명확히 구분해서 사용해오던 것이, 도리어 역으로 춤 발전의 흐름을 정확히 연구하는데 혼란만 초래하였다고 보았다. 그는 특히 60년대 초기 모더니스트 춤의 과격한 이탈과 일시적인 모호함을 춤 발전의 한 역사로서 적극적으로 수용하였다. 그의 춤 역사개념은 춤 포스트모더니즘의 분석을 체계적으로 가능케 한 중요한 업적으로 간주되고 있다.

데이비드 레빈은 춤에서 포스트모던 시대를 두 개의 명확한 다른 시기로 나눠야 한다고 주장하였다. 첫째는 다른 예술로 본다면 모더니스트시대로서, 1960년대 초반부터 1970년대까지의 춤 흐름을 말한다. 모더니즘의 전통적인 요소인 본질을 파고드는 춤의 추구, 즉 미니멀리스트 춤을 이야기한다. 두 번째 시기는 본격적인 포스트모더니스트시대로서 1980년대 이후부터 본격적으로 시작되었다. 여기서는 그동안 모더니스트들이 탐구해오던 모든 모더니즘의 찌꺼기가 완전히 제거되고 철저히 배격된다.[142] 따라서 춤에서 포스트모더니즘은 1960년대부터 시작되어 1970년대 말까지 계속되었던 포스트모던 춤과, 1980년대 이후부터 계속 이어지고 있는 포스트모더니스트 춤, 두 가지로 나눌 수 있다.

포스트모던 춤과 포스트모더니스트 춤

우리가 포스트모더니스트 춤의 개념을 정확히 포착하려면 그 이전에 탄생하여 진행되었던 포스트모던 춤의 개념부터 먼저 철저히 정리해 둘 필요가 있다. 포스트모던 춤의 발전 상황부터 살펴보자. 모더니즘의 후기에 나타나기 시작한 모더니스트 예술에서는 음악, 미술, 조각, 건축 등 모든 예술작품들이 가장 철저하게 근본적으로 필요한 요소만으로 축소되어 표현된 미니멀리즘의 현상이 있었다. 마찬가지로 1960년대 초반부터 시작된 포스트 모더니스트 춤에서도 춤 움직임의 본질, 즉 가장 순수하고 단순한 움직임을 추구했다.

저드슨 춤단체에서 공연하던 이본느 레이너(Yvonne Rainer), 트리샤 브라운(Trisa Brown), 스티브 팩스톤(Steve Paxton), 루신다 차일즈(Lucinda Childs), 데보라헤이(Deborah Hay), 메레데스 몽크(Meredith monk), 트와일라 타프(Twyla tharp) 같은 젊은 안무가들은 전통적으로 그 이전의 춤들이 추구하던 정확한 연기묘사나 환상적인 미학창조 등의 목표를 철저히 배격한다.[143] 이들은 인물 성격 묘사, 스토리 묘사, 연극적인 설명, 과도한 표현주의 등을 철저히 포기하고 춤예술의 본질과 근본적인 구조만을 나타내며 미학적으로 철저하게 미니멀리즘을 추구한 것이다. 저드슨 그룹 춤 예술가들의 춤은 여전히 모더니즘의 끝부분을 벗어나지 못했다고 볼 수 있으며 어떻게 보면 그들은 모더니즘의 변형과 종말을 강하고 격렬하게 요구한 세대들로 볼 수도 있다.

여기서 우리들은 포스트모던 춤 정의의 애매함을 발견하게 된다. 왜냐하면 춤 역사에서 말하는 포스트모던 춤은 결국 다른 예술에서 말하는 모더니즘의

데보라헤이 – 솔로공연(1979) Ellen Wallenstein 사진
*패턴반복 움직임나열

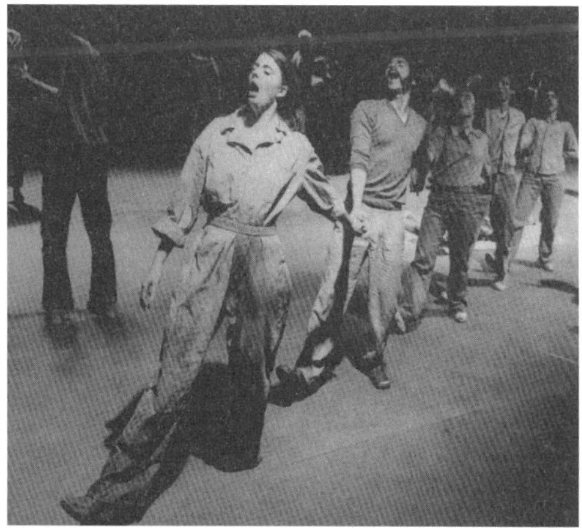

메레데스 몽크 –
보고(Quarry, 1976)
Johan Elbers 사진

트와일라 타프 –
두개의 그릇
(Deuce Coupe, 1973)
Martha swope 사진

라인힐트 호프만 – 몽상적인 삐에로

루신다 차일즈 – *후기작품으로 동작을 똑바로 세움

*인간의 문제를 상징적 춤으로 표현 *이본느·트리샤·스티브·루신다(미니멀리즘)몽크·루신다(혼합매체)

일부가 되기 때문이다. 이것은 과연 춤에서 포스트모더니즘이 무엇인가 하는 질문에 대한 대답을 더욱 어렵게 만든다. 하지만 우리가 하나 명심해야 될 것은 포스트모더니즘이라는 용어는 다른 예술과 문화장르에서도 각 예술과 문화, 역사에 따라 형태가 다르기 때문에 각기 다르게 적용되고 있다는 사실이다. 다른 예술에서 사용하고 있는 포스트모던 개념을 꼭 춤에서 따를 필요는 없다. 춤에서의 포스트모더니즘 적용방식이 꼭 다른 예술의 적용방식과 같을 필요가 없다는 것이다. 춤은 앞에서도 보았듯이, 철학자 레빈이 '모더니스트' 시대와 '포스트모더니스트' 시대의 미학을 신중하고 정교하게 구분해냄으로써 춤 포스트모더니즘의 전형을 이룩할 수 있었다. 그는 1960년대와 1970년대의 저드슨 춤단체에 속한 모더니스트 예술가들의 활동을 '포스트모던 춤'으로 보고 1980년대 이후 포스트모더니스트 예술의 틀에 맞춰 새롭게 탄생한 춤을 '포스트모더니스트 춤'으로 보았다.

포스트모더니스트 춤의 대표적인 사례는 앞서 총체예술 부분에서 언급한 영국의 신진 안무가 미첼 클락이다. 그의 걷는 움직임은 일반인들도 할 수 있는 평범한 움직임의 혼합이다. 또한 그의 춤 도중 대사가 나오는 녹음기를 트는 것도 마찬가지이다. 거기에다 클락 자신이 개발한 끊어 치는 듯한 스텝을 가미시켰다. 펑크 락 음악의 빠르고 마찰감 있는 리듬을 사용하면서, 약간은 천박하게 보인다 싶을 정도로 엉덩이와 어깨를 흔들었다. 그의 안무는 무척 대담한 여러 가지 요소를 대담하게 혼합시키고 있다. 이런 맥락에서 본다면, 초기의 포스트모던 춤은 포스트모더니스트 춤과 달리, 결코 반모더니즘이 아니었고, 그 이전에 과다한 표현 위주로 흐르던 춤에 대한 반발이었다. 마찬가지로 포스트모더니스트 춤도 그 이전의 포스트모던 춤의 지나친 춤 본질추구에 대한 반발로 생긴, 반미니멀리스트, 반포스트모던 춤으로 볼 수 있다. 이들의 포스트모더니스트 춤은 포스트모던 춤의 지나친 미니멀리즘 추구를 배격하면서, 춤에서 표현적인 요소를 다시 가미시키기 시작하였다.

춤 포스트모더니즘의 전개방향

20세기 후반의 가장 활발한 춤 저술가이며 춤 이론가라고 할 수 있는 샐리 배인즈(Sally Banes)는 1987년에 재발간한 그녀의 저서 『운동화를 신은 춤요정들(Terpsichore in Sneakers)』에서 1980년부터 본격적으로 시작된 포스트모더니스트 춤은 1960년대와 1970년대의 포스트모던 춤과는 본질적으로 확연히 다른 성격을 가진다고 하였다. 포스트모던 춤의 작품들은 그들 자신의 관습과 스타일의 미학적인 기준의 틀을 스스로 만들어 놓고 그 틀 속에서만 움직였으나, 포스트모더니스트 춤은 모든 기법의 춤, 즉 전통의 화려한 기법이나 춤이 아닌(non-dance) 움직임까지도 자유롭게 수용하였다.[144)]

포스트모더니스트 춤은 결코 하나의 독선적인 사상을 추구하지 않았다. 그리고 심지어는 오래된 전통 발레의 기법을 수용하고, 전통 춤 미학을 혼성모방하기도 하고, 재창조하기도 한다. 한마디로 포스트모더니스트 춤은 다양한 스타일과, 자유스럽고 편안한 절충적인 감각을 그 특성으로 볼 수 있다. 따라서 60년대와 70년대 미니멀리스트 포스트모던 춤꾼들은 주로 특별한 무대복장 없이, 일상복장으로 공연하였지만, 1980년대의 포스트모더니스트 춤에서는 다시 표현을 위해, 유행감각을 따르는 화려한 무대의상이 나타나기도 했다. 무대장치와 의상 등 모든 것이 다시 중요해지기 시작했으며, 안무가들은 춤 안무에 영화의 스크린, 연설, 노래 등 모든 것들을 동원했다.

더욱이 중요한 것은 그들은 춤 표현 영역을 넓히기 위해 모든 스타일의 움직임이나 춤 기법을 도입했다는 것이다. 이로 인해 춤기술 습득에 대한 새로운 열풍이 불어 현대 춤꾼들은 모두 다시 발레를 배우고, 발레리나들은 현대무용의 새로운 기법을 배워 나갔으며 많은 춤꾼들이 접촉 – 즉흥무(contact improvisation)에

심취[145]하기 시작하였다. 또한 춤의 포스트 모더니스트들은 예술의 본질적인 추구이외도 상업화적인 영역도 결코 잊지 않았다. 이런 추세에 대해 우려하는 이들은 춤의 철학이 사라지고 단순히 즐거움만 추구하는 상업주의와만 연결된다고 이야기하기도 한다. 그들은 오늘날 어떤 춤꾼들이 단지 문화시장에 춤을 내다팔기 위해 그들의 춤을 쓸데없이 번쩍거리도록 포장만 하고 있다고 비판하기도 하였다.[146]

어찌되었건 춤의 이러한 흐름은 21세기에 접어들면서 다양한 예술형식에서 형성된 춤의 다양한 성격들과 각 예술 형식들이 전하고자 하는 메시지를 은유적으로 이미지화하고 있다. 이러한 이미지의 형상화는 표현 매체가 되는 무대장치와 무대 예술의 비약적인 발전과 타 장르와의 결합, 테크놀로지의 수용과 함께 춤 형식에 있어서 새로운 영역과 메시지, 새로운 제스처와 움직임을 창안해 낸다. 이러한 과정을 통해 상당히 개인적인 예술 사유에 근거하는 춤으로 이동하고 있는 것이다.

컨템포러리댄스 & 포스트모던댄스(post-modern dance)

춤계에서 컨템포러리댄스(contemporary dance)는 광의적으로는 '동시대의 춤'이며, 협의적으로는 일본의 부토, 프랑스의 누벨당스(Nouvelle Danse) 벨기에의 현대 춤으로 볼 수 있다. 이들 세 국가의 춤은 미국의 포스트모던댄스(post-modern dance)의 현대 춤, 독일의 탄츠테아트르(tanz-theatre, 춤극)와 차별화되고자 스스로 컨템포러리댄스(contemporary dance)로 규정하여 부르기도 한다. 그러나 현시대의 춤의 시기는 이들 모두를 포괄하여 크게 포스트모던댄스(post-modern dance)로 보아야 하며, 포스트모던댄스(post-modern dance)는 클래식발레나 모던댄스와 차별화된 현재 진행 중인 현시대에 창작된 '현대춤'을 지칭한다. 이 시대의 현대춤은 '움직임의 확장', '장르의 경계선을 넘기', '내러티브의 변화', '재창조', '몸'으로 접근할 수 있다.

(1) 움직임의 확장

최근의 춤은 색다른 움직임을 만들어 가는데 심취하고 있다. 이는 기존의 클래식발레나 모던댄스의 춤 영역의 움직임을 그대로 사용하지 않고 다양한 영역의 신체활동을 흡수하여 새로운 결과물을 제시하려 한다. 이에 춤 영역간의 벽은 허물어져 순수예술 춤부터 힙합, 브레이크댄스, 동양무술, 체조 등 다른 영역권의 춤들까지 넘나들고 있다. 뿐만 아니라 춤의 영역이 아닌 일상적 움직임까지 끌어들인다. 이들의 움직임은 소외시킨 예술에 대한 관심까지 아우르며 서로 융합되고 있다. 예를 들어 춤에 나타난 접촉즉흥무는 인간신체가 얼마나 다양한 표현 능력을 지녔는가를 확인하게 한다. 또한, 로이드 뉴슨의 〈삶의 댓가〉는 일상생활 속에서 접할 수 있는 사소한 행위들을 춤의 동작으로 진화시킨다.

이것은 장애인의 제약된 행위로부터 착안된 움직임을 춤으로 발전[147)]시키고 있다. 로이드 뉴슨은 〈삶의 댓가(cost of living, 2000)〉에서 장애인의 제약된 행위를 영화로 찍으며 70대 여자 춤꾼과 하반신이 없거나 팔을 쓸 수 없는 춤꾼들

로이드 뉴슨 안무 –
삶의 댓가(2000)
마가렛 윌리암스

을 출연시켰다. 로이드 뉴슨은 춤을 통해 사회적 발언을 하는 영국의 대표적 현대무용단 '디브이에잇(DV8)'을 이끌었다. 그는 〈저스트 포 쇼(Just for Show)〉를 통해 거칠고 과격하며 메시지는 없는 신체극을 선보였다. 또한 그는 현대 유럽 춤판을 주도하고 있는데 그의 현실 비판적인 메시지는 춤 속에서 힘을 제거하고 농담을 던지며 웃음을 선사한다.

1986년 그는 영국에서 춤 단체를 꾸리며, 동성애자의 비극을 다룬 〈단색 인간들의 사라진 꿈(Dead Dreams of Monochrome Men, 1988)〉으로 논란을 일으켰고, 술집을 배경으로 한 사회의 폭력성을 꿰뚫었던 〈엔터 아킬레스〉 등으로 춤계의 눈에 띄는 주자로 자리매김하였다. 〈저스트 포 쇼〉의 인터뷰에서 그는 "실제 모습과 자신 또는 남이 기대하는 모습은 다릅니다. 약점을 감추기 위해 성형하고 변형하는 인간의 허위와 가식을 3차원 영상을 매개체로 표현할 겁니다."라고

로이드 뉴슨 – 삶의 댓가(2000)

말한다. 그는 철저히 주제를 중심적으로 춤꾼안무, 장치 등을 천변만화시키며 움직임 확장에 일조한 이 시대의 춤 예술가중 하나이다.

(2) 총체 예술 - 장르의 경계선 넘기

춤 공연을 이루는 관련분야들인 음악, 무대미술, 조명, 의상 등은 '필요하지만 부수적인' 요소들이 아니다. 이들은 작품을 이루는 각각의 부분들로서 춤과 동률적인 혹은 독립적인 가치로서 인정받고 있다. 그러므로 최근의 춤에서 춤과 음악이 맞지 않는다든가 춤과 무대미술, 조명, 의상이 서로 어울리지 않는다든가 하는 문제는 더 이상 심각한 오류가 아니다.[148] 이들은 총체예술(Total Theatre) 혹은 '토탈아트'의 개념으로 이미 80년대 공연예술계에서 거론된 중요한 논쟁의 하나로, 그 논쟁에 대한 용어와 개념의 정의는 앞의 '총체예술과 춤'에서 이미 다루바 있다.

총체 예술은 춤 속에서 새로운 문화의 유입에 따라 창조적 방법으로 각 장르의 특성을 두드러지게 표현하는 흐름으로 나타나기 시작했다. 앞으로 더 두드

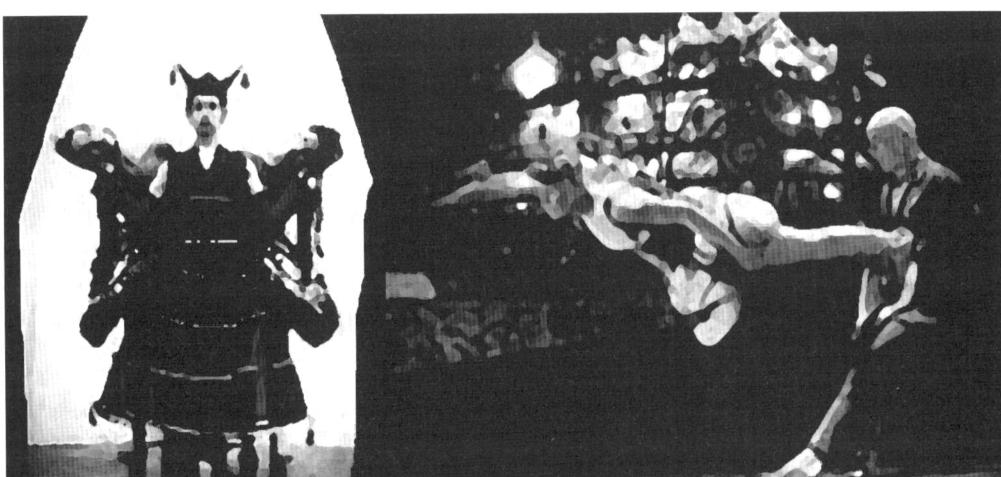

필립 드쿠플레(Philippe Decoufle) - 트리통 *트리통은 (Toriton2ter, 1998) (Triton, 2001)

러지며 비조화속의 조화로 유기적 통합체를 이루고 확장하여 나타날 것이다. 총체예술은 '장르의 경계선 넘기'라는 흐름 속에 춤에는 서커스, 연극, 음악, 영상을 구분지어 볼 수 있을 정도로 작품에서 두드러지고 있다.

먼저 춤에 대한 서커스의 경계 넘기는 필립 드쿠플레를 들 수 있고, 연극적 요소는 피나 바우쉬와 그녀의 부퍼탈 컴퍼니(Wuppertal Tanztheatre)가 대표적이다. 그녀의 작품들은 대사와 춤, 정신분석학적인 요소와 희극 그리고 순수한 폭력을 매우 웅대하고 대형화한 서사극으로 합일시킨다. 이것을 우리는 독일의 탄츠테아트르(tanz-theatre, 춤극)라고 부른다. 피나 바우쉬는 73~74 시즌에 부퍼탈 탄츠 테아터를 맡게 된 이후로 독일 춤 무대는 급속한 성장을 하며 새로운 에너지와 꾸밈없는 신체언어를 보여주고 있다. 부퍼탈 탄츠 테아터는 무대에서 최초로 사실적 대사를 사용한 춤단체이다. 그들의 '경험극'은 일상의 움직임을 비

피나바우쉬 – 카네이션(좌) *해프닝적 발상과 기법, 카페뮐러(우) *몸속에 얽힌 충동으로 인간의 내부세계표현

고정화된 상태인 '미적 추상화'로 관객의 느낌을 수용하였을 뿐만 아니라 내용 면에서도 색다르다. 부퍼탈 탄츠 테아터의 작업은 마치 인간을 사회적 맥락 속에서 단절된 존재로 간주하는 듯하며, 춤의 역사에 새로운 충격적 도전을 하였던 단체에 속한다.

음악과 관련된 작품으로는 춤을 배제한 채 팝음악과 연극적 행위를 지속시킨 제롬 벨의 〈쇼는 계속되어야 한다(2002)〉를 들 수 있다. 이 작품에서 한 중년 부인은 유일한 조명인 전기 줄에 연결되어 있는 백열전구를 손에 들고 뒷면 벽에 백묵으로 '토마스 에디슨' 이라고 쓴다. 그 옆의 인물이 스트라빈스키, 이고르라고 덧붙이고 그 글씨 아래 서서 저녁 내내 부드러운 목소리로 스트라빈스키의 〈봄의 제전〉을 훌륭하게 부른다. 두 무용수는 자기 자신의 이름을 그 왼쪽에 쓰고 그 아래 나이, 키, 몸무게, 은행잔고, 전화번호를 적는다. … 빨간 립스틱으로 자기 피부에 별자리, 의학, 심장근육 … 숫자, 크리스챤 디올을 그린다.[149]

제롬 벨 – 쇼는 계속되어야 한다(2002)

안느 테레사 – 마일즈

제롬 벨(1964~)은 작품 속에서 사회적 강요, 유행, 상표, 미의 이상, 일반적 교육 등이 인간에게 미치는 영향을 다루고 있다. 그의 작품들은 춤극이거나 혹은 거의 개념예술에 가깝다. 제롬 벨의 형상들은 실제로 춤을 추지 않기 때문에 그는 몸과 동작의 관계에 관심을 갖는다기보다는 오히려 주어진 몸의 이미지와 일상적 규범에 의해 육체가 얼마나 압박받고 있는지를 탐구하는 데 주력하는 것으로 보인다.

춤 속에 음악을 독특하게 포함시킨 또 다른 안무자, 벨기에의 안느 테레사(Anne Teresa De Keersmaeker46)를 손꼽을 수 있다.

안느 테레사 데 케에르스매커에게 음악은 춤 속에 가시적인 운동으로 나타난다. 이러한 춤과 음악의 상호관계는 그녀의 작업의 핵심이기도 하다. 그녀의 작품들은 '춤 콘서트'로서 베르디부터 동시대 작곡가들에 이르는 음악 작품들로 포괄하며 한 매체 안에서 다른 매체의 체험을 가능하게 한다.

그녀의 작품 중 고전음악인 베토벤의 푸가로 만들어진 〈그로스푸가 Die Grosse Fugue〉도 음악의 리듬과 템포에 밀착하여 몸의 움직임을 표현하는 특징을 보여주는 작품 중 하나이다. 안느 테레사의 음악과의 밀착은 춤에 자유로운 역동성을 부여하고 몸의 언어를 풍부하게 만들어낸다.

춤의 영상 도입을 살펴보면 초기에는 단순한 공연실황의 녹화에서 시작되어, 여러 가지 연출을 가미한 춤 영상이 등장하고 더 나아가 독립성을 인정받는 춤 영상으로 점차 발전되어갔다. 그 예로 1998년 크리스티나 데 샤텔의 〈라라〉를 들 수 있다. 춤꾼들은 컴퓨터 애니메이션으로 제작된 인물 라라 크로프트의 동작을 가능한 한 정확하게 흉내 낸다. 필립 드쿠플레의 〈아이리스(Iris, 2003)〉도 무대 위의 높은 위치에서 달 속을 천천히 건너가는 장면에서 실물과 영상의 구별이 어려운 정도의 영상예술의 기술을 선보였다.

크리스티나 데 샤텔 – 라라

2004년 쾰른에서 개최된 행사 춤 영상 매체는 기술적 범주와 미학적 범주의 연결이 미래에 어떤 모습이 될 수 있을지를 가늠하게 해주었다. 티어리 드 메이, 안네 테레사 데 케에르스매커, 마기 마랭, 페터 벨츠와 같은 국제적인 안무가와 예술가들이 자신들의 장비와 영화에서 테크놀리지 시대의 춤에 대해 미래를 약속하는 다양한 이미지와 반영을 보여주었다. 앞서 언급한 로이드 뉴슨 〈저스트 포쇼(Just for show)〉의 영상처럼 여러 분야들 중에서 춤이 비교적 짧은 역사를 지녔음에도 현재 가장 다양하게 활용하고 있다.

결과적으로 춤과 관련분야, 혹은 춤과 타분야의 관계는 유기적인 결합을 넘어 절충적인 나열로 거듭나고 있다. 이는 곧 분야들 간의 공동작업을 통해, 단순한 춤(dance)을 넘어 공연예술(performing arts)이라는 포괄적인 개념으로 확장되어 가고 있음 확인시켜 주는 결과이다. 장르의 경계선 넘기는 인간을 포함한 총체적인 환경을 대상으로 함과 동시에 그 속에서 다양하고 새로운 소재들을 발굴해 내어 예술과 삶, 예술가와 관객사이에 존재하는 거리를 좁히려는 노력을 시

그리이스 – 항아리

카를린 캐송 안무 – 블루 레이디(2011)

*테로 사리넨

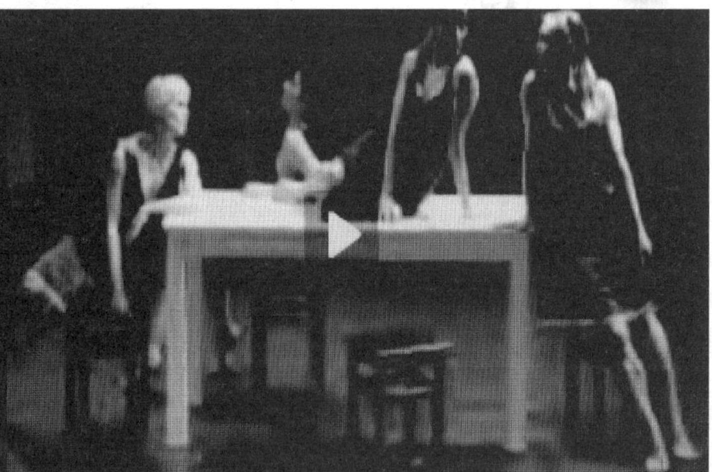

미셸 누아레 – 백색의 방

도하고 있다.

(3) 내러티브의 변화

내러티브란 스토리를 형성하여 관객들에게 가나다라 순으로 쉽게 설명하는 구조를 말한다. 최근의 춤꾼들은 서사적인 관계로 표현되는 내러티브(narrative)를 벗어나 춤을 보다 난해하게 만들기도 한다. 이것은 마치 고대 그리스 항아리에 새겨진 춤동작들의 춤 순서를 복잡하게 뒤섞여 놓은 것과 미술에서 콜라주(collage)기법의 활용으로 여러 부분과 조각들로 분산하는 것처럼, 최근의 춤에서도 여러 에피소드들을 나열하며 이미지들을 산재해 놓기도 한다.

미셸 누아레의 〈백색의 방〉은 무대의 3면이 흰색 커튼으로 둘러싸여 있고 무대 가운데 흰색 테이블과 의자가 놓여있다. 검은색 코트에 검은 구두를 신은

추혜연 – 소고춤

여성이 등장한다. 음향은 없고 소리의 파장만이 들린다. 4명의 여성이 등장하고 의자를 옮기며 똑같은 움직임을 반복한다. 빠르거나 느리게 움직이며 놀람과 공포 긴장감을 주고받는다. 이후 백색조명이 어두워지고 밝아지는 무대에서 점차 그림자까지 동원되고 어둠을 이용, 조명을 다양하게 사용하여 인간의 깊은 심리

지젤

마츠에크 – 지젤

크리스토프 마이요 – 라벨르

크리스토프 마이요 – 신데렐라 〈국립발레단 제공〉 계모역 – 윤혜진

를 선보이고 있다. 또한 이미지들을 산재시켜놓고 그 전체적인 연쇄반응을 유도하고 있다.[150] 이에 관객들에게 춤 각각의 이미지를 종합하는 통찰력이 요구된다.

(4) 재창조

재창조는 새로운 형식을 창조하는데 있어 낡은 형식을 가져와 새로운 창조적 영감을 불어 넣어 발전시키는 것으로, 현시대 춤예술에 중요한 부분이다. 특히 재창조란 새로운 상상력에 의한 기법의 모색으로서 독창적인 형식으로 완전히 새롭게 창출해내며 예술적 가치를 이끌어 내는 큰 역할을 하고 있다.

백조의 호수 – 흑조

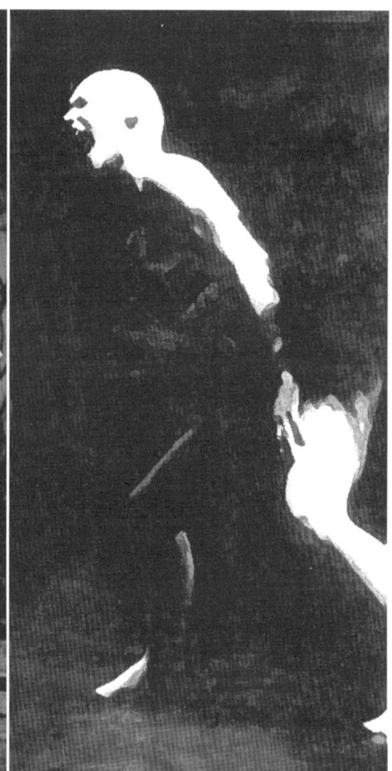

마츠에크 – 백조의 호수(흑조)

매튜 본의 〈백조의 호수〉, 마츠 에크의 〈지젤〉, 장-크리스토프 마이요의 〈라벨르〉처럼 많은 춤예술가들의 고전에 대한 재창조를 살펴볼 수 있다. 크리스토퍼 마이요는 '잠자는 숲속의 미녀'를 재창조한 〈라 벨르〉와 2005년 〈유리구두를 벗은 맨발의 신데렐라〉에서 관객들에게 환호 받고 있다. 장 크리스트프 마이요가 안무한 몬테카를로 발레단의 〈신데렐라〉는 그 해 최고의 춤 작품으로 평가받았다. 마이요는 매튜 본, 마츠 에크와 더불어 춤계의 가장 주목 받는 인물로서 고전적 재창조가 주특기이다. 그는 고전을 현대로 불러내어 드라마적 요소보다 서정성과 세련된 춤을 추구한다.

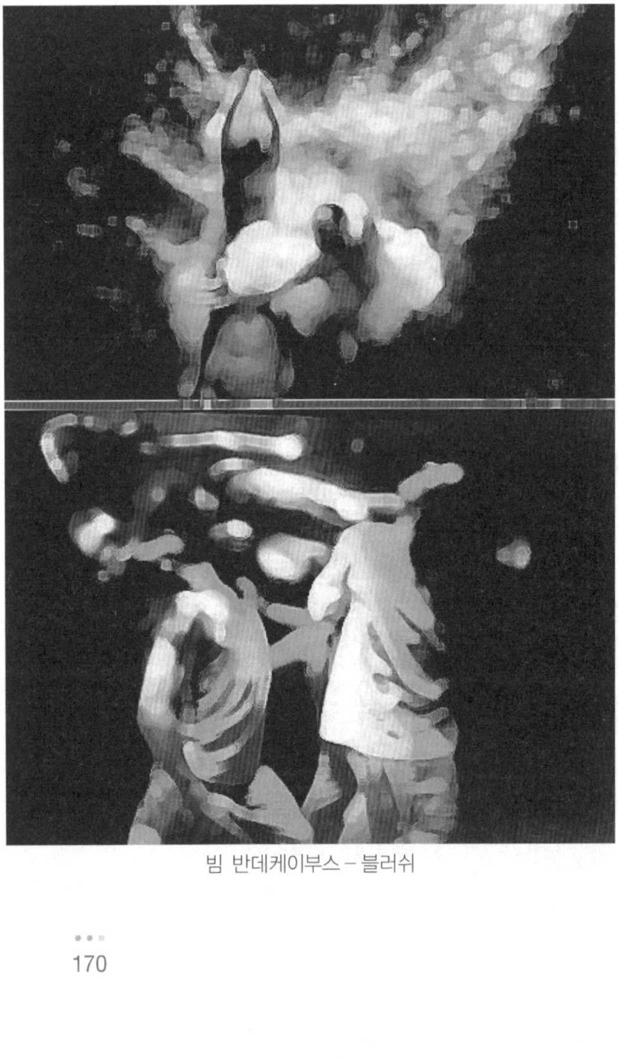

빔 반데케이부스 - 블러쉬

마이요와 몬테카를로 발레단은 마치 〈로미오와 줄리엣〉에서 손을, 〈신데렐라〉에서 발을 강조했던 것처럼 〈잠자는 숲속의 미녀-라 벨르(La Belle)〉에서도 풍선을 통해 〈라 벨르〉의 재창조를 준비하였다. 왕자의 현실은 힘들고 어려운데 반대로 오로라 공주의 공간은 행복하고 동화적이다. 풍선 속의 공주는 악마의 저주, 거대한 가시덤불 등을 통해 현 시대의 삶에서 춤의 재창조를 실현하고 있다.

이와 같이 많은 춤의 예술가들도 전통 속에서 현실 비판, 정치적 이슈, 인간 세상에 대한 비판 등을 주제로 하여 오늘의 시대적 상황을 재창조로 나타내고 있다.

(5) 몸

랄랄라 휴먼 스텝스

춤에 있어서 21세기에 여전히 확인되는 흥미로운 문제 가운데 하나는 몸의 의미이다. 벨기에의 안무가 빔 반데케이부스(1963~)도 그의 그룹 울티마 베즈와 함께 몸의 지식을 추구한다. 그는 본능과 반사를 가지고 실험하면서 춤추는 몸으로 특이하게 뛰기, 넘어지기, 구르기 외에도 대피학을 포함한 모든 움직임에 기초를 둔 동작인어들을 만들어 갔다. 맥 스튜어트(1965~)의 작품도 보통 육체 이미지의 해체를 보여주며 발을 끌며 걷는 등 기이한 자세를 보인다. 그는 이것들을 새로운 동작의 재료로서 흥미를 보여주고 있다. 캐나다의 안무가 에두아르 로크(1954~)도 자신의 그룹 '랄랄라 휴먼 스텝스'을 통해 락 리듬을 삽입하고 전통 발레를 지우는 작업을 실행에 옮겼다. 그는 새로운 춤의 각도를 구축하여 피루엣 같은 수평적 회전동작을 공중에서의 회전 동작으로 바꾸어 갔다. 이는 새로운 공간의 변화로 신체의 선을 깨뜨리는데 큰 역할을 했다. 그의 동작은 1980년대에 큰 반향을 불러 일으켰다.

또한 사샤 발츠(Sasha Waltz43)는 강렬한 이미지의 육체를 탐구하며 1997년 〈코스모나우텐 거리에서〉로 춤계와 연극계 모두에게 열렬한 호응을 받았고, 2004년에는 〈육체〉로 '충격'에 휩싸이게 했다. 그녀의 춤의 방식은 여전히 접촉즉흥(Contact Improvisation)을 통해 불협화음 속의 화합, 끊기고 이어지는 반복의 움직임,

슬픔과 가벼움과 소멸되는 힘을 지니고 있다.

포스트모더니즘 춤속에서 현재 큰 이슈를 던지고 있는 이가 얀 파브로이다. 얀 파브르는 춤 안무가는 물론 화가, 조각가, 극작가, 영상제작자 등으로도 활발히 활동하고 있다. 그의 예술에 대한 감각은 시립 장식 미술 연구소(the Municipal Institute of Decorative Arts)와 왕립 미술학교(the Royal Academy of Fine Arts)를 거치며 성장

사샤 발츠(Sasha Waltz)
– 육체(Bodies, 2000)
몸 3부작 중 첫 번째
*사샤 발츠는 공격성과 관능, 독창성과 상상력, 유머와 두려움을 몸으로 주로 표현

얀 파브르 – 예술은 감옥에서 나를 밖으로(Art kept me out of jail)

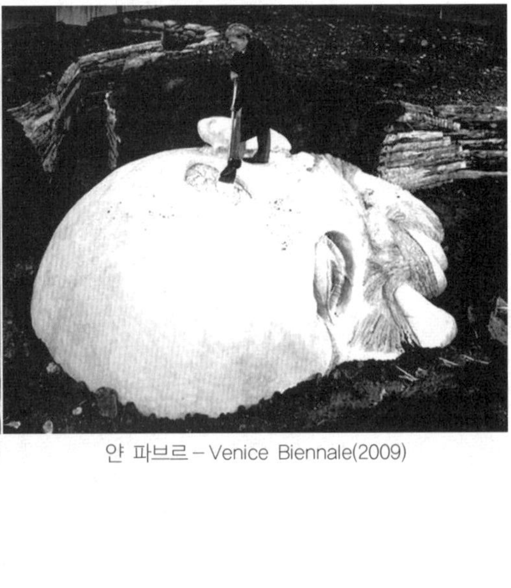

얀 파브르 – Venice Biennale(2009)

하였고, 70~80년대에 퍼포먼스예술가로서 활동하였다. 또한 그가 시각예술을 공부할 때 배운 해부학, 생물학, 생리학을 토대로 곤충들과 동물들, 인간의 움직임 을 비교해서 새로운 움직임을 창조하며 인간에 대한 탐구를 지속해나가고 있다.

이제 춤계에서 타 예술가의 기용을 통한 작품이 논란거리는 아니다. 춤계에서 유명한 많은 안무가들 중 스테파니 오벵은 음악에서, 프랑소와 베레는 건축학에서, 필립 드쿠플레는 서커스에서 옮겨와 새로운 춤의 시대를 열고 있다. 또한 데진 소피노는 의상을 전공하였고 카린 사포르타는 철학과 미학을, 필립 장티는 그래픽 디자인을 공부하였으며 장 클로드 갈로타와 글로드 부르나송은 둘 다 미술을 공부하였다. 호세 몽딸보는 건축과 미술을 공부하다 춤에 안착했다.[151] 또한 혼합매체 작품을 만든 프랑스의 현대 춤꾼 캐롤린 칼송의 지도하에 실험그룹이 생겼고, 테틀리가 한스벨너 헨즈의 곡에 맞추어 〈트리스탄〉을 창작했다. 이렇게 새로운 문화의 유입에 따라 춤의 창조적 방법에도 새로운 흐름이 나타나기 시작하여 각 예술장르, 즉 미술, 음악, 춤, 서커스 등을 분리시키지 않고 유기적인 통합체로 확장하여 실현하고 있다.

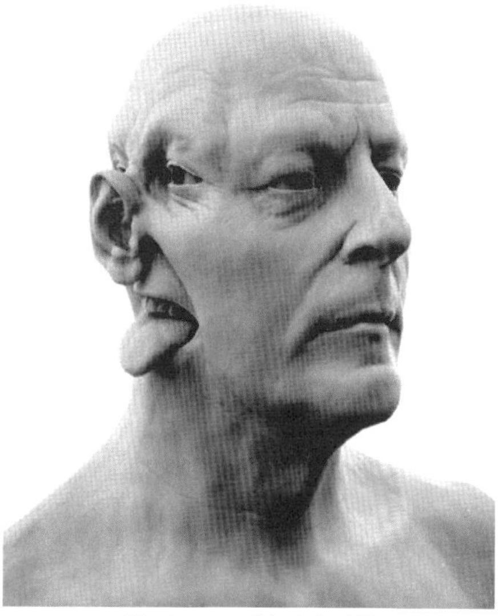

얀 파브르 – 예술가의 변형
(The metamorphosis of the artist)

얀 파브르는 몸의 생물학적 요소를 주제로 다룬 안무자로 알려져 있으며, 춤 형성의 근원으로 몸을 주시하고 있다. 그의 도발적이고 전복적인 상상력은 논란의 정점에 서있다. 그의 작업방식을 통해 확인해보자. 그는 〈나는 피다(Je suis Sang, 2001)〉와 〈울고 있는 육체(2004)〉와 〈눈물의 역사(History of Tears)〉를 통해 본격적으로 몸의 체액을 주제로 현대 춤예술에서 형상화하고 있다.[152]

얀 파브르 – 시간의 또 다른 한편
세토히데미 사진

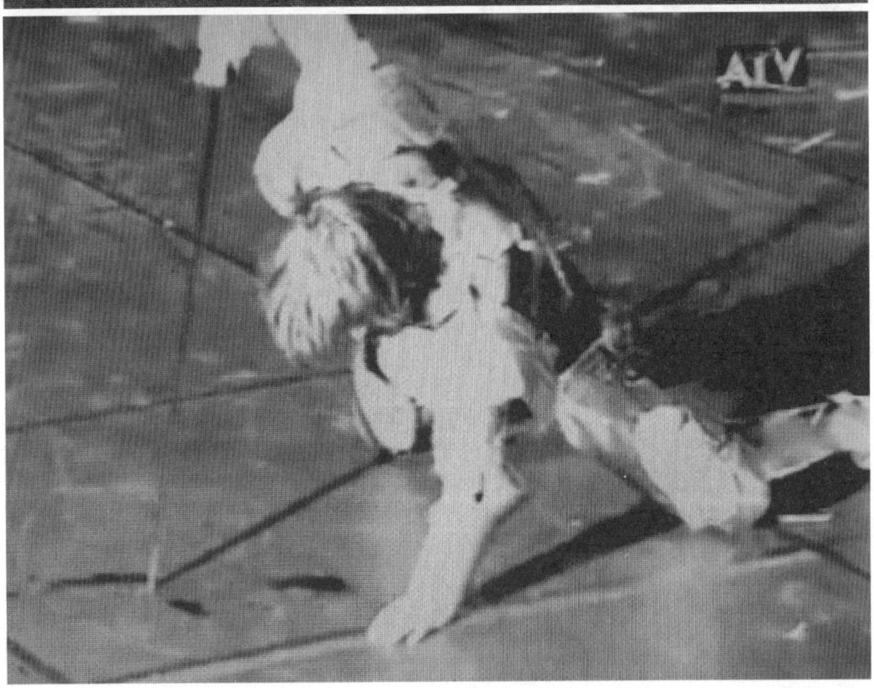

얀 파브르
– 나는 피다(2001)
*중세 기사

먼저 얀 파브르의 〈나는 피다(Je suis Sang, 2001)〉에는 갑옷을 입은 중세 기사의 모습이 그의 작품 〈춤의 단편들(Dance Section, 1987)〉을 시작으로 자주 등장한다. 이는 그가 플랑드르 출신이며 자신이 화가 반 야크와 얀 보쉬를 비롯, 플랑드르 화파의 작품들을 자주 접한 것이 계기가 되었다고 한다. 얀 파브르의 인간이 지닌

얀 파브르 – 나는 피다

체액의 첫 번째 작품 〈나는 피다(Je suis sang, 2001)〉는 중세적인 사유에 많은 생명력을 주었던 피에 관한 이야기로 시작한다.

권력을 가진 사람들이 거대한 건축물을 통해 자신의 권위를 생생하게 확인하고 싶어 했던 것처럼 무대장치는 커다란 성곽에 아치형기둥으로 이루어지고 붉은 조명이 중세의 권력의 상징을 만들어냈던 건축물들을 전체적으로 비추고 있다.

이때 중세의 권력구조에서 존재했던 기사들이 등장한다. 귀족들이 기사들과 하나의 사회 계급으로서의 전문적인 군사계급이 확실하게 형성되는 것을 보여주듯, 9명 중세의 기사들이 갑옷의 덜걱거리는 소리를 내며 안무에 따라 양팔을 올리고 다리를 들고 턴을 하며 간결하고 박력 있는 움직임으로 등장한다. 기사들 중 대장을 제외한 9명의 기사들이 작위를 수여받듯 한쪽 무릎을 구부린 채로 앉아있다. 마치 영주들이 자신들의 삶에서 생명과 재산을 보호하기 위해 강자와 약자 사이에 주종 관계를 성립시켰듯이 이들을 이끄는 기사의 대장을 제외하고는 반듯하게 줄지어 있다.

이후 권력의 종속아래 몇 명의 사람들이 수술대에 눕혀져 외과 의사들에게 고통을 당하고 있고, 피가 묻은 옷을 입은 광대가 나와 칼로 저글링(Juggling)을 하다가 칼의 두려움에 도망가 버린다. 얀 파브르는 수술대란 공포를 통해 두려움을 증폭시키고, 공이 아닌 불안한 칼을 들고 저글링(Juggling)을 하는 광대의 모습을 통해 웃음을 제거하려하였다. 이는 중세의 힘없는 자들의 권력에 대한 도피의 안간힘이었다.

커다란 선단 위에 초록색 드레스, 양철로 된 고깔모자를 쓴 두 명의 남자들 중 한명이 마치 연극을 하듯 대사를 읊어댄다. 아래에 서있던 대장인 기사는 주체할 수 없는 움직임으로 칼을 휘두르며 엎어지고 또 다시 일어나서 칼을 휘두르다 쓰러져버린다. 이때 앞치마를 두르고 빨간 팬티를 입은 중세의 영주 같은 권력자는 드레스를 입은 한 남자의 치마 자락을 타고 나와 앞치마를 벗어던지고 빨간 팬티차림에 배를 두드리며 오만함으로 담배를 피워댄다. 그의 주변은 하얀 드레스에 빨강과, 검정기타를 둘러맨 여러 남자들이 공연의 메인 테마인 '사제의 아들(Son of preacher man)'을 큰소리로 연주하며 돌아다닌다.

이후 권력자는 하얀 드레스를 입고 생리하는 여성들의 속옷에 칼을 그어대는데 이는 중세의 권력이 신에게서 인간으로 이동할 때 인간의 욕구가 그 근간에 자리 잡고 있었음을 의미한다. 심지어 권력자는 벌거벗은 남자의 머리채를 잡고 나와 그의 성기를 잘라 버릴 정도로 권력의 힘을 과시한다. 봉건사회는 착

얀 파브르－나는 피다(Je suis Sang, 2001)

취를 가능하게 하는 지배 – 예속의 권력관계로 착취를 당하고 억압상태에 있던 농노계급들은 인신적인 구속까지 당하게 됨을 보여 준다. 이러한 무리한 관계는 시민들에게 민란을 가져오며 권력자에 대한 저항을 가져오기 마련이다.

점차 무대는 절단된 사지와 잘린 성기, 팔이 등에 묶인 채 춤추는 여인, 고문으로 학대받는 육체와 같은 폭력의 장면들이 등장하고[153] 모든 여성들은 하얀 드레스를 벗어 던지고 나체로 절규하며 춤을 추며 돌아다닌다. 마치 광기가 어떻게 중세에 퍼져 나갔는지 보여주듯 무대는 아수라장이 되어 버린다.

무대의 한 가운데 검은 드레스를 입은 요정이 기도문을 읽으며 무대를 한 바퀴 크게 돌아 무대 오른편의 선단 위로 올라간다. 이 작품이 '중세 암흑기의 요정이야기'라는 부제를 달은 것처럼 검은 드레스의 요정의 힘에 의해 그녀가 서 있던 선단을 제외하고 선단들이 하나씩 세워지기 시작한다. 이후 하나도 빠짐없이 모든 선단이 세워진다. 이 선단들은 갑자기 커다란 벽으로 뒤바뀌어 버린 느낌이다. 그 벽 앞을 검은 드레스를 입은 요정이 기도문을 읽으며 지나간다.

나는 피다(Je suis Sang, 2001)의 부재 *중세 암흑기의 요정이야기

모든 선단이 세로로 길게 세워지자, 하나의 웅장한 벽이 되고, 그 아래 벽 밑으로 수 리터의 피들이 쏟아져 흘러나오며 벌거벗은 사람들이 무대로 몰려나온다.

〈나는 피다(Je suis sang, 2001)〉의 전체적인 장면들은 춤이라기보다 중세의 수많은 사건들이 서로 복잡하게 얽혀 있는 하나의 긴 퍼포먼스 같다. 얀 파브르는 이 작품을 통해 단순히 욕구만을 강조하지도 않았고, 인간의 욕구를 애써 숨기지도 않았다. 얀 파브르는 공포심으로 사람을 지배하려 했던 중세 권력의 폐해를 그대로 보여주고 있었다. 그는 권력 아래 비롯된 지극히 인간적인 야합까지도 드러내며 타락했던 중세의 삶을 말하고 있다.

얀 파브르는 사회가 금기시하는 장면들을 거침없이 표현하고 부정적인 견해속에 억압되어 있던 육체의 피를 흘려보냈다. 인간의 몸에 묻어있는 피는 긍정적인 면보다는 부정적인 시각을 갖게 하는 것이 사실이다. 그러나 그는 사람들의 몸에서 흘러나왔던 피들 그리고 결국 거대한 벽을 통해 쏟아지는 수많은 양의 피를 통해 인간을 해방시키고자 한다. 얀 파브르가 보여주었던 중세의 인간들의 삶은 '구성되어지는 존재'로서 현대의 과학과 지식의 체계가 사회 구성원을 '개별화' 시켜 인간을 고립시키며 동시에 권력이 이 개별화된 주체로서 인간을 관리와 통제로 묶어 놓은 것과 별반 다르지 않다.

그동안 많은 이들이 몸을 권력에 저항하는 도구로 사용해왔다. 얀 파브르는 더 나아가 피를 통해 인간의 원초적 욕구를 담아 세상으로 나온다. 그는 그동안 피가 주었던 의미 즉, 권력자들이 불러왔던 공포로서의 피의 부정적인 약점을 보완하고, 피에 적극적이고 능동적인 수용을 보임으로써 인간의 욕구와 이성에 대한 양자 결합의 조화로움까지도 이끌어 낸다.

그가 피를 통해 단순한 몸의 의미를 권력에 항거하는 새로운 출발점을 제시했다는 것은 다분히 역설적이다. 이러한 역설로 인해 중세의 패러다임은 마침표를 찍는다. 또한 〈나는 피다(Je suis sang, 2001)〉는 문명을 기반으로 하는 우리 사회에 중세시대의 고통을 끝내고 이데올로기로부터의 해방을 이끌어낸다는 의미를 전달한다.

얀 파브르의 해부되는 몸을 노래하는 〈눈물의 역사(History of Tears, 2005-한국초연 2006)〉는 인간 육체의 75%가 물로 이루어져 있다는 얀 파브르의 관찰에서 시작하였다. 그는 이 작품의 창작을 위해 체액에 대한 수년간의 탐구와 실험과정에서 '인간의 몸의 수많은 체액은 무엇일까? 그것들은 무엇을 의미할까? 체액을 쏟아낸다는 것은 무엇인가? 몸을 움직이는 것은 무엇인가?' 등 끊임없는 질문을 던졌다고 한다. 그는 〈눈물의 역사(History of Tears, 2005)〉에 대해 이렇게 말한다.

"눈물은 유년기와 관련이 있다. 이 작품에서 나는 한 어린아이가 울고, 부모가 우는 아이를 질식사시켜 버리는 이야기를 다루었다. 나는 관능적인 눈물, 황홀경의 눈물, 소변이라는 눈물, 그리고 땀이라는 살갗의 눈물 등 언어로써의 눈물에 관심을 가지고 있다."154)

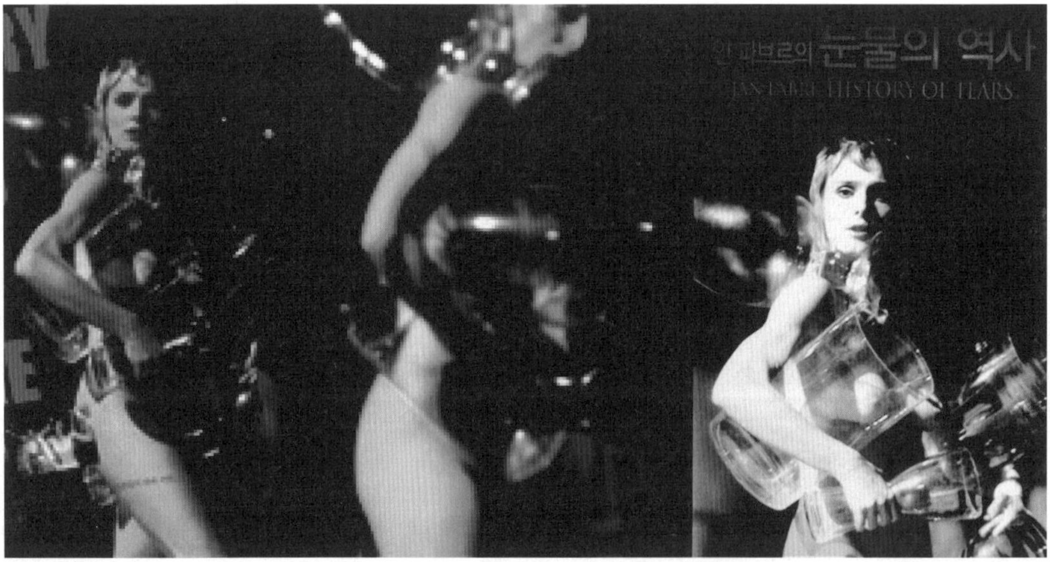

얀 파브르 - 눈물의 역사

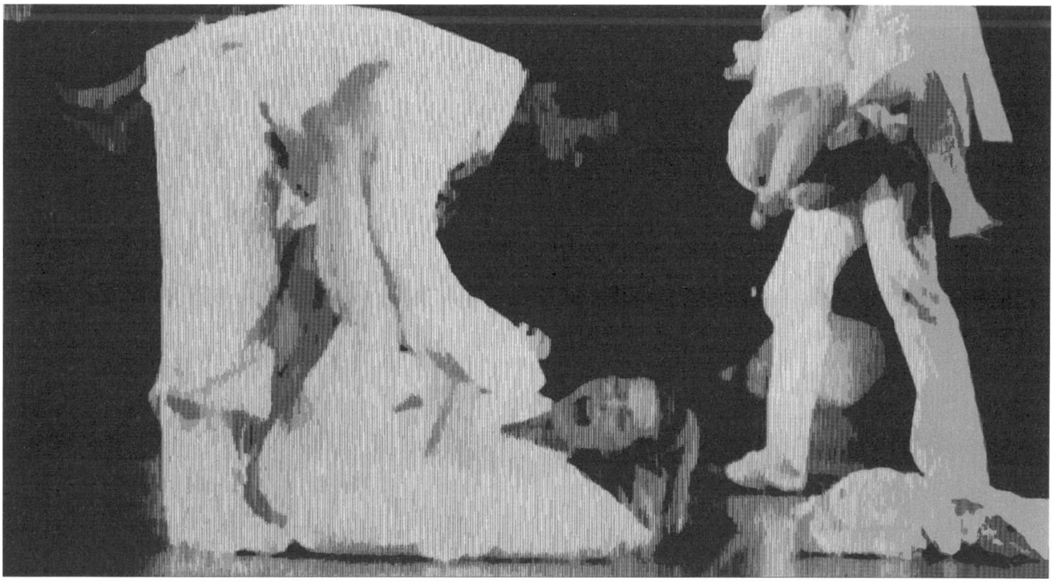

눈물의 역사(History of Tears, 2005)

〈눈물의 역사(History of Tears)〉는 절망의 기사와 바위 그리고 개, 이 세 명의 인물들이 작품을 이끌어 간다. 절망의 기사는 예술가를 은유적으로 표현한 것으로서 그는 지속적으로 질문을 던지며 작품의 전체를 이끌어 간다. 하프가 등장하고 무대 위 중앙, 우아한 여인이 조용히 하프를 켠다. 곧이어 주변에 흰색 정장을 입은 여인이 여럿 나타나 아기 울음을 터뜨린다. 하프 연주를 배경으로 울음은 처절하게 퍼진다. 들려오는 하프는 인간의 눈물을 표현하며, 드럼은 비를 표현하는데 드럼의 비는 하늘의 눈물을 의미하고 있다. 이러한 울음과 하프의 불협화음이 15분가량 이어진다. 이는 탄생이 곧 고통임을 암시하는 벌거벗은 여인들의 울음과 눈물인 것이다. 다시 무대에 등장한 한 무리의 사람들은 결국 베개로 여인들의 얼굴을 눌러 숨을 끊어버린다.

다산의 여인인 니오베는 많은 아이를 낳으면서 지나치게 오만해져 이를 지켜보던 신들이 그녀의 자식을 모두 죽여 버리고 바위로 만들어 버린다. 이러한

슬픈 사연을 가지고 바위가 되어버린 니오베의 자식들은 울면서 오로지 위안만을 바란다. 자신의 처지 때문에 우는 '바위'는 자신이 흘린 눈물에 빠져 죽어간다. 또한 자신의 아이들의 울음소리에 고통을 받는 니오베는 이세상의 모든 어머니를 상징한다.[155)]

절망적인 투쟁을 벌이고 있는 기사는 돈키호테 같은 그의 뱃속에 마르지 않는 물이 출렁이고 있기에 끊임없이 살아나는 불멸의 존재다. 그리고 여전히 바

얀 파브르 – 눈물의 역사

위는 끊임없이 눈물을 흘리고 있다. 대낮에 등불을 밝혀 들고 사람을 찾아 헤매는 개는 권력을 냉소했던 그리스의 철학자 디오게네스를 상징하며 "나는 개"라는 대사로 자신을 드러낸다. 여기 등장하는 권력자에게 아첨하는 개는 본성에 충실하며 권력자들의 다리에 대고 즐겁게 오줌을 누고 있고, 사람들은 이러한 개를 못마땅해 한다. 인간에 순종하는 개는 주인이 사라지자 주인을 찾아 사람들 사이를 헤맨다. 이후 대여섯 명의 남녀가 실오라기 하나 걸치지 않은 알몸으로 나와 온갖 모양의 유리병들을 겨드랑이에, 가랑이에, 어깨 위에 끼우고 얹고 있다. 체액의 상실과 자연적인 육체에 가해지는 검열을 우의적으로 보여주기 위해 〈눈물의 역사(History of Tears, 2005)〉에는 사다리, 유리 등 상징적인 오브제가 많이 등장한다. 춤꾼들은 고통스럽게 유리병을 끌어안거나 팔과 다리 사이에 끼운 채 높은 사다리를 아슬아슬하게 기어오른다. 마치 행렬을 이루는 듯한 이들의 순례는 인간이 지나온 절망과 고통의 궤적을 보여주고 있다. 그들은

얀 파브르 – 눈물의 역사

"우리 체액의 비명을 남겨두었소" 라고 외치며 무질서하고 다이내믹한 춤사위와 혼돈 속에서 오는 묘한 카타르시스를 경험케 하며 가혹한 몸동작도 서슴지 않는다. 〈눈물의 역사(History of Tears)〉는 여러 가지 환상적인 이야기를 통하여 비(非)인간적 세계의 사건들을 묘사하며 묵시록적인 장면으로 막을 내린다.

얀 파브르는 몸의 체액이라는 소재 선택에서부터 다른 안무가들과 그의 시각이 확연히 다름을 드러낸다. 이는 그의 작품을 통해 볼 수 있다. 그는 인간의 몸 그 자체를 내부적으로 파악하여 접근하고 있는 안무적 특색을 지녔다. 특히 그의 작품은 파격과 도발이 가득하며 전체가 유기적으로 얽혀 있다. 또한 공간과 몸을 보는 그의 관점은 특이하다.

"나의 작품에서 노출은 중요하다. 〈눈물의 역사〉는 눈물의 다른 형태인 땀이 중요하게 그려지는데 옷을 입힌 상태에서는 이것을 제대로 보여줄 수 없다. 취약한 인간의 몸을 드러내는데 노출은 필수적이다." 춤꾼들이 신체를 학대하거나 심지어 오줌을 누는 행위에 대해서도 "관객들이 불쾌해 할 수도 있지만 그들도 익숙해질 필요가 있다." 내 어머니는 "상처가 나면 자고 일어난 뒤 첫 오줌을 발라 치료하라"고 가르쳐주셨고, 렘브란트의 그림에는 여인이 오줌을 누는 장면도 있다. 벨기에 브뤼셀 대광장에 가면 오줌싸개 소년 동상이 있는데 그 이미지는 자못 시적이다. 관객들도 피와 눈물과 오줌과 땀의 진정성을 인식해주면 좋겠다."[156]

얀 파브르 – 눈물의 역사

그는 많은 유리 제품들을 가지고 벌거벗은 춤꾼들의 옷으로 입혀 주기도 하는데, 그것은 깨지기 쉬운 인간의 취약성을 나타내는 것으로, 유리병은 나약한 눈물을 의미하기도 하며, 때론 이 유리병을 통해 작은 것들의 힘을 나타내기도 한다. 춤꾼들의 웅크리고 뒤틀린 움직임, 우리의 귀청을 긁으며 질러대던 울음, 그 얼굴에 철철 넘쳐흐르던 눈물, 한 무리 춤꾼들의 날렵하고 힘차고 리드미컬한 연속동작이 토해내는 몸의 신음인 땀, 그리고 여자춤꾼의 영혼의 속삭임이자 그 몸의 명백한 자기주장인 오줌은 마침내 삶의 환희로, 축복으로 의미확대 된다.

얀 파브르는 〈눈물의 역사(History of Tears)〉에서 인간이 절망적인 상황 이전에 울도록 하고, 격하게 울어대는 춤꾼들을 통해 절망에 대해 대안 없이 무기력한 것이 아니라, 세상과 어머니로 하여금 돌보도록 제시하고 있다[157]는 것이다. 그는 몸에 대한 진리, 즉 인간에 대한 진리를 모색하는 과정으로 눈물의 의미를

얀 파브르 – 눈물의 역사

표현하고 있다. 또한 "우리는 우는 법을 배워야 한다. 가급적이면 재앙이 닥치기 전에"라고 말한다. 그는 기쁨 혹은 슬픔의 눈물, 두려움에 흘리는 눈물, 노동 이후 신체에서 흐르는 땀 등, 모든 신체의 눈물을 신의 눈물이라 규정한다. 여기에서 그가 보여주는 체액 즉, 물은 곧 생명임을 의미하고 있다. 그는 몸의 체액을 통한 〈눈물의 역사(History of Tears)〉에서 인간이 느끼는 절망과 자연의 재앙 등 모든 재앙들을 포함하여 이러한 재앙으로부터 나온 고통과 절망을 우리가 서로 돌보는 것으로 치유되어야 한다는 몸의 의미를 담고 있다.

얀 파브르는 "우리는 우리의 축축한 본성으로부터 점점 멀어지고 있다."면서 "그것은 자연적인 본성이 소외되는 시대"[158]라고 설명한다. 그는 기존관념에서 일탈하여 인간의 이성이 만들어 놓은 고정관념에 도전하고 있다.

현시대 인간의 이성에 대한 가변성과 불완전성을 강조하고 해체를 통해 많은 춤 안무가들이 비이성, 차이, 부재를 대립시켜 형이상학 가정들의 본질적인 모순을 제기하고 나섰다. 특히 유럽의 급진적인 춤꾼들은 기존의 춤 미학을 해체하고 다양한 매체를 끌어와 재구성하거나 동률적인 장치로 제시하고 있다. 하지만, 얀 파브르의 작품들은 조금 다른 면모를 드러낸다. 전자의 춤꾼들이 춤적인 구성을 해체하는데 있어 움직임 속에 본질적인 관념의 숙고를 내재시킨다고 한다면 얀 파브르는 특히, 우리 몸의 눈물에 대해 탐구하며 그것을 통해서 이성의 역사를 재고(再考)한다.[159] 그는 인간의 몸의 근원을 찾아가는 〈눈물의 역사(History of Tears)〉를 통해 해체되어가는 인간영혼의 원형을 복구하고자 하였다.

〈눈물의 역사(History of Tears)〉는 인간이 절망적인 상황에서 무기력해져서는 안되며, 세상에 존재하는 우리들이 서로 돌보고 치유해야 한다고 제시하고 있다. 그는 몸에 대한 진리, 즉 인간에 대한 진리를 모색하는 과정으로 눈물의 의미를 표현하였고[160] 모든 신체의 눈물을 신의 눈물이라 규정한다.

얀 파브르는 현대예술에서 생물학적 종으로서의 본질적인 신체를 통해 새로운 사회적 담론을 제기하였고 몸을 통해 사회의 문화적 존재로서의 인간의 몸을 표현하며 예술개념의 의미를 확장시켰으며, 전 세계에 엄청난 충격과 함께 거대한 화두를 던졌다.

3. 한국의 춤 창작 역사와 포스트모더니즘의 수용(1920년~현재까지)

한국의 춤은 창작의 주제와 그 수용사이에서 포스트모더니즘을 수용하고자

한국 춤 창작의 역사

하는 시도들로 진행되었다. 춤은 역사적 전개과정과 맞물려 형성되었고 포스트모더니즘의 실험성을 현대의 문화 속에서 보여주려 하였다. 춤에서 포스트모더니즘의 주체적 탐색은 포스트모던댄스를 구체화시키고 한국무용, 현대무용, 발레 등 모든 장르의 창작 활성화에 불을 지폈다. 포스트모더니즘의 영향으로 춤은 세대 간의 역사와 한국의 전통을 의식적인 물음과 날카로운 분별력으로 나타내기도 하였다. 한국에서 공연된 춤의 포스트모더니즘의 수용은 어느 예술장르 보다 진지했으며 그 논리와 이념은 창조의 원동력이 되었다.

1920~1950년대 – 신무용의 발화

한국 춤의 창작은 1920년대 한성준을 시작으로 30년대 최승희, 조택원, 배구자 등이 체계적인 방법으로 전통의 재인식을 통한 창작활동을 펼쳐나갔다. 신무용은 전통춤에서 소재를 얻어 새로운 신체표현방식과 무대운영방식으로

배구자 *근대춤 시대 열다 　 한성준 *조선음악무용연구소 창설 　 최승희 *변월룡 그림 　 김상규 *김해랑, 김미화, 김보남 활동시기

춘향조곡

포엠

승무의 인상

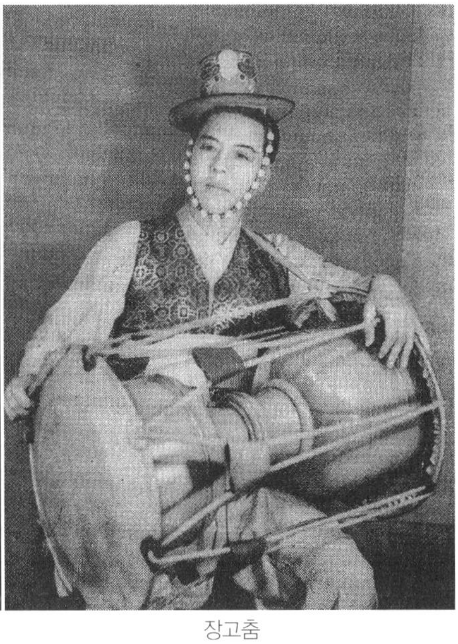

조택원

장고춤

화랑춤(1937)

장고춤(1942)

보살춤(1937)

세계공연 포스터(1941)

칠석의 밤(1941)

빛을 구하는 사람(1931)

*걸을 때도 씹어 먹듯 걸어라. 한걸음 내딛는 동작에도 발바닥의 모든 힘줄에 힘을 끌어 모아야 한다. – 최승희

화려한 스타들을 만들어냈다. 신무용 시대를 열었던 최승희의 〈에헤라 노아라〉, 〈초립동〉, 〈장고춤〉, 〈부채춤〉, 〈무당춤〉 등과 조택원의 〈승무의 인상〉, 〈가사호접(1933)〉, 〈학(1940)〉, 〈춘향조곡(1940)〉, 〈부여회상곡(1942)〉 등은 제목이나 소재를 한 국의 전통춤에서 가지고 와 연출하여 창작화하였다.

1960년대 – 예술춤 장르의 분화

1960년대에 들어와서 한국학이 대두되고 한국인 주체성의 확립을 위한 민족의식 재건 개발 작업이 시도되면서 춤에 대한 전통 문화의 연구가 활발하게 이루어졌다. 이와 함께 서구의 새로운 춤에 대한 연구도 성행하였다. 이러한 현상은 사회전반에 걸쳐 새로운 활력을 불어넣는 계기로 작용되었다. 6.25 전쟁의 상처는 시간의 흐름과 함께 아물었지만 전쟁으로 인한 피해를 만회하려는 국가재건 개발 정책이 시행되었던 만큼 사회적으로 예술에 대한 관심은 매우 저조하였고 예술정책도 미흡하였다. 어려웠던 사회적 요건 속에서도 국립무용단의 창설, 대학 무용학과 개설, 중요 전통 무형문화재제도의 시행 등이 이 시기의 주요한 성과이다. 이 시기에 활동한 춤추는 사람은 한영숙, 강선영, 임성남, 송범, 조광, 최현, 이매방 등이 있었다.

임성남은 18세 되던 해인 1946년 한동인의 서울발레단을 통해서 본격적인 발레수업을 받게 된다. 한동인은 조선시대때 일본으로 건너가 엘레나 파블로바 러시아 선생님을 통해 발레를 배웠고 〈인어공주〉 등 창작발레를 공연 하였다. 6.25 전쟁이 시작되고 19살 되던 임성남은 일본 유학길에 올라 일본의 시마다히로시선생에게 발레를 배웠는데 그는 백성규라는 한국인으로 당시 일본발레협회 회장이었다. 임성남은 1953년 일본유학을 마치고 돌아와 한국데뷔공연을 하면서 한국 근대창작발레의 문을 열였다. 1956년 6월 임성남발레단은 창단공연에서 〈로맨틱 조곡〉, 〈메뉴얼〉, 〈월광〉, 〈흙과 백〉 등의 작품을 선보

김백봉 – 부채춤(1953)
*신무용의 군무화를 통한 미적완성

이며 '체케티 메소드'로 전통적 발레뿐만 아니라 창작 발레도 시도하였다. 임성남발레단은 〈트럼프1958〉, 〈흑과 백1958〉, 〈고양이1958〉와 〈모던타임1959〉, 〈회색인간1959〉, 〈뱀1959〉 등을 선보였다. 특히 〈회색인간〉이라는 작품은 인간의 콤플렉스를 표현하는데 성공하며 "모던의 진미를 만끽시켜 준 수작"[161]이라는 평을 받았다. 특히 1961년 임성남발레단의 〈칠색의 바리아숑〉, 〈체스 플레이〉, 〈전자음악에 의한 섭씨 2400도〉, 재즈발레 〈아프리카 봉고〉도 발표하였고 그의 창작활동이 큰 성공을 거둔 공연으로 꼽힌다. 당시 언론에서는 "작품의 다양성과 그 분방한 창작력도 놀랍거니와 발레를 열애하는 나(평론가 박용구)로서는 춤언어가 얼마나 웅변보다도 직접적인 감동을 가져올 수 있는가를 자랑하고 싶기도 하다."[162]는 평과 "찢어져 내려뜨린 중간막 사이로 임성남의 천재가 마치 황제의 값진 옷깃처럼 충분히 그 진가를 나타낸 것은 그의 예술의 앞날을 위해 다행이다."[163]라는 평가가 주어졌다. 59년 김백봉의 〈선의 유동〉은 우리춤 현대화에 많은 문제제기와 기대를 안겨주었는데 조동화의 평론에 의하면 "절도를 갖춘 대열 변형과 훈련미로써 희디힌 명주발에 파문처럼 곱고 부드러운 인상을 남겼다."[164] 뿐만 아니라 김백봉은 신무용을 레파토리화하고 화관무, 부채춤을 통해 신무용의 예술화를 세계화하였다.[165]

1962년 3월 국립무용단이 정식 창단되어 국립극장소속 국립무용단에서 임성

---

*1962년 창단 당시 초대 단장은 임성남, 그리고 부단장은 송범, 김백봉 그 외의 진수방, 주리, 이인범, 김문숙, 권려성, 조용자, 정인방, 강선영, 김진걸, 이월영

남은 발레, 송범은 현대무용이 주축이 되어 가르치다가 이후 송범은 자신의 창작 장르를 현대무용에서 한국 춤으로 옮겼다.

서울의 서라벌전문대학에 무용학과가 있기도 하였지만 1953년부터 이화여대 체육과에서 무용전공담당 박외선이 교수가 되어 1963년 3월에 한국최초로 4년제인 이화여자대학교에 무용학과가 신설되었다. 대학 무용학과의 설치는 춤에 대한 편견을 없애고 근본적으로 춤추는 전문가를 양성하고 배출하는 기관이 되었다. 다수의 중견 춤추는 사람들이 대학에 몸담게 되자, 신분의 보장과 춤연습실 확보 등 안정된 창작환경을 갖추기 시작하였다.

유학자 – 제1회 동아콩쿨수상 북춤

1962년에는 공보부에서 대한민국 신인 예술상을 창설하여 젊은 춤꾼들을 등용시켰고 1964년 동아일보사는 '동아무용경연대회'를 창설하여 춤추는 사람들의 등용문을 넓히기도 하였다. 오늘날까지 계속되는 '동아무용경연대회'는 한국무용, 현대무용, 발레로 이루어졌으며, 이 대회의 홍보효과로 춤에 대한 언론의 계몽 역할을 담당하기도 하였다. 1965년 리틀 엔젤스는 장기 미국 순회공연을 여러 차례하여 비록 아동춤단체였음에도 불구하고 세계에 우리의 춤 유산을 알리는데 공헌하였다.

이 시기에는 국립무용단의 작품활동 비중이 커졌으며 그 외에 정인방, 은방초, 황무봉, 조원경, 김상규, 박금술, 김윤학, 홍정희, 배정혜, 김백봉, 백성규가 창작에 가담하였다. 춤꾼들의 증가로 독무보다 군무 작품들이 증가하였고 한국의 이미지를 작품의 소재로 등장시켰다. 이시기에는 창작작품의 완성도와 테크닉의 개발로 작품의 질 높이기가 이 시대의 가장 시급한 과제였다.

1970년대 – 신무용의 지속화, 한국무용 – 창작춤의 시작

한국무용은 20년대 시작된 신무용의 발화가 70년대 초까지 지속되었다. 조흥동의 〈한량무〉, 최현의 〈비상〉, 김진걸의 〈산조〉, 정인방의 〈신선무〉, 이매방의 〈승천무〉, 한순옥의 〈검무〉 등이 그것이다. 그 외는 무형문화재로 지정되어 있지만 추는 사람마다 다른 제목으로 구성된 살풀이춤류의 춤들이 신무용에 속한다.[166] 이들 특징은 낭만적 주제와 동작의 양식화이며 스타일상 신무용의 여진, 즉 잔류의 맥이다.

최현 – 비상

김진걸 – 산조(내마음의 흐름)

한순옥 – 검무(최승희 제자)

조흥동 – 한량무

이매방 – 승천무

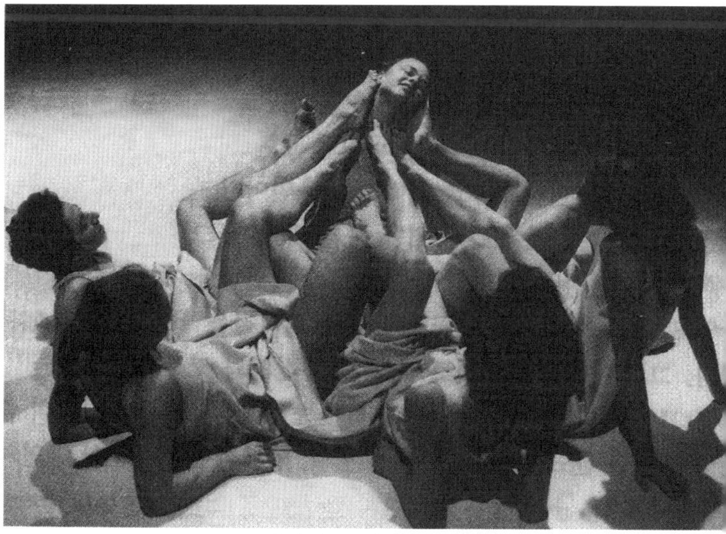

홍신자 – 꼬리에서 발끝까지

*홍신자는 자기의 진실된 속옷을 벗는 격이었으며 보수 춤꾼들은 그 비례에 나체를 아름다운 것으로 받아들였다 167)

또한 '한국무용–창작춤'은 70년대 후반이후 형성되기 시작하였다. 60년대 대학에 무용과가 생기고 한국 춤계에 창작의 바람이 불면서, 전통춤의 재현에만 만족할 수 없었던 창작의지의 고취가 한국무용의 현대화를 이루기 시작한 것이다. 그동안 한국무용은 오랜 기간 영향을 주었던 신무용의 주제성에서 벗어나 포스트모더니즘의 흐름과 함께 실험주의 창작방법론으로 현대무용의 구성과 군무의 역동성을 받아들이기 시작하였다. 마치 1905년 포킨이 〈백조의 호수〉의 수많은 군무진을 제거하고 이사도라 던컨의 '리싸이틀 형식의 독무'와 '현대무용의 토르소의 움직임'를 받아들였던 것처럼 한국무용도 신무용의 울타리에서 벗어나 변화를 시작하였다.

서울에는 1972년 국립극장의 장충동시대 개막, 78년에는 세종문화회관이 완공되면서 예술로서의 춤을 위한 발판을 마련하게 되었다. 또한 1974년 한국문화예술진흥원의 재단 설립은 모든 예술가들뿐만 아니라 모든 분야의 예술가들에게도 재정적 지원을 가능하게 하였다. 1976년 3월 춤 평론가 조동화는 월간지 『춤』을 창간하였고 보도 매체와 상호 연대감 형성, 문화계 및 언론계 내의 홍보 그리고 동시에 무엇보다도 평론 활동을 정착시키는데 결정적인 역할을 하였다.

1974년 이론가 안제승을 중심으로 대한 무용학회를 창설하여 춤꾼들의 이론적 모임을 주관하였으며 1970년대 후반부터는 대학에 소속된 춤꾼들의 활약이 두드러지면서 춤의 창작여건도 마련해 주었다.

국립무용단이 1973년 국립극장의 신축과 더불어 국립무용단의 단장 송범과 국립발레단의 단장 임성남으로 분리되었고 각기 50명가량의 단원을 구성하게 되어 전문단체로서 활동의 방향을 명료하게 자리 잡게 되었다. 1974년 국립발레단이 정식으로 출범하면서 서차영, 이상만, 김경희 등이 주역춤꾼들로 활동하였다. 74년부터는 서울, 부산, 광주 등 전국 도시들에서 시립 무용단이 창설되어 많은 춤꾼들을 배출하는데 큰 역할을 하였다.

70년대를 시작으로 국립무용단과 국립발레단은 각기 10회 이상의 공연을 하였으며 국립 춤단체들은 창작을 통해 우리의 것을 보여 주려 하였다. 국립발레단의 임성남은 〈지귀의 꿈(1974)〉으로 본격적으로 한국의 설화를 발레를 통해 탄생시키며 서구적인 춤예술을 한국적 특성으로 토착화시키려 하였다. 이후 국립발레단의 〈처용(1981)〉, 〈배비장(1984)〉, 〈춘향의 사랑(1986)〉, 〈왕자호동(1988)〉,

안지은

심청 – 유니버설발레단 제공 〈김경진 사진〉

〈고려애가(1990)〉는 창작발레에 대한 집념의 결실이었다. 송범은 한국무용을 무용극 화하는데 성공한 인물이다. 국립무용단을 통해 〈별의 전설(1972)〉, 〈푸른천지(1980)〉, 〈도미부인(1984)〉, 〈은하수(1989)〉, 〈그 하늘의 그 북소리(1990)〉 등 스펙터클한 형식과 표현의 극대화가 그의 창작춤의 특징이다.

국립무용단의 춤극에서 중요시된 것은 현대적 극장 설비와 현대적 표현 방법론에 한국 정서를 담는 작업이었으며, 1970년대는 한국적 양식의 춤극 개발의 실험기였다. 점차 춤의 기반이 확충되고 대학 무용학과가 연륜을 쌓아감에 따라 1970년대 춤꾼들은 정규직 활동을 시도하게 되며 이에 힘입어 70년대 말에는 춤 공연 횟수도 증가하게 되었다.

김현숙 – 입춤

1970년대 작품 활동 가운데 가장 두드러진 작품은 홍신자와 육완순의 공연이었다. 홍신자는 1973년에 〈제례(mourning)〉, 1975년에 〈미궁〉을 공연하였다. 이 공연은 한국 최초의 전위 춤이라 여기고 평론계는 홍신자의 공연에 긍정적인 평가를 하였다. 그때 홍신자의 공연은 춤이 움직이지 않고 벽에 붙어 있는 것만으로도 춤이 될 수 있다는 것을 보여주는 무대였다. 이러한 영향은 예술인들의 춤에 대한 시각을 바꾸어 놓는 성과를 가져왔으며 서구의 포스트모던 댄스를 한국에 선보였다. 〈지저스 크라이스트 슈퍼스타〉는 1974년 육완순의 안무로 초연되었다. 이 작품은 전국 각지에서 장기간 공연이 되었다. 록 사운드에 맞춘 율동적인 동작은 젊은 대중에게 어필되었고 그 호응도는 현대무용을 추는 춤꾼들에게 활기를 부여하였다.

1976년에는 애드리언 델라스가 선화예중에 클라스를 열면서 발레교수법에

김신일 – 피크닉 코파나스상 수상(1987)

높은 단계를 경험하게 하였다. 특히 점프 동작인 쥬떼 등 가볍게 깃털처럼 나는 호흡의 움직임은 '델라스충격'으로 다가왔다. 유니버설발레단은 외국발레교육제도를 도입하고 외국유학을 장려하면서 단원들을 확보하였다.[168] 후에 〈심청〉이 세계적 창작발레로 거듭나는데 큰 밑거름이 되었다.

1979년 10월 한국문화예술진흥원은 '대한민국 무용제'*(1990년대 '서울 국제 무용제'로 바뀜)가 창설하여 새롭게 창작된 춤의 경연장으로 창작 춤의 지평을 여는 일익을 담당하였다.

1970년대에 활동한 춤꾼으로는 박의선, 강선영, 홍정희, 박금자, 송수남, 김진걸, 김매자, 문일지, 유학자, 이애주, 정승희, 송준영, 민준기, 조흥동, 배정혜, 김현자, 김현숙, 김복희, 김화숙, 하정애, 이정희, 김신일, 박인숙, 임학선, 정옥조, 박명숙 등 다수의 춤꾼들이 새로이 진출하였다. 이 시기의 춤 공연은 서울지역을 기준으로 년간 40회 미만이었으며 작품세계는 추상성을 기초로 한 시적인 세계를 그려내는데 주력하였다. 김화숙의 현대 토착화 작업, 이정희의 다매체 활용[169], 김신일의 유희적 독자성 그리고 김현숙의 전통과 창작의 두드러진 활약이 속한다.

1980년~현재까지

1980년대는 한국 춤계에 있어서 '춤의 전환기'라 할 수 있다. 이 시기에는 공연의 양적 증가, 춤 단체의 증가, 관련 예술의 발전 등 외형상의 발전과 춤 기

---

*첫 대한민국무용제는 20단체 중에 10개 단체 선정, 그 당시 8400명 최고 관객동원(춤지1979.11월호p10)

이숙재 – 뿌리깊은 나무

밀물현대무용단 – 한글을 춤꾼들의 신체로 옮겨 춤의 미적가치의 변화를 이룬 춤

오율자 – 숨은 별은 더 눈부시다

백남무용단 – 춤꾼들의 살아 움직이는 형상물로 입체적인 느낌을 지닌 한국무용제전 제26회 작품

오문자 – 황금 연못

알타비아무용단 – 2010년 전북 무대공연 작품 선정작 대한민국무용제 3관왕

김신일 – 아스팔트 위의 꽃

코스모폴리탄무용단 – 충남무용제 대상 제8회, 힘 있는 춤사위와 부드러운 음악의 조화

*대학 중심의 아카데미즘 춤 활성화

교의 세련화, 공연 내용의 다양화 등 질적인 면의 발전을 가져왔다. 본격적인 예술 춤의 전개로 돌입하는 시기로 평가를 받을 만큼 활성화가 이루어졌다. 한국 무용, 현대 무용, 발레로 춤 장르가 기반을 다지며 가장 큰 변화와 발전을 보인 10년간이었다. 70년대의 공연실적과는 비교도 될 수 없을 만큼 공연의 양적인 팽창을 가져왔다. 이는 소극장의 활성화가 한몫을 하여 80년대는 공연의 횟수가 2,000회를 넘어설 정도로 창작 정신이 고취되어 있었다. 이는 춤 창작의 다양화로 이어져 전 세대와 분명히 구분된 80년대 춤을 형성하게 되었다.

80년대 들어 대학 무용학과의 증가는 춤 전공자들의 춤 단체로의 수급을 원활히 이룰 수 있었다. 70년대만 하더라도 11개에 지나지 않았던 무용과가 80년대에 24개 대학에 무용과가 신설되어 이론과 실기를 겸비한 춤 전문인들이 매년 약 1,000명 이상 배출하였고 현재는 50여개*에 이른다. 80년대 이들을 수용할만한 기존의 국공립 단체들이 형성되고 대학 무용과를 중심으로 한 동문들의 응집력, 문예진흥원 등의 정책적 지원에 힘입어 창작성과 춤의 테크닉적인 전문성을 점차 갖추어 나갔다. 이화여대 졸업생은 '창무회', '발레블랑', '탐'과 한양대졸업생 '한무회' '뫼오로시발레단', '가림다' 그리고 세종대졸업생 춤다솜, 애지회, 툇마루, 공주대졸업생 '하시딤', '코스모폴리탄', 학무회 등이 생겨났다. 서울, 지방 할 것 없이 많은 대학의 춤단체는 개성 있는 창작 작품을 정기적으로 선보이며 활발한 공연 활동으로 이른바 80년대 춤계에 '아카데미즘의 춤'이 붐을 이루었다.

80년대 춤은 대극장의 수요 한계에 따라 공간사랑, 창무춤터, 미리내 등의 소극장이 개관하여 춤 제작의 경제적 부담의 춤꾼들을 해방시키며 소극장 춤을

---

*한양대64, 경희대66, 수도여자대학－세종대1967, 조선대72, 부산여대－신라대73, 중앙대74, 한성대74, 청주대79, 공주사범대학－공주대1981, 상명대, 단국대, 동덕여대, 숙명여대, 충남대95, 대전대96, 성균관대, 순천향대, 강원대, 성신여대, 한체대, 강원대, 경성대, 원광대, 수원대, 계명대, 대진대 등

형성하는 계기가 마련되었다. 소극장의 춤 작품세계는 즉흥성과 유희성을 현실적으로 구사하는 것 보다 표현적인 동작으로 개인과 사회와의 갈등을 노출시키는 춤 등이었다.

86년 아시안 게임, 88년 서울 올림픽은 사회적 기운의 상승과 더불어 경제의 호황에 힘입었으며 이를 통해 춤을 거대한 운동장에 끌어다 놓는 계기를 마련하였다.

그간 국내 춤 공연을 주도해왔던 한국무용에서 80년에는 실제적으로 현대 무용이 주력으로 부상하게 된다. 대한민국 무용제를 통해 현대무용은 현대적 의식과 극장의 기술적 효과를 동원하여 그 표현을 매우 탁월하게 바꾸어 갔다.

손관중 안무 – 적Ⅳ – 허무(이정연)

'대한민국 무용제' 제2회 〈살푸리 80〉 이정희 안무, 제3회 〈징깽맨이의 편지〉 김복희, 김화숙 안무, 그리고 제4회 탐의 〈청동무늬〉 조은미 안무 등이 연이어 안무상, 작품상, 개인상 등을 수상함으로서 현대무용계가 주목을 받게 되었다. 그로부터 10년이 경과한 후에도 11회에 〈불림 소리〉 최청자 안무, 12회 컨템포러리 무용단의 〈만남〉 안애순 안무, 13회 〈황조가〉 박명숙 안무, 15회 밀물 현대무용단의 〈신용비어천가〉 이숙재 안무가 연이어 모두 대상을 차지하여 대한민국 무용제에서 거듭 중심점을 차지하였다. 현대무용가 이정희와 남정호는 〈검은 영혼의 노래(1989)〉와 〈달 따는 아이(1989)〉라는 작품을 통해 포스트모던춤으로 선보였다. 이정희의 춤은 여성적 존재에 대한 짙은 음영과 그로테스크한 표현성을 과장하였고 남정호는 여성적 주체에 대한 풍자작업으로

춤언어의 해체성을 그려 나가며 포스트모던댄스의 시작을 스스로 예고하였다.[170]

현재 현대무용계의 두 남성주자 중 서울국제무용제의 연기상, 안무상, 대상을 수상한 손관중의 춤은 테크닉위주가 아닌 자신의 춤색깔을 표현하는데 중점을 둔다. 거친 숨소리를 통해 객석의 긴장을 고조시키는 〈적 Ⅳ - 허무〉는 여성미를 불러일으키는 꽃무늬 원피스 의상의 이정연과 듀엣으로 손색없는 호흡과 함께 존재의 어두운 그림자를 보여주었다. 〈적〉시리즈, 〈인간나무〉, 〈족보〉, 〈검은소나타〉 〈붉은 나비, 고백〉 등에서 남성 안무가적 존재성을 구축하고 있다. 『누가 이들을 춤추게 하는가(2010)』에서 현재 가장 포스트모던한

최상철 안무 – 논쟁

현대무용가로 불리는 최상철은 〈빨간백조(2001)〉에서 자기반영성을 띤 알레고리적 풍자를, 〈심심한여자(1999)〉에서는 움직임의 우연성을, 〈까망천사(2000)〉에서는 변화된 미디어 환경을 포함시키며 공연에 퍼포먼스성을 강화시키고 춤과 사회의 새로운 접점을 모색해 왔다. 최근의 화제작 최상철의 〈논쟁〉은 인간과 논쟁의 관계에서 죽음에 이르지 않을 '현학적인' 내용의 이미지를 모습으로 그려내며 철학적 고민을 풀어 놓고 있다. 동서양의 이야기를 펼치는 〈논쟁〉은 무용예술상의 안무상은 물론 해외 이스라엘에서 판권을 구입할 정도로 호평 받는 작품이다.

전통과 창작의 춤

한국무용 창작춤, 영역 안에서는 문일지, 국수호, 김매자, 김현숙, 김현자, 배정혜, 채상묵, 정재만, 임학선, 김말애, 양선희, 윤덕경, 임현선, 김영희, 강미리, 오율자, 김운미, 윤미라, 정선혜, 송미숙, 김삼진, 정은혜, 한상근, 손병우, 최선 등과 같은 이들이 있다. 이들은 춤에 문명 비판적이거나 심리적인 현대적 주제성을 담으면서, 동시에 자신들의 춤동작을 보다 체계화시키고 표현적으로 변화시키고 있다. 창작춤 열기가 거세졌지만 전통춤 공연도 활발히 진행됐다. 김운미의 전통춤은 아름다움을 지닌 〈승무〉를 투명한 움직임으로 표현하고, 품위 있는 발걸음의 움직임을 따라 한국의 전통춤을 춘다. 춤의 움직임은 결코 낭비하지 않는 힘의 밀도감을 보이면서도 팔의 동선을 따라 섬세하게 공간의 움직임을 만들어간다.

김운미 – 승무

한국 전통 예술은 춤꾼들에 의해 전수·전승의 활동과 함께 면면히 이어져 내려온다. 한국 춤에는 '결'이라는 표현미로, 때로는 때갈이라는 '구성미'와 맵시라는 '형태미'로 춤을 표현한다. 뿐만 아니라 한국의 전통춤은 외면적인 감각적 미에 내면의 심성의 미를 담고 있다. 그러므로 한국 춤은 인간의 성정을 순화하기 위해 춤 속에 내재하는 기운이나 정신을 갖고 있다. 이에 한국 춤은 고상함을 지닌 미의식을 춤 속에 품으며 춤동작의 '맺고 풀림', '확장과 정지' 혹은 '정지와 이동'의 대립적인 원리를 보여준다. 그 결과로 춤동작은 역동적이거나 전통적인 한국 춤동작이 갖는 곡선미를 가지면서도 내적인 긴장성도 갖고 있다.

송미숙의 〈홍애수건춤〉은 단아한 움직임으로 한국고유의 아름다움을 깨끗하

송미숙 – 홍애수건춤

최선 – 교방굿거리

게 만들어 가고 있다. 오른손에 붉은 수건과 왼손에 흰 수건을 펼쳐 보이며 부드러우면서도 당찬 움직임의 양면성을 보여준다. 한밭국악제(제10회)의 명무부분에서 대통령상을 수상한 〈홍애수건춤〉은 경기도무형문화재 안성향당춤(제34호) 종목 중의 하나로 구현회로부터 유청자가 전승받은 백단(白丹)수건춤이다. 여인들의 고달픈 일상생활과 한 많은 삶을 표현한 상념의 춤이다.

한국 무용사대상을 받았던 최선의 〈떠도는 섬(1989)〉은 기계음을 도입해서 창작춤의 혁신적 실험을 시도하였다. 전자음악 속에서 유희적 움직임을 춤에 삽입하여 인간의 삶과 팽배한 물질문명의 조화의 문제를 다루었다. 최선은 일종의 현대적 창조주의에 고취된 창작화를 통해 본격적인 극장 춤으로서 구조를 특징으로 가진다. 최선은 〈곰나루전설(2009)〉, 〈백제기악(2011)〉 등 지역의 이야기의 특수성을 살려 왕성한 활동을 하며 지역사회와 지역축제에 지속적으로 참여하였고 문화원활동의 대표적인 주자로 나서고 있다. 이러한 흐름은 한국 전통 춤과 한국적 지역 소재 찾기에 관심을 쏟았던 춤 예술성을 띄며 독립적인 활동의 세계를 구축하였다.

윤미라 – 산조춤

한국의 여성 이미지를 표출시킨 윤미라의 〈산조춤〉은 서정적이며 섬세한 한국 여인의 감정을 상징적으로 처리하기 위해, 김영재의 철금산조를 운치 있게 사용하며 현대적 춤사위와 전통 춤사위를 선보이며 창작화 시킨 현대의 한국 춤이다. 전통춤과 한국무용 – 창작춤의 경계를 넘나드는 윤미라의 형식은 한국 춤의 방식과 한국적 신명을 현대적으로 혼합하여 절묘하게 섞어내는 한국 춤

양선희 – 키스 더 춘향(2012)

한상근 꽃신 – 그림자(2001)

생산방식을 선보인다. 이러한 움직임 속에서 화사한 선의 아름다움의 곡선은 인간 본연의 애정과 낭만을 표현하고 있다. 이를 통해 윤미라의 춤은 세계인과 함께 신명을 공유하는 신개념의 한국춤 양식을 제시하며 새로운 패러다임의 춤으로 주목받고 있다.

한국무용 – 창작춤에서 스펙터클한 다양성을 추구하는 양선희의 〈키스 더 춘향〉은 짜임새 있고, 화려하며 비장미 넘치는 춤으로 안무자의 의도에 따라 대중화에 부합되고 있다.

때로는 외형적인 직선적 날카로움도 지닌 이런 유형의 춤은 대부분 한국적 복장을 했을 뿐, 춤의 주제나 구성, 동작 등이 갖는 서양의 현대무용과 춤의 큰 차이의 구별을 짓기가 어렵다. 한국에서 춤은 점차 장르의 구분을 넘어드는 경계선 허물기에 들어가기 시작했고 예술적인 잠재의 가능성을 갖기 시작하였다.

이러한 현상은 80년대부터 김매자의 〈춤본 1(1987)〉, 김삼진의 〈저녁게임〉, 김영희의 〈어디만치 왔니(1988)〉, 임현선의 〈메아리 애가(1988)〉, 강미리의 〈활(1989)〉, 윤덕경의 〈빈산(1989)〉 그리고 한상근의 표현적 몸짓과 다매체성을 동원한 〈적색경보(1987)〉, 〈꽃신 – 그림자(2001)〉 등에서 각춤의 시작을 보이게 되었다. 한상근은 소도구를 사용하며 긴장성 있는 확장된 신체의 선과 강한 포즈를 사용하는 춤을 만들어 내었다.

박숙자 – 한 … 쪽(2012)

2000년대 들어서면서 눈여겨볼 춤꾼들 중에 박숙자는 여성의 이미지의 표현적 몸짓의 흐름과 굴곡형의 몸동작을 구사하면서 한국무용 – 창작춤의 한국적 소재의 춤에 관심을 쏟으며 여성춤 예술가들의 형식면에서 벗어나 독립적인 활동으로 가담하고 있다. 박숙자의 젊은 춤꾼들의 한판 춤놀이, 〈한 … 쪽(2012)〉은 한국을 강조하는 춤작업이다. 심숙경은 국립국악원 무용단에 86년 입단하여 첫 공연에서 김천홍에게 〈선유락〉을 지도 받았고 〈춘앵전〉, 〈처용무〉, 〈무산향〉 등을 배웠다. 심숙경은 북경사범대학 예술계 학위를 받았으며 매년 중국 북경과 대만에서 한국궁중춤을 교육하고 있다. 관객과는 〈심숙경전통춤 1, 2〉를 통해 만나왔으며 중요무형문화재 40호의 학연화대무 이수자로 활동하고 김천홍, 이흥구에 이어 정재의 맥을 이어 받고 있다.[171]

전국무용제 금상의 최선의 〈단청〉에는 뜨거움(丹)과 차가움(靑)이 어우러

최선 – 단청 두 번째이야기(2009)

져 있다. 춤 속에는 우주의 질서를 그려내고자 했던 춤꾼들의 움직임이 있다. 인간의 고뇌를 우주의 질서로 터득하기 원했던 하늘에 대한 마음을 보이고자 했던 춤으로 현대적 제의성을 보여주었다. 분명 화려하고 자유스러워 보이지만 춤 속에 짜임새와 자유로운 가운데 질서를 선보이며 이 시대의 살아 숨쉴 수 있는 창작춤 작업에 매진하고 있다.

송미숙의 〈홍애수건춤〉은 재구성을 통해 여인의 고달픈 일상생활과 한 많은 삶을 역동적인 상념으로 표현하고 있다.

송미숙 – 홍애수건춤(재구성)

심숙경 – 무산향

조승미 – 삼손과 데릴라(1992)

발레 대중화에 큰 공적을 남기며 선교발레 확대의 의미를 세움.

김화례 – 우리들 시대의 노래(1998)

(故)안익태의 코리아 환타지 곡에 한국적 이미지가 담긴 춤사위로 우리민족의 긍지와 슬기를 담음.

박경숙 – 새벽을 여는 사람들(1995)

태초 인간삶의 모습과 현시대 인간사, 그 후 영원에 대한 갈망표현 (김형민)

*1990년대 창작발레

서차영 – 몽유도원도 (2000)

김화례 – 토템 (1994)

창작발레에서 서차영의 〈몽유도원도〉는 동양적인 소재와 춤사위를 발레의 기교로 풀어낸 작품으로 초연 이래 국내·외 공연을 통해 인정받은 작품이다. 안평대군의 시각에서 현실과 이상의 괴리를 재구성하여 인간의 욕망과 권력의 허망함을 그려내고 있다. 2001년, 2005년 이태리국제무용페스티벌에서 초청되

황혜민 – 심청

유니버셜발레단 제공 〈사진 김경진〉

어 공연한 바 있는 세계에서 주목받는 코리언발레씨어터의 작품이다. 코리언발레씨어터는 창작발레의 완성도만큼 〈라필피드〉, 〈레이몬다〉 등 명작발레의 국내 초연전막을 이룰 만큼 그 기량이 우수하다.

김화례의 〈토템〉은 전설을 바탕으로 한 현대인의 종교적 귀의를 이야기한 작품으로서, 한국적 토테미즘(Totemism)과 클래식 발레의 묘미를 절묘하게 연계시켰다는 평가를 받은 바 있다. 이 작품은 평론가협회에서 〈최우수예술가상〉, 제16회 서울 무용제 〈대상〉, 〈연기상〉, 〈미술상〉을 휩쓸었다.

발레에서는 1962년에 결성되어 1974년에 제대로 갖춘 국립발레단의 재발족과 1976년 광주시립발레단, 1984년 유니버설발레단 그리고 대학발레단 중심으로 발레창작에 힘써왔던 조승미, 서차영, 김화례, 최성이, 김민희, 박인자, 김경희, 박경숙, 조윤라, 전홍조 등이 있다.

특히 선교발레의 지평을 연 조승미는 〈삼손과 데릴라〉라는 소재를 발레로 가져와 선교 춤의 모색을 통해 발레의 주제적 확대를 이루었다. 선교발레의 계보적 뒤를 잇고 있는 박경숙은 제1회 전국무용제에서 〈탕아〉가 문예진흥원장상을 받았고 그 외에도 〈할렐루야〉, 〈거룩한 노래〉, 〈사랑의 빚진 자들〉 등 하사딤 선교발레단을 만들어 선교발레의 영역을 활발하게 다져 나가고 있다.

유니버설발레단은 통일교 재단의 지원을 받아 84년 이후 애드리언 델라스, 로이 토비아스 등과 같은 발레 지도자 및 예술감독을 초빙하여 국제적인 직업 발레단의 면모를 갖추었다. 창단 이후 효를 테마로 정통 발레극 〈심청〉을 독특한 동양적 감성과 전통발레의 기법을 투입시키며 세계적인 발레로 탄생시켰다. 〈심청〉은 한국에서 애드리언 댈러스 안무로 86년 성공적으로 공연한 후 유니버설발레단의 체계화된 조직력과 기획력에 힘입어 2012년 현재까지 세계적으로 각광받는 레파토리가 되고 있다.

지난 80년대는 창의적 형성시기였으며 90년대는 예술적인 완성기에 해당한다. 한국 춤계는 예술적인 질과 작품성을 유지하면서 춤의 대중화를 시도하였다.

한국 춤은 전문인들을 통해 춤을 일반 대중들에게 보급하려 하였다. 또한 젊은 춤꾼들의 등장과 국제적인 교류가 많은 페스티벌과 제전, 세계 유수의 콩쿨에서 춤꾼들의 괄목할 만한 질적 증가의 성과도 이루어 내었다.

시대적 흐름으로 한국의 춤들은 사회문화 전반의 포스트모더니즘의 영향 하에 나타나는 장르간의 경계선 허물기 즉, 탈장르의 영향으로 그동안 짙게 구분되어왔던 한국무용, 현대무용, 발레 분야의 구분이 춤꾼들의 적극적인 태도로써 허물어져갔다.

창작발레에서는 박경숙, 신은경, 김선희, 황규자, 손재현, 김긍수, 박재근, 문영철, 박재홍 등이 있다. 이들 중 박경숙은 〈새벽을 여는 사람들〉, 〈거울전쟁〉, 〈아침의 노래〉 외에 해설이 있는 발레 〈지젤〉, 〈호두까기인형〉, 〈돈키호테〉 등 전통

박경숙 – 거울전쟁
유관순열사의 독립운동을 열정적이며 깊이 있게 발레로 표현

손재현 – 에밀레종
춤으로 신명나는 법고리듬과 불교사상을 친근하게 대중화시키는 작업을 꾀함.

발레와 창작발레를 모두 아우르며 지역발전에 많은 노력을 기울이고 인재양성에도 큰 힘을 쏟고 있다. 손재현은 〈사천왕〉, 〈에밀레종〉, 〈연화〉, 〈원효〉 등을 통해 전통 불교를 전통 불교를 현대발레의 형태로 변형시키는 작업을 꾀하였다.

현대무용은 조은미, 전미숙, 정의숙, 최상철, 안애순 그리고 안성수, 이정희,

서차영, 김종훈 –
굴레(1986)

박경숙 안무 –
나의길 불꽃이여라

남정호, 최윤선 등이 눈에 띄게 활동하였다. 전미숙은 강력한 사회의 퍼포먼스성을 가미한 전복의 미학을, 안애순은 한국적 주제성을 버리지 않으면서 보다 강화된 해체적인 춤 움직임과 즉흥성을[172], 최상철은 철학의 문제를 해체시키며 구성미학을 펼쳐 보이기 시작하였다. 미국에서 돌아왔던 최윤선은 인간의 안과 밖의 이야기를 토대로 신체성의 지향을 선보였다. 최윤선의 〈독백〉, 〈죄인의 고백〉, 〈빈숨〉 등은 인간의 몸을 매개로 인간의 존재성을 투사하는 암묵적 움직임을 포함하면서도 여성성의 섬세함과 동작적 미감을 잃지 않는 안무가이다. 현대무용은 안무자 각각의 독립화와 개별성을 이루면서 전체적 흐름은 포스트모더니즘의 해체와 이완성을 쫓아 이동해가고 있었다.

한국무용 춤계는 표현성의 강화와 제의적구성이 강조되었다. 최선은 〈새는 날으

최선 - 비단강 보물찾기(2010)

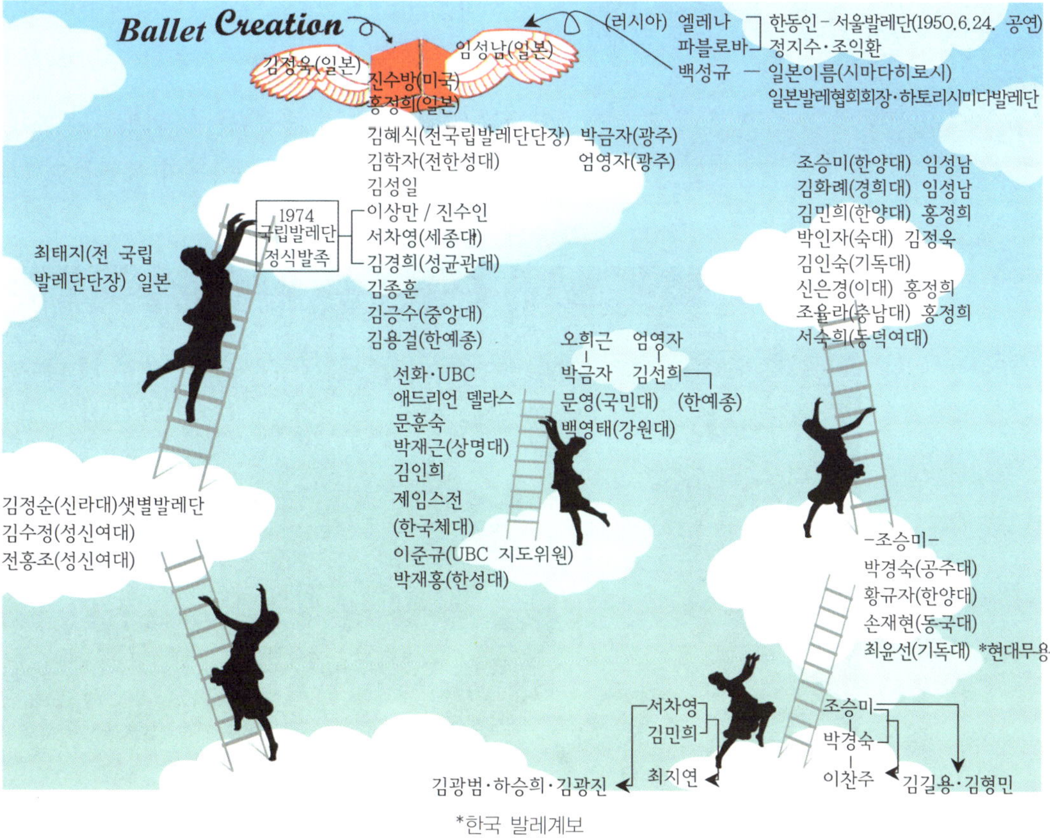

*한국 발레계보

손인영 – 페미타지

고(1995)〉를 시작으로 〈곰나루전설(2009)〉에서 곰나루라는 강을 소재로 곰과 나그네의 사랑이야기(2011)를, 〈미마지 무영(無明)에서 배를 타다(2011)〉는 백제를 배경으로 한 기악을 소재로 지역적 특수성을 춤에 담고 있다. 또한 최선은 김백봉 북춤의 1세대인 유학자를 지나 그 뒤를 잇는 2세대 주자로서 북춤의 맥을 이어 가고 있다.

'한국무용 – 창작춤'에서 손인영의 〈페미타지〉는 격렬하게 부르짖는 신체를 보여주었고 영상과 구음소리를 첨가시켰다. 이와 같은 다매체화는 우리가 지각하는 세계가 결코 단면적이지 않다는 것, 즉 지각의 층위가 다채널화된 현문명의 모습을 보여주면서, 역으로 예술가들의 표현성도 다

최윤선 – 회상
(retrospection)
*내면의 순수한 움직임을 모토로 한 작품

층화, 다채널화 될 수밖에 없다는 것을 보여준다.[173] 이 작품은 컨템포러리한 이미지의 춤으로 자유스런 표현행위를 이루고 있다.

여성의 주제의식을 다룬 안무가 중 빼놓고 이야기할 수 없는 김운미는 〈함(函)〉 Ⅰ, Ⅱ, Ⅲ에서 결혼 전후 여성의 심리적 상태를 전통무용으로 형상화한다. 함은 고통과 시련의 상징으로 나타내며 여성의 행복이 함의 무게나 크기에 절대 좌우되지 않으며 자신의 운명은 여성 스스로 개척해야 한다는 이야기를

김운미 – 함(2000, 2002, 2003)

보여준다. 김운미는 〈온달(1997)〉, 〈함 Ⅰ, Ⅱ, Ⅲ〉, 〈비단부채(2003)〉 등 여성의 진정한 자유와 해방 그리고 여성 삶의 가치를 심리적인 부분에 초점을 맞춰 현대적 각도에서 풀어낸다.

전통재구성무 – 윤미라 진쇠춤(영신금무2)

*재안무(rechoreography)는 원작의 안무를 전적으로 이용하되 재안무자에 의해 순서나 동작들에 약간의 수정을 거치는 것이다(춤예술과 미학, 이찬주, p86).

*재구성(reconstruction)은 안무가를 동일시하여 작품의 변형을 재구성으로 보는 경우이고 재창조(recreation)는 안무가는 바뀌어도 원작의 제목과 내용을 어느 정도 가지고 있는 경우이다. 재구성은 새로운 요소를 적용하고 결합하여 하나의 새로운 작품을 만들어 내는 것이라는 의미도 있는데 대표적인 재구성 작품으로 1928년 〈뮤즈를 인도하는 아폴론〉에 대한 1979년 〈아폴로〉를 들 수 있다(춤예술과 미학, 이찬주, p87). 춤에서의 재창조는 과거의 원작에서 영감을 받아 만들어진 작품들이지만 창조자도 다르며 예술가의 완전히 독창적인 형식을 지니고 있다. 춤에서의 재창조는 작품의 제목, 음악, 그리고 등장인물이 같더라도 안무의 아이디어 즉, 새로운 구상을 지닌 독특

또 하나 두드러지는 한국무용 – 창작춤은 전통적 미학이 재창조적인 노력과 병행되면서 전통재구성무가 공연되었다.174) 전통재구성무는 한국 전통춤의 기원과 미감(美感)있는 형식의 변주를 인상 깊게 이루며 춤의 창조적 측면과 관객

전통재구성무 – 백현순 *달구벌 덧배기춤(2006)

봉래의 – 국립국악원(심숙경)

한 구성적 특색을 지니고 있는 것으로 구분되며 특히 이야기(narrative)가 새롭게 전개된다(춤예술과 미학, 이찬주, p91).
*재창조는 앞서 다룬 타 예술 장르에서와 같이 패러디나 패스티쉬로 춤을 모방하거나 춤의 구성을 기법으로 사용한다. 그러나 결국 춤의 기법이 바뀐다는 것은, 적어도 춤에서는 예술작품 형식의 기법을 새로이 보여주는 것이나 다름없다. 예를 들어 형식의 기법을 바꾸어 부른다고 하면, 받아들이는 관객에게는 그 느껴지는 감정이 다를 수 있으므로 곧 그것은 내용이 바뀐 것이라 할 수 있는 것이다. 관객에게 표명하고자 하는 형식이 바뀐 것이 결국 내용이 바뀐 것이 된다. 어디다 쓰느냐에 따라 기법은 형식, 형식은 기법으로 바뀌며, 이에 따라 많은 사람이, 많은 관객이 다르게 받아들인다면 이는 곧 예술의 내용(content)도 바뀐 것이다(춤예술과 미학, 이찬주, p92).

의 감상적 측면 두 가지 모두를 만족시켰다.[175] 이러한 작업은 전통무용의 보존과 재구성을 통한 작업으로 윤미라, 백현순, 한명옥 등을 들 수 있다. 스펙터클한 춤극은 양선희, 김숙자, 임학선, 한상근, 김은이, 그리고 제의적 스타일의 한국무용－창작춤은 김매자, 김영희, 강미리이고, 절충적이며 유려한 표현방식은 강미선, 최선, 손인영, 박숙자, 김종덕, 박시종, 김윤수 등이 있다.[176]

국립국악원의 〈봉래의〉는 세종조에 창작된 후 500년이 흐르고 대한제국 고종조에 복원작업이 시도된 바 있는 작품이다. 심숙경에 의해 국립국악원에서 〈봉래의－봉황이여 오라〉는 세종실록의 악보를 토대로 음악을 복원하고 기록대로 춤과 복식을 복원했다. 심숙경은 21세기에 맞게 악학궤범을 토대로 재구성 작업을 하였다. 심숙경에 의해 복원된 춤은 무보의 기록에 충실하여 무대화하였다.

독일의 춤평론가 호르스트 쾨글러(Horst Koegler)는 "독일 무대에 데뷔한 어떤 아시아 국가보다도 성공적이었다."고 〈Soul, 해바라기〉를 평한다. 안무가 배정혜의 〈Soul, 해바라기〉의 소재는 그리움이며 재즈 선율과 우리의 전통악기인 가야금이 어우러지고 젊고 역동적인 춤 동작과 만난다.

소울(soul) 해바라기

명작명무전 – 임이조 · 김매자 · 조흥동 · 김명자 · 김백봉 · 이매방 · 국수호 · 임병주 · 정재만 · 김말애

송화영 – 풍월도(한양교방굿거리춤)

북어춤*의 움직임은 상쇠를 착용하고 북어를 양손에 들고 익살스러운 동작으로 귀신들의 식탐을 재미있게 표현하고 있다. 왕(王)의 무녀 장현수, 아들역의 이정윤, 어머니의 김소원 등은 춤꾼들의 정적이면서도 해학적인 장면과 폭발적이고 화려한 춤들을 공존케 한다. 〈Soul, 해바라기〉는 춤을 통해 인간 내면 깊숙한 곳에 자리한 그리움으로 인생을 관조하는 이미지를 펼치고 있다.

88서울올림픽을 기념하며 만들어진 담배갑에 한국의 유명한 춤꾼으로 소개되었던 송화영, 그가 국립국악원에서 추어졌던 승무는 농익은 춤의 맛을 보여주며 승무의 극치를 이루고 있었다. 그의 〈풍월도〉는 인생 전반의 희노애락을 담고 있는 춤으로 사대부 양반들의 모습을 형상화 한 것이다. 자기 춤의 언어를 표현하면서 새로운 전통춤의 맛의 세계를 탐구하였던 그는 깊은 인상을 주었다. 춤의 명인(名人)이었던 그는 가고 없지만 송화영의 개성과 힘을 가지고 추었던 춤과 안무적 노력을 일구었던 춤꾼으로 그를 기억한다. 그의 열정속에서 만

---

*북어춤 또는 명태춤은 동해안 별신굿 무신(巫舞) 중의 하나이며, 명태는 액운을 막아주는 제의식의 주된 소품이다. 재창작된 살풀이와 손뼉춤, 아박춤, 부채방울춤도 진풍경이다.

들어졌던 춤들은 전희자에 의해 그 명맥이 이어나가고 있다.

한국에서 춤의 포스트모더니즘의 수용

포스트모더니즘의 몸이론은 니체나 푸코와 맞물리면서 움직임 해체를 위해 기술적 적용에서 벗어나 신체움직임에 있어 보다 근원적인 몸으로서 관심을 갖게 되었다. 이러한 포스트 모더니즘적인 움직임이나 동작은 한국 춤에서 몸짓 속에 극적인 작품의 주제를 과감하게 표현하고 있었다.

한국의 춤에 있어서 포스트모더니즘의 수용은 80년대 이후의 고답적인 형식으로부터 탈피하고 시대상황을 나타내는 비인간적인 모습과 어둡고 추하고 상처받은 개인의 내면적 정서를 다루는 형식에서 지향하게 되었다.

90년대 들어서면서 춤은 움직임을 통한 포스트모더니즘의 재창조적 변형으로 적극적이고 다양하게 이뤄졌다. 창작적인 춤들은 전통의 몸짓을 기반으로 한 춤사위의 형식을 만들어 갔고 때론 춤에 임의적인 즉흥성을 추구하는 작품

박숙자 – 한 … 쪽(2012)

들도 등장하였다.

또한 21세기에 들어서면서 현대무용과 창작발레 그리고 한국무용 등은 사회 전반에 나타나는 기술력의 혁신에 힘입어 첨단적인 극장예술의 기술성과 전통성에 아방가르디즘을 융합시켰고 포스트모더니즘을 통한 여성성, 청소년, 제3세계 등과 함께 공동체의 삶에 더욱 관심을 갖게 되었다.

그러나 춤은 새로운 국면을 맞이하게 되었다. 80년대~90년대 기하급수적 증가의 형태를 보였던 대학들이 춤교육의 수용과 그 확산에서 점차 학생의 수가 줄어들게 되면서 춤교육의 수용과 그 확산에서 문제점이 생기기 시작했다. 서원대, 청주대, 동아대, 순천향대, 원광대 등의 많은 대학들의 무용학과가 문을 닫았고, 자연스레 춤을 배우는 학원의 수도 경감하였다. 최근 춤은 경제성장의 둔화와 물가 상승의 요인으로 위축되기도 하였지만 국립현대무용단의 신설로 춤계에 오아시스의 샘물 같은 역할이 되었다. 교사풀제도는 춤전공자들에게 힘을 북돋아 주었고 소득층자녀들을 위한 '재능나눔'의 활성화에 힘입어 춤의 프로그램이 확산되고 있다.

이제는 춤이 어떻게 대학들의 공연이 아닌 전문춤꾼들을 통한 극장예술로서 고도의 응집력을 보이고 있다. 앞으로 우리 춤은 우리 사회 속에서 보다 넓은 지지기반을 확보하기 위한 대중화로의 방향성 모색을 할 것이다. 따라서 춤은 예술의 진정한 대중화와 향수층 확보를 위해 보다 포괄적인 노력이 필요하다.

춤은 앞으로 적극적인 교육적, 제도적, 예술적 환경을 갖추도록 노력해야 할 것이며, 춤의 자율성을 갖고 예술교육과 사회교육의 일환으로 확산시켜야 한다. 또한 춤과 사회를 잇는 매개기능의 증대가 있어야 하며 한국에서의 춤은 형태와 주제 면에서 좀 더 복합적이고 독창성을 가진 춤으로의 변모를 꾀해야 할 것이다.

포스트모더니즘속에서 안무가들은 이러한 현실을 춤을 통해 몸으로 고통과

머스커닝햄

현실을 전달하고 문화적 존재로서의 이념을 찾고자 하는 현시대의 담론을 담고 있다. 포스트모더니즘의 춤들은 자신들의 이야기는 몸을 통한 인간탐구라는 사실을 강조하였고, 그들의 독창적이고 혁신적인 방식은 인간의 본질을 은유와 성찰로 엮어내고 있다.

포스트모던철학

포스트모던 철학자들은 현대는 이성이 본질적인 포괄성을 상실하고 도구화되었기에 인간소외, 관료화의 문제 등 논란을 맞이하였다고 지적한다. 이러한 파생으로 결국 모더니티(modernity)는 총체적 비판을 받기 시작하였다. 이에 포스트모던 철학자들 데리다(Derrida), 푸코(Foucault), 쿤(Kuhn), 리오타르(Lyotard), 로티(Rorty), 하버마스(Harbermas) 등은 인간의 이성이나 지식이 갖게 되는 역사성, 우연성, 가변성과 불완전성, 잠정성과 상대성을 강조하였다. 이후 포스트모더니티(Postmodernity)는 급변하는 세계에서 단일한 주체를 중심으로 한 '거대담론(Grand discourse)*'이 더 이상 발전할 수 없다는 것을 드러낸다.

그들 중 하버마스(Habermas)는 "과학기술은 현재의 그릇된 적법성을 밝히고 비인간적 억압을 폭로하는 '비판적 표준'이 아니라 '옹호적 표준'으로 역할을 하는 경향이 있으며, 옹호적 표준으로써의 과학적 합리성은 비판적 표준을 약화시키며 기껏해야 사회체제 안에서 조정 책으로 기능할 뿐이다."177)고 주장하였다.

리오타르(Lyotard)는 그의 저서『포스트모던적 조건』에서 '포스트모던적'이라는 것을 거대서사에 대한 불신으로 정의하고 이러한 불신은 과학적 진보의 결과178)라고 밝히고 있다. 리오타르(Lyotard)는 근대성의 산물인 '정당화의 거대서사'가 더 이상 믿을 수 없는 조건이라고 주장한다. 이러한 거대서사의 거부는 우리가 의미를 창조하는 것 속에서 다원성과 모호함이 나타날 수밖에 없는 현상에 대한 해석의 다양성을 채택한 것이다.179) 이에 리오타르(Lyotard)도 포스트모더니즘을 '언어게임의 비일치성을 위해 차이와 관용성을 지향하는 감수성으로 특징지워지는 새로운 시대의 논리'180)로 이해하며 그 맥을 같이 하고 있다.

이러한 시도는 푸코(Foucault)에게도 볼 수 있다. 그는 형이상학적 기원을 거부하고, 탈중심과 차이를 강조하였다. 그는 차이와 다양성, 불연속성 그리고 지역적인 것들을 총체론 적인 거대서사의 횡포로부터 해방시킬 수 있는 새로운 유형의 인식론을 제시한다.181) 또한 총체적 이론을 중심화 하는 경향에 저항하고, 대신에 '정선된 지식과 지역적인 기억들'을 조합하는 '권력에 종속된 지식들'(subjugated knowledge)의

자크 데리다

*모든 것을 설명하려는 이론으로 자신의 원칙에 대한 실질적인 반대도 받아들이지 않는 것을 말한다. 이야기로서 자격을 얻기 위한 가치를 졌고 논리적으로 규정된 이야기를 뛰어넘어 실천으로 만들어가는 것으로 실제로 기록한일, 상상을 기록한일, 상상 중에 다가오지 않은 세계로서 인간이 활동하는 모든 것은 서사적이다.

탐구로 대치하고자 하였다.[182] 이는 결국 거대담론에 지나치게 기대게 되면 미시담론의 정당함을 찾을 수 없음을 미셸 푸코(Foucault)는 지적하는 것이다. 따라서 오늘날처럼 인간 삶의 깊은 곳까지 위기가 가득한 사회는 전통적인 사회실천의 한 부분에만 머무를 수 없고 인간은 모든 삶에서 새로운 실천을 행하여야 한다는 것이다.

푸코(Foucault)는 '이성의 해체'를 위해 '나' 자신을 많은 '나'로서 다른 이들과 연결시켜 해체하고, 결합시키고, 배제하는데 있어 공간의 필요성을 강조하였다. 푸코는 나를 해체하고 나를 문화 시키는 공간속에서의 다양성을 통해 탈근대사고를 지닐 수 있다고 주장한다.

위로부터 시계방향으로 호르크하이머, 마르쿠제, 아도르노, 하버마스

*프랑크 푸르트 학파는 전통이론을 해체하려는 점에서 니체와 동일한 노선이다. 그러나 실천이성에 의해 도구이성을 해체하려는 것에서 독일 관련론을 잇고 있다.

이러한 푸코의 '이성의 해체'는 포스트모던철학자 리오타르(Lyotard)에게는 '의미해체'로, 미국의 탈근대적 문학비평가인 이합핫산(Ihab Haasan)에게는 '해체', '소멸'(disappearance), 그리고 '탈중심'(decentering)이 '파괴'(unmaking)로 표현되고 있다.[183] 결국 포스트모더니즘 사상은 자아 또는 주체가 사고하는 것을 완벽하게 알고 통제할 수 없기에 단일한 사고에는 문제가 있음을 제기한다. 포스트모더니즘 사상은 자아가 자신을 둘러싼 문화에 강하게 영향을 받고, 그 문화와 함께 변하며, 그 문화처럼 분열된다는 것이다.[184]

푸코를 좀 더 살펴보면 그는 합리주의, 비합리주의를 명쾌히 자르는 단순논리는 지극히 무의미하며 유해한 협박[185]이라고 주장한다. 또한 보편적 이성의 이념을 거부하기보다 그 이념을 만들어내는 정치적, 경제적, 제도 등에 대해 역사적인 삶으로 끊임없이 비판[186]하는 데 목표가 있음을 알 수 있다. 이에 푸코는 특정한 규범과 진리를 보편적인 역사 안에서 주의 깊게 분석하고 있다. 따라서 푸코는 배제된 사회집단의 관심과 논쟁을 '지역화'시키는 데 있다. 특히 세계를 둘러싸고 있는 행위를 하는 인간주체가 전체 속에서 '타자성'과 '국부성'을 인정하는 태도를 강조한다. 인간은 고정되고 절대적인 종래의 사고를 버리고 상대적이고 다원적인 '열린 태도'를 가져야 한다는 것이다. 이러한 태도는 근대성의 이성을 해체하고 다양성과 약한 주체의 목소리가 강조되는 포스트모던 사회의 중요점이다.

자크 데리다 미셸푸코

즉, 포스트모더니즘의 다양한 담화는 미국과 유럽의 문명과 문화가 보편적인 모델로 대표된다는 자민족 중심주의(ethnocentricity)에 도전하면서 권력과 문화, 재현과 지배, 언어와 주관성 사이의 관계를 재정의 하는데 기여하였다. 포스트모더니즘의 철학은 타자가 지배의 탈영역화된 대상으로서 뿐만 아니라, 투쟁, 집단적 저항, 역사적 긍정의 근원으로 참여하기 위한 이론적 토대를 제공해 왔다.[187]

포스트모더니즘의 기본적 특성은 철학이나 과학, 예술 등의 각 분야에 있어서 진리와 지식, 가치, 그리고 인간과 사회에 대한 그것의 우연성과 상대성에 대한 인식을 바탕으로 새로운 설명체제를 자유롭게 탐색하는 데 있다. 자유로운 탐색은 '국지적인 작은 이야기', '타자의 목소리', '담화들'을 중시[188]하며 지금까지 제1세계 백인서구문화, 수도지향적 중앙문화, 성차별적 남성문화, 성인

문화 등에 소외시 되어온 청소년문화, 여성문화, 지방문화, 제3세계 민족문화 등의 중요성을 확고히 하고 있다.[189)]

철학자 푸코, 데리다, 하버마스, 리오타르, 로티 등의 작업은 하나의 새로운 시대정신, 인식소, 또는 패러다임의 개념으로 발전하게 된 포스트모더니즘의 범주에서 이해할 수 있다. 20세기 후반 시작된 포스트모더니즘은 21세기 현재까지도 인간과 세계에 대한 새로운 이해방식으로 지식과 진리, 이성과 합리성, 객관성, 가치, 전통, 사회, 언어, 과학, 예술 등 인간과 세계에 대한 새로운 사고방식과 관점을 나타내고 있다.

Education of Dance & the Postmodernism

제6장

춤 교육사상

제6장

춤 교육사상

1. 춤 교육사상 I

(1) 플라톤

플라톤은 춤출 줄 모르는 사람을 아코루투스(achoreutos)라고 하였고 '교육을 받지 않음을 의미한다.'[190]고 하였다. 밀러는 플라톤이 이렇게 말한 이유를 다음과 같이 설명하고 있다. "춤은 가시적 리듬을 동반한 시와 노래의 순수한 공적인 예술이며, 만일 이를 교육받지 않은 사람이 있다면, 그는 사회에 합류될 수 없고, 책임감 있는 어른으로 성장할 능력이 있는 단계에서 벗어난 것[191]"이라고 말한다.

또한 플라톤은 음악과 춤이 시민의 미덕에 기여한다고 믿고 있었다. 왜냐하면 리듬(rhythmos)과 조화(harmonia)는 영혼에 가장 쉽게 스며들고, 예의바름을 지니고 올바로 잘 행동하도록 교육받은 사람을 만드는데 가장 강하게 영향[192]을 미친다고 생각했기 때문이다.

플라톤은 별을 신으로, 우주의 운동을 영혼 운동으로 여기며, 신에 의한 영혼 운동은 이성과 지성에 가장 적합한 운동으로 순환 운동이라 했다.[193] 따라서 플라톤은 원형(circle)을 천체라 여기며 밤하늘의 별들을 바라보는 것을 신들을 바라보는 것으로 생각했다.

이와 관련하여 밀러(J. Miller)는 플라톤의 『법률』과 『티마이오스』에서의 합창춤에 대해 '신들의 질서를 시민들이 받아들임으로써 개인의 영혼과 사회가 질서 있고 조화로워지기 바라는 그리스인들이 천체의 순환을 모방했던 것'이라고 확신한다. 또한 밀러는 "『티마이오스』에서 우주론적 춤에 대한 플라톤의 언급이 매우 간결하고 단순하다는 것은 그들에게 매우 친숙한 일이기 때문이라고 생각한다."[194]고 하였다. 그러므로 플라톤은 '천체의 움직임'과 '인간의 춤'을 '코레이아(choreia)'나 '코러스(chorus)'로 부르며, 천체의 움직임을 신들의 움직임으로 여겨 인간의 합창춤을 유사하게 인식하였음을 알 수 있다.

인간의 합창춤에 대한 묘사의 구절과 같은 이러한 흔적은 호메로스(Homeros)의 『일리아드』에서도 볼 수 있다. 그것이 바로 '별들은 곧 신들이다.'라는 구절이며[195] 이러한 연유에서 별들의 이름에 신화에 나오는 신들의 이름이 붙여졌다.

이러한 춤들에 대해 스파샷은 플라톤의 춤에 대한 시각을 다음과 같이 말한다. 플라톤은 '춤꾼이 춤을 출 때 자신과 타인에게 질서를 표명하는데 그것의 첫째는 심신이며, 둘째는 윤리와 시민의식, 그리고 마지막으로는 우주적인 질서'라고 언급한다는 것이다.[196] 제의(ritual)는 국가차원에서 이루어지고 춤은 자신들의 삶을 지속시키기 위해 은유로서 표현되는 예술로서 제의의 재현은 현실과 그 현실의 모방을 위한 상징들의 관계를 지닌다. 제의의 창조력은 우리 안에 이미지를 불러일으키고 신비한 것을 더욱 신비와 결합시키고, 알 수 없는 것을 평범한 것으로 환원시키지 않은 채 조명하기도 한다.[197]

춤 예술이 공적인 삶에 강하게 작용하여 소통의 표현양식으로 자리 잡으면서, 제의는 춤을 통한 축제라는 측면을 통해 사회가치의 통일성으로 작용하게 된다. 고대인들은 '축제에서 영적인 혼을 완전하고 조화롭게 구현하고, 하나가 되어 움직이고, 사회의 구체적 형상을 생생하게 경험함과 동시에 명랑한 기분

으로 표출하고 있다.'[198]고 설명한다.

플라톤의 사상 중 김나스티케(gymnastike)개념은 훌륭한 영혼을 신체로 표현하는 뉘앙스로서의 움직임(movement)만의 의미를 넘어선 것이다. 그러므로 김나스티케란 영혼과 함께 정해진 규율을 지닌 것이다.

그리스어로 김나스티케의 정확한 표기는 'γυμναστικη'이며 B.C 3세기경부터 사용되었다. 김나스티케의 의미는 테크네(techn)의 기초를 만드는 기술(術)의 신체수련과 정신적인 영혼(psych)을 함께 다루는 것을 뜻한다.

신체활동에 있어서 플라톤의 사상인 김나스티케(gymnastik)는[199] 고대 그리스어로 그 의미는 지금의 체조인 짐네스틱스(Gymnastics)와는 사뭇 다르다. 그 뉘앙스는 움직임(movement)만의 의미를 넘어 규범 속에서 행하여지며 타이밍과 관계가 있고 정해진 규율에 따라 만들어진 '단련적 움직임'이라 할 수 있다.[200]

김나스티케(gymnastike)는 그리스어의 '벌거숭이'를 뜻하는 김노스(gymnos)와 달리기 · 뛰기 · 던지기 · 권투 · 레슬링 등 벌거숭이인 채 행하던 장소인 김나지온(gymnasion)에서 '윗통을 벗은 상태로(gymnos)'라는 뜻의 두 어원을 지녔다. 당시의 그리스의 상황을 살펴보면 주로 많은 전쟁으로 인하여 김나스티케를 받아들인다.

이는 단순히 신체 단련을 하는 기술동작으로만 받아들일 수도 있지만, 신체의 조화적 발달로 근력의 증강 외에 신체를 부드럽게 하기 위한 움직임의 의미 또한 내포하고 있음을 잊어서는 안 된다.

그 첫 번째 의미는 '영혼(魂)의 육성'으로 건강(健康), 체력(體力), 힘(力), 미(美)[201]를 지닌 신체와 정신적 능력 육성의 두 가지 모두가 관계된다. 춤도 이와 마찬가지로 건전한 정신과 아름다운 신체를 위한 교육으로 플라톤이 말하는 김나스티케에 적합하다.

두 번째 의미는 인간의 적극적 활동인 '포너스(πονος)'로 본다. 고대에서 포너스(πονος)란, 많은 연습의 노력을 필요로 하는 단련이다. 적절한 포너스로서의 신체의 움직임을 김나스티케(gymnastike)라고 일컫는다. 그래서 플라톤은 김나스티케(gymnastik)를 지적단련을 지닌 영혼의 육성(mousik)으로 교육에 있어서 중요한 교과로 설정하고 있다.[202)]

세 번째의 의미는 습관화된 단순한 일상의 동작과는 다른 특징적인 것이다.[203)] 그 기술은 개인적 체험과 경험에 기초한 인간의 움직임인 미적 경험을 제공하고자 창조된 한 형태로 경험 속에서 얻게 되는 '만족감'을 의미한다.

여기 언급한 개념에 플라톤의 『법률』에서 음악과 춤이 시민의 미덕에 기여한다고 믿는 음악의 가치와 병행되는 춤의 가치를 덧붙일 수 있다. 그것은 앞서 언급한 플라톤이 "리듬과 조화는 영혼에 가장 쉽게 스며들고, 예의바름을 지니고 올바로 잘 행동하도록 교육받은 사람을 만드는데 가장 강하게 영향을 미친다."[204)]고 생각했고, 이 같은 방식의 설명은 본래 고대의 김나스티케(gymnastike)의 이론체계 부분과 동일하다. 이러한 이론체계는 20세기에 '새로운 김나스티케'로 명명 지어져 많은 안무가들에게 조화로운 움직임으로서 신체를 사용하는 체계의 여러 방법으로 발전하게 되었다. 플라톤이 『법률』에서 보여준 춤에 대한 설명 중 음악과 관련된 춤으로써의 합창춤은 코레이아이며 노래와 춤의 복합된 행위를 나타낸다.[205)]

플라톤은 법률편을 통해 인간을 교육을 함에 있어 춤의 중요성에 관심을 집중시켰으며 춤이 모든 생물들의 감정을 표현하였다고 여겼다. 춤을 통한 '기쁨'은 그들의 신체를 움직일 때 자연적인 욕망으로부터 야기된다고 하였다. 춤이 가진 자연적이고 본능적인 움직임을 만들어내는 조화와 리듬은 신들과 뮤즈(Muse)들의 특별한 선물이라고 여겼다.[206)]

플라톤은 춤을 육체와 영혼의 매개물이라 여기며 춤의 교육적 가치를 강조하였다.* 플라톤이 심신을 건강하게 교육함에 있어서의 그 수단을 춤으로 선택한 것은 오늘날의 춤교육의 이념과도 상통한다.

춤계에서 20세기에 김나스티케의 메카니즘을 발견하는 것은 어렵지 않다. 김나스티케의 영향은 이사도라 던컨에서도 살펴 볼 수 있다. 슐리만에 의해 고대 유물이 발견되면서 이사도라 던컨은 모든 영역에서 그것의 영향을 받은 김나스티케 활동이라는 새로운 유행에 물들어 있었다.[207] 이러한 물결과 함께 춤계에 김나스티케는 많은 영향을 미쳤는데 유럽을 넘어 전세계에 널리 퍼졌다.

또한 이사도라던컨보다 먼저 에밀자크달크로즈가 춤계에 더 많이 퍼졌고 그것은 에밀자크달크로즈의 유리드믹스**였다. 이것 역시 약 100년 전 델사르트의 이론을 전적으로 취하였다. 플라톤의 김나스티케(gymnastike)와의 관계를 살펴보기 위해 춤계의 역사를 거슬러 올라가면, 우리는 델사르트의 이론과 마주치는 김나스티케(gymnastike)를 발견할 수 있다.

이러한 이론체계는 '새로운 김나스티케'로 명명되며 많은 안무가들에 의해 신체를 조화롭게 움직이도록 만드는 여러 가지 방법으로 발전하게 되었다.

그것은 19세기 델사르트의 이론체계를 접하면서 어우러져서 춤에 더욱 커다란 영향을 미친 것으로 볼 수 있다.[208] 또한 모든 춤꾼들이 플라톤의 뮤지케와 김나스티케 활동이 교육의 기반이 되어야 한다고 공포했던 것처럼 그들은 자유롭게 다리를 뒤로 올리기도 하고 앞으로 흔들어 대기도 했다. 이것은 후에 이사도라의 던컨 스킵(Duncan Skip)으로 만들어져 공간에서 미끄러지는 동작과, 유동성

---

*플라톤이나 소크라테스가 모두 춤을 즐겼으며, 유명한 그리스 철학자들은 예술을 신체와 정신의 이상적인 통합체로 보았다. 아리스토텔레스는 교육을 음악과 체육의 혼합으로 정의하였고, 소크라테스는 건전한 신체에 건전한 정신이 깃든다. 라는 명언과 함께 교육을 좀 더 폭 넓게 가르쳐야 한다고 역설하였다.

**이 용어의 어원 또한 그리스어 'eu'(well) + 'rhythmia'(rhythm)로 일반적으로 '율동'으로 번역한다. W. Tatarkiewicz, History of Aesthetics, vol. Ⅰ, PWN, 1970, p26

을 가진 팔, 그리고 구부러진 등을 통해 예술적으로 만들어지는 기본적인 김나스티케 활동으로 춤에 사용되었다.

음악의 감동처럼 김나스티케 활동은 춤으로써 수많은 어린이들에게 던컨을 통해 전해졌고, 이것은 아무도 상상하지 못할 만큼 커다란 영향이었다. 뿐만 아니라 이사도라 던컨과 그녀의 친구들에 의해 형성된 새로운 그룹은 10년 동안 러시아를 돌아 다녔다. 그들이 은퇴할 즈음에 이들의 형식을 학교에서는 '예술 김나스티케(artistion gymnastike)'나 '던컨 형식(Duncan Plastiques)'이라고 불렀다.[209)]

이러한 과정을 거쳐 던컨 학교로부터 올가(Olga Korbut)와 러시아 김나스티케(gymnastike)교사들에 이르기까지 직접적인 계보가 형성되었다. 이사도라 던컨에 의해 알려진 김나스티케 이론은 러시아에서 시작되어 동부 유럽 국가들의 모든 곳에까지 널리 알려져 살아 숨쉬게 되었다.

러시아 예술로서 근간을 이룬 김나스티케 이론 체계는 서구 국가에서 미학 원칙들을 가지는 신체 테크닉과 융화되었다. 이에 김나스티케 이론체계는 러시아의 던컨 학교의 수업을 넘어 전 세계의 모든 젊은 세대까지 이르렀다.[210)]

김나스티케는 유럽에서 이사도라 던컨(1878~1927), 니진스키(1889~1950), 라반(1879~1958), 마리 뷔그만(1886~1973) 등에게 영향을 주었다. 또한, 에밀자크 달크로즈(1865~1950)는 김나스티케(gymnastike)를 기초로 새로운 형식의 춤(舞踊)형태로 발전시켜 유리드믹스(Eurhythmics)*를 만들었다.

춤계에서 김나스티케(gymnastik)형식은 탈피를 원하는 모더니즘이라는 물결 속에서 이어졌다. 이러한 경향은 세인트 데니스(Ruth St. Denis, 1880~1968), 도리스 험프리(Doris Humphrey)를 거쳐 미국으로 건너가 한야 홈(Hanya Holm)과 크로이츠베르크(Kreutwberg) 등에 의해 환영을 받았다. 움직임의 원천인 김나스티케는 '자유로

---

*이 용어의 어원 또한 그리스어 'eu'(well) + 'rhythmia'(rhythm)로 일반적으로 '율동'으로 번역한다. W. Tatarkiewicz, History of Aesthetics, vol. Ⅰ, PWN, 1970, p26

운 만족감을 가진 리듬의 신체'를 포함하는 김나스티케의 메커니즘(Mechanism)의 기술로서 세계의 곳곳에 남아있다.

(2) 프리드리히 니체(F. Nietzsche : 1844~1900)

니체는 본 대학과 라이프치니 대학을 다녔고 1869년 스위스 바젤 대학에서 고전적 문헌학 교수로 임명되었다. 그는 1870년의 보불 전쟁동안 대학을 잠시 떠나 짧은 군복무를 마친 후에 바젤로 돌아왔다. 그는 '플라톤 이전의 철학자들', '플라톤의 대화록에 대한 연구', '그리스 문헌사'와 같은 주제에 관하여 강의했다. 그는 그리스 문헌을 연구하는 과정에서 '디오니소스적인 것'에서 인간의 자연적인 건강함과 위대함을 발견하였다.

당시 바젤 근처에서 살았던 니체는 리하트르 바그너를 흠모하여 자신의 처녀작 〈음악정신으로부터 비극의 탄생(1869~1871)〉을 써서 헌정할 정도로 절친한 친구로 지내기도 하였다.[211] 그러나 바그너의 오페라가 기도교적 노예도덕을 대변하는 것에 반(反)하여 그들의 사이는 멀어져갔다. 니체의 계몽된 「인간적인 너무나 인간적인」과 바그너의 「파르치발」이 완성되면서 그들은 완전히 결별했다.[212]

바젤대학에서 10년을 보낸 그는 안질과 두통이 악화되어 마침내 교수직을 사임하게 되었다. 니체는 10년간(1879~1888) 끈질긴 투병생활을 하면서도 『서광』(1880~1881), 『즐거운 지식』(1881~1882), 『짜라투스트라는 이렇게 말했다』

(1883~ 1885), 『선악을 넘어서』(1884~1885), 『도덕의 계보』(1887) 등을 완성시켰다.[213] 그의 저술방법은 관조적이고 평면적인 것이 아니라 정열이 넘치고 역동적이며 입체적인 서술방식에 더 가까웠다. 니체의 철학사상과 교육적 문제의식은 그의 작품 속에 등장하는 인간상과 밀접한 관계가 있다.

니체의 철학과 미학은 쉘링과 헤겔의 관념론적 미학과 상반되기도 하였고, 포스트모더니즘을 대변하는 현대철학자들인 데리다, 푸코, 리오타르 등 프랑스 해체주의자들에게는 많은 영향을 끼치기도 하였다. 뿐만 아니라 그의 영향력은 문학, 예술, 정치에 이르기까지 다양한 영역까지 미쳤다.

춤계에서는 독일의 현대무용가 마리뷔그만의 표현주의 춤창조에 영향을 주었고, 이사도라던컨에게는 철학적, 미학적 기본원리로 사용되기도 하였다. 또한 니체는 포스트모던댄스 춤꾼들에게 실험적인 예술철학의 사유를 심어주었다. 그들은 해체를 통한 반성적 실험미학으로 전통적 미학을 거부하고 새로운 춤을 표명하게 되었다.

자신의 열정적 연구에 많은 노력을 기울였던 니체는 12년 동안의 오랜 투병 끝에 1900년 8월 25일 숨을 거두었다.

니체는 대학에서 "우리가 무엇을 가르쳐야만 하는가(what must one teach?)"라는 질문에 대해 춤이라고 답하였다.[214] 니체는 '만일 춤을 출 수 있다면 그대가 곧 신이다.'라고 말하며 이는 세상을 아름답게 만드는 것이고 춤을 출 줄 안다는 것은 창조자가 되는 것이라 여겼다.

니체는 교육의 목적은 인간을 더욱 강인하게 만들고 자신의 가치를 창조할 수 있도록 변화를 시키는데 있다고 주장한다. 교육 속에서 인간은 자유정신을 회복하고 인간적 능력에 대한 증대를 갖도록 해야 한다는 것이다. 그가 말하는 춤은 신체교육(physical education)과 예술교육(art education)을 포함하며 통합, 인내, 힘 그리고 창의성을 길러주고 자유의지의 소유자를 길러내는 훌륭한 교육수단이다.

뭉크 - 니체

니체의 많은 글에서 우리는 춤이라는 글자를 자주 발견하였고, 엄밀히 그가 말하는 춤을 살펴보면 '진리'와 '삶'에 관한 하나의 상징일수도 있다. 니체는 「짜라투스트라는 이렇게 말했다」(1883~1885)에서, "모든 강압적인 자들은 무거운 다리와 숨 막히는 가슴을 가지고 있다. 이들은 춤출 줄 모른다. 이런 자들에게 어떻게 대지가 가벼운 것이 될 수 있겠는가!"라고 하였다.[215) 그는 상징과 비유의 수단으로 인간의 살아가는 방법에 있어 춤을 제시하였고, 춤은 사실 순수하게 변형된 가장 높은 놀이 활동이라 생각했다. 그는 춤이 놀이 형식(a form of play)으로 창조의 원동력이라 하였다.

니체는 어린아이를 가장 지순한 정신의 형태로 보았고, 최고의 인간상이란 힘이 넘치는 사람이라고 여겼다. 그는 『짜라투스트라는 이렇게 말했다』를 통해 "어린아이는 무죄하며 저절로 도는 바퀴이다. 힘이 있는 인간은 이 세상과 더불어 노는 어린아이이다."[216)]라고 하였다. 니체는 힘이 있는 자는 이 세상에서 즐겁게 노는 자로서 힘의 상징(symbol of power)이라 보았다.

니체가 말하는 힘의 상징은 춤이 그 이미지를 통해 교육 속으로 연계되는 방법으로 나타난다. 그러므로 니체는 춤의 상징으로 가정된 분명한 힘을 고찰하는 사람이 유일하게 믿을 수 있는 신(god)으로 춤출 수 있는 신이 된다고 보았다.[217)]

그는 「비극의 탄생」(1872)에서도 힘 있는 이미지를 순수예술로 여기며 춤의 예술적 본질을 재조명하였다. 「비극의 탄생」은 삶의 의미를 상징화하는 인간활동으로서의 '춤'이 설명된다. 니체는 춤이 통합적이고 균일하며 창조적인 삶의 활동으로서 작용한다는 점에서 철학적 기능을 지녔고, 춤의 활동은 인간 존재의 의미를 찾게 한다고 하였다.

춤은 가장 고상한 인간 최상의 활동으로 대중의 실용적인 측정의 영역을 초월할 수 있는 활동이다. 참된 철학 교육의 결과는 순수한 창의성이며, 놀이와 춤은 이러한 활동의 전형적인 사례가 될 수 있다. 니체는 춤이 창의적인 인간의 삶 자체에 대한 의미로서 춤의 이미지를 신이나 인간에게 적용되는 힘에 대한 이미지로 보았다. 니체는 춤의 이미지를 이용하여 "내 스타일은 춤이다."라고 주장하고 있다.[218] 그는 "춤추지 않는 것"에 대해 불평을 하고 있다.

니체는 '삶'을 미적으로 긍정하고 변화한 철학자로 고뇌, 욕망의 주체로서의 인간의 구원은 예술을 통해 가능하며, 학문에 대한 예술의 우위를 주장하고 춤을 통해 궁극적인 삶이 미화된다고 본다.

니체는 "자연의 영혼으로서 만물이 융합 귀일 하는 모습이 비로소 자연의 본질로 상징적으로 표현된 셈이다. 그러므로 첫째로 입, 얼굴, 말에 의한 상징법에만 머물지 않고 사지전부를 율동적으로 움직이는 온전한 춤의 동작은 전신적 상징법이다."[219]라고 하였다. 그는 디오니소스의 주신을 통해 드러나는 춤이 인간의 마음을 자극시켜 일체의 상징능력을 최고도로 발휘하도록 한다고 여겼다. 니체는 디오니소스적인 것을 통해 인간의 자연적인 건강함과 위대함을 언급하였다.

니체가 말하는 디오니소스적 충동은 자연의 본질을 상징적으로 표현하는 춤과 노래 형식을 통해 충족된다. 인간의 상징적 힘들은 입, 얼굴, 말의 상징적 표현이 아닌 완전하게 모든 신체가 참여하는 춤의 행위, 즉 완전한 몸의 상징적 표현이며 이는 다시 리듬, 동력, 하모니 속에서 음악의 상징적 힘으로 발전하게 한다. 춤은 근원적으로 결코 분리되지 않고 서로 표현하는 요소이다.[220] 어떤 예술가의 중개도 없이 자연 그 자체로부터 솟아나올 수 있는 것의 하나가 디오니소스적 예술, 충동인 것이다. 그리고 디오니소스적 충동은 자연의 본질을 상징적으로 표현하는 춤이라는 형식을 통하여 충족된다.[221)]

니체는 비극에서 사용되는 춤이 디오니소스적 충동을 근원으로 하며 인간의 긍정적 요소를 이끌어 낼 수 있다고 보고 있다. 춤이 가진 몸짓의 다양한 표현력을 통해 예술의 위력을 과시할 수 있다는 의미이다. 이는 니체가 삶과 창조의 적극적 충동이자 근원으로서 디오니소스에 대한 보다 긍정적 입장을 취한다는 것을 알 수 있다. 그는 삶의 의미를 상징화하는 인간 활동으로 춤을 재차 강조한다.

뿐만 아니라 니체는 이러한 디오니소스의 찬가를 몸을 통한 직관과 감성의 경험을 넘어 반성을 통한 정신으로 상징화한다. 이러한 정신은 인간이 지닌 웃음, 자연적 상태, 아름다움 에너지를 지닌 자유정신으로 이는 곧 춤의 자유정신과 관련된다.

『짜라투스트라는 이렇게 말했다』는 육체와 정신의 균형 ·조화 상태를 끊임없는 두 긴장의 통일 성취로서 말하는데, 이것은 '짜라투스트라'의 춤을 우선 감성적, 육체적 체험으로서 이해해야 되는 단서가 된다.[222)] 그리고 니체는 짜라투스트라를 언급하면서 지속적으로 춤을 추고 배워야 한다고 주장하고, "어떤 형식의 춤이든 고상한 교육과는 분리될 수 없다."고 분명히 말하였다.[223)]

짜라투스트라가 춤을 추는데 반해서 성자는 제자리에서 움직인다.[224)] 니체는 건강한 육체를 거의 신앙에 가까울 정도로 추구하며 짜라투스트라를 통해 제자들에게 건강한 육체의 소리에 귀를 기울일 것을 훈계한다.[225)] 니체는 춤이 인간의 삶에 궁극적인 활동의 주체이고, 창의적 윤리에 상징을 부여하는 기능을 한다고 여겼다. 그는 사람들이 변화의 생각을 갖기 위해 그들의 기본 가치들이 바뀌어야 된다고 여기며, 춤을 통해 이론적 편견에서 벗어날 힘을 지닌 완전한 인간을 교육시킨다고 여겼다.

또한 춤을 교육적 이상으로 간주한 니체는 문화가 인간을 교육시켜야한다고 주장하며, 과학주의와 기술주의가 피폐된 인간에게 완전한 교육을 시킬 수 없다고 하였다. 니체는 교육이 단지 어떤 재능뿐 아니라 한 개인의 모든 측면을 개발한다고 여기며, 신체의 한부분이 아니라 전체적인 몸의 움직임을 발전시키는 춤이 교육에 있어 완전한 인간을 만드는데 중요하다고 하였다.

춤추는 춤꾼은 움직임을 지속적으로 연습하고 훈련을 하기 때문에 끊임없이 노력으로 실행하고, 춤이 지니는 생생한 경험을 통해 긴장을 느끼며 전체적으로 하나의 창조적인 일이 된다고 여겼다.

니체는 "춤이란 다른 충동 사이에서 이리저리 동요하는 것과 똑같지가 않다는 것을 기억해야 할 것이다. 수준 높은 문화는 대담한 춤과 유사하기 때문에 많은 힘과 유연함이 필요하다."[226]라고 표현하였다.

니체는 춤의 이미지를 문화에 적용하며 춤이 경험적 측면에 의미의 구조를 부여한다는 점에서 주목하고 있음을 알 수 있다. 이미 니체는 가장 높은 인간의 의미에 대한 자원을 창의적이고 경쾌한 활동에서 찾았다.[227] 그래서 춤은 인간의 의미에 대한 상징일 뿐만 아니라 생생한 경험에서 실제 의미를 구성한다. 즉, 춤은 존재의 의미가 된다.

또한 니체는 춤추지 못함을 추한 것으로 간주하며 인간에게 있어서 체력과 아름다움[228]을 중요시 여겼다. 그는 정신적인 측면을 춤에 본질로서 언급하며, 본질은 삶에 대한 창조활동 즉, 생명존재의 자각과 극복을 담고 있다.

니체의 철학은 춤이 자유정신의 성취와 같은 의미를 지니며 유희하며 뛰논다는 의미에서 억압과 자유, 정신과 육체, 인간과 초인을 설명한다.

그 춤은, 치솟고 원을 그리며 양다리와 양팔의 움직임 등의 형태를 지닌 것으로 퍽 역동적인 것이다. 춤을 계속 추어라 귀여운 소녀들이여~ 악마는 우울한 정신이다. 너희 가벼운 발을 지닌 자들이여...[229]

그러나 그의 목적에 가까워진 자는 춤을 춘다. 실로 나는 입상은 되지 않았다. 또한 나는 기둥처럼 굳고 둔중하게 뻣뻣이 거기서 있지는 않았다. 나는 재빨리 달음질치는 것을 사랑한다.[230]

움직이는 육체를 통한 초인(overman), 힘에의 의지(the Will to Power), 영원회귀(the eternal return)는 그에게 중요한 개념이다.

니체가 움직임이라는 단어를 사용하고 있지만 그것은 암시일 수도 있다. 짜라투스트라로 하여금 춤을 통한 자유를 역설하게 한 것이다. 따라서 니체가 말하는 초인(overman)은 그러한 자유를 실현한 신성한 존재로서 추측된다. 니체에게 있어서 '초인(超人)'이라는 개념은 높은 책임으로부터 시작된 것인데 그 본질은 존재 속에 뿌리내리고 있는 가장 높은 자기 극복의 긴 연쇄법칙을 통해 '힘에 대한 의지'로서 인간을 스스로 의지적 본질을 구현해 낼 수 있도록 하는 것이다.[231] 그러므로 초인은 생명의 본래적인 가치 창조자임과 동시에 모범적 인간의 최고 유형이다. 또한 짜라투스트라를 통해 역설된 춤을 출 수 있는 신은 곧 삶의 춤이면서, 자신을 뛰어넘어 춤출 줄 알고 웃을 줄 아는 사람인 것이다.

니체의 영원회귀(the eternal return)는 세계가 어떠한 목적도 목표도 가지지 않는다고 생각하기 때문에 기독교의 목적론적 세계관인 구원론과 종말론을 부정한다. 만약, 세계가 응고되고 고갈되고 사멸하여 무(無)가 될 수 있다면, 평형상태에 도달할 수 있다면, 혹은 일반적으로 불변성, 영원성을 그 자체 속에 내포하는 무엇인가의 목표가 있다면 이 세계는 달성되었음이 틀림없다. 그러나 그것은 달성되지 않는다. 왜냐하면 니체는 세계가 어떠한 목적이나 목표도 어떠한 궁극적인 상태도 갖고 있지 않다고 생각하였기 때문이다.[232] 현재의 순간에 있어 과거와 미래를 하나의 원환(圓環)으로 연결시킴으로써, 지나간 과거의 필연도 가능 할 수 있으며, 또한 반대로 아직 도래하지 않은 미래의 가능성도 필연일 수 있다.[233]

논리적이고 과학적인 고찰을 통해 나온 관념은 초인에게 공포를 야기하지 않는다. 자신의 창조적인 실존과 삶에 대한 순수하고 즐거운 긍정은 그로 하여금 영겁회귀를 환영하도록 만든다. 니힐리즘이 가진 반복되는 영원회귀에 대한 극단적 허무주의를 강한 힘과 축적된 의지로 극복하고자 한 것인데 연속적인 삶과 순환되는 일상으로 허무에 빠진 태도를 부정하고 창조적으로 삶을 변형시킬 수 있도록 하는 실천의지를 촉발시키는데 목적이 있다. 따라서 힘 있는 초인은 춤출 수 있으며 춤 경쟁을 통해 힘에 대한 의지를 가장 잘 표현할 수 있고 영원에 대한 회귀를 의미하는 우주적인 춤도 가능해진다.

> 가벼운 다리를 가진 자는 진창까지도 뛰어넘어, 먼지 하나 없는 얼음 위에서처럼 춤을 춘다. 그대들의 가슴을 높이 울려라, 나의 형제들이여! 높이 더욱 높이! 그리고 그대들의 다리를 잊지 말라! 그대들 춤을 잘 추는 자들이여, 그대들의 다리를 올려라. 그대들이 그대들의 머리 위에 서는 것은 더욱 좋은 일이다.[234]

니체는 춤을 교육의 적극적인 안내자로 제시하며, 이를 통해 창조적인 자로 만들고 이는 인간의 삶의 의미를 가장 고귀하고 귀중한 활동으로 이끈다. 니체가 말하는 가치로서 춤은 통일, 인내, 힘, 그리고 무엇보다도 창조성을 지녀 선악을 뛰어넘는 출발점으로서 도덕적 성취의 유산을 활용하는 것을 의미하며, 인간의 삶을 증진시켜주는 원동력으로 새로운 의미의 형식을 만들어 내는 것이다.

그러므로 니체가 생각하는 춤의 가치는 강요된 교육이 아니라 적극적이며 개인적인 경험을 중시하고 통일성, 인내, 힘, 그리고 창조성을 습득하여 신체적, 정신적 활동을 이루어 나가는 것이다. 춤의 다양한 활동은 자유로운 활동을 통해 탐구적인 정신을 길러준다.

오래전부터 영혼은 육체를 멸시하였고, 이러한 경멸은 최대의 가치가 있었고 영혼은 육체를 벗어나 수척해지고 굶주리기를 원했다.[235] 그러나 니체는 소크라테스 이후 약 2천여 년 동안의 금기를 깨고, 춤을 통해 신체의 살아있는 지성적 의미를 처음으로 일깨워준 철학자이다.

물론 니체는 춤교육자는 아니다. 더욱이 자신의 사상을 통해 춤교육의 원리와 방법을 구체적으로 제시하지도 않았다. 그러나 최소한 춤이 철학적·교육적으로 우리 인간에게 필요하다는 가치와 의미를 제공한다.

니체는 춤을 춘다는 것은 자율적으로 결정하는 자유로운 정신의 발로로 보았다.[236] 이는 춤이 어느 예술보다 직접적이며 적극적이고 일차적인 예술이기 때문이다. 또한 니체는 춤이 가벼움과 해방이라는 육체적 우월성을 지니며 억압의 정신을 이길 수 있는 유일한 것으로 여겼다. 춤교육사상은 니체를 통해 인간의 삶을 풍요롭게 해주고 창의성을 키워주기에 훌륭한 교육의 상징으로서 춤을 여길 수 있게 해준다.

(3) 존듀이(John Dewey : 1859~1952)

존듀이는 실용주의(Pragmatism) 교육의 기초를 완성한 교육자이자 철학자이다. 그는 1859년 미국 버몬트 주 벌링턴의 상점을 경영하는 중산층 가정에서 출생하였고 성장하였다. 그는 1879년 버몬트 대학교를 졸업하고, 펜실베이니아주의 고등학교 교사가 되었다. 이후 1880년에 존스홉킨스대학원에서 학위를 받았으며 미네소타, 미시간, 시카고, 콜롬비아 대학 등에서 교수를 지냈다.

그는 헤겔 철학의 영향을 받아, 1884년 헤겔에 관한 연구로 박사학위를 취득하였으나 점차 W.제임스의 실용주의(Pragmatism)에 이끌려 보편적 교육학설을 주장하였다.

그의 철학적 연구로는 『논리학적 이론의 연구(1903)』, 『실험적 논리학 논문집(1916)』, 『사고의 방법(1933)』 등이 있으며, 교육적 연구로는 『학교와 사회(1899)』, 『민주주의와 교육(1916)』 등이 있다.

그는 교육가로서 학생들에게 경험의 기회를 제공함으로써 소양을 발전시킬 것을 주장하였고 20세기 전반기 미국 교육을 특징짓는 실험 주의적 교육 체제를 도입하였다. 존듀이는 1930년 은퇴 후에도 여러 나라를 순회하며 공인과 생산적 철학자로서 활동을 이어가며 많은 영예를 누렸다. 1952년 6월 2일 92세로 사망할 때까지 20세기 미국의 철학, 미학, 교육, 정치이론, 사회과학에 지대한 영향을 미쳤다.

존듀이(John Dewey)는 르네상스 이후 중세의 종교적, 봉건적 권위나 특권에 의해 욕구와 흥미 등을 억압받았던 교육을 반대하고 아이들의 자연성을 신뢰하고 조장하며 개발시키는 교육을 주장했던 루소, 페스탈로치, 프뢰벨 등에 영향을 받았다. 그는 흥미중심, 학생중심, 활동중심의 교육을 주장하며 실험적인 교육학의 전개를 펼쳤다. 존듀이는 『경험과 교육』이라는 책을 통해 학교 내에서 자유, 동등한 기회, 우애의 법칙을 실천하는 교육자였다. 물론 존 듀이의 주장은 전통교육과 진보교육 사이에서 어떤 교육방식 하나를 택하기보다는 교육을 교육 그 자체로 볼 것

을 강조하는 실용주의 교육론이었다.

그는 교육이란 발견의 과정이 있어야 하고 학교는 학생들의 이러한 과정에서 현실사회의 모델이며, 사회개조의 모체가 될 수 있는 이상사회로서의 역할로 제시되어야 한다고 주장했다. 그는 교육이란 경험의 끊임없는 개조(改造)로서, 미숙한 경험을 지적인 기술과 습관을 갖춘 경험으로 발전시킬 것을 주장한다. 따라서 학생들에게 일방적으로 지식을 주입시키거나, 반대로 학생들의 자발성(自發性)에만 의존하면 불충분하다고 보았다.[237] 이에 교사들은 학생들을 많은 경험에 참여시키도록 노력할 뿐만 아니라 창조력을 발휘할 수 있도록 계획성을 마련해야만 한다. 또한 학교와 사회 교육은 새로운 것에 대한 지식습득에 있어서 학생의 상상력과 욕구를 서로 분리시킬 것이 아니라 함께 적용시켜야한다. 어떤 이들은 학생의 상상력이 동화나 신화 등 주로 책을 통해서만 나타난다고 믿지만 실제로 학생은 부모, 친구, 배, 기차, 동물 등 매우 친숙한 것에 대해서도 상상력을 발휘한다. 그러므로 학생들에게는 생각과 경험을 서로 토론하고 교환할 수 있는 기회가 주어져야만 내적관찰력과 심상이 성장을 계속할 수 있는 것이다.[238]

존듀이의 교육에서 경험은 연속과 상호작용으로 항상 함께 일어나고 이러한 교육과 경험의 상호작용을 통해 세계의 진정한 변화를 겪게 된다.[239] 그의 실용주의는 지식을 습득하는 과학적, 반성적 사고의 단계적인 방법을 지닌다. 과학적, 반성적 사고(Reflective Thinking)는 지식이나 능력, 태도를 습득하는 것에 있어서 과제를 학생에게 주어 해결하는 방법이다. 이 과정의 학습은 교과나 교사를 통해 지식전달을 하는 암기와 대립되는 개념이다. 이는 자발적 활동, 아동의 심리, 아동의 발달 등 스스로에 의해 학습되는 과제법으로, 그는 사물이나 현상이 논리적 설명보다는 자신의 경험에 의해 증명된다는 것을 입증한다. 교과중심의 지식주의에서 벗어나 학생들이 현실사회와 자연과의 접촉에서 생활하며 얻은 경험을 바탕으로 학습하므로 이것은 학습자의 경험이 교육의 이론이 되는 실용주의 교육으로 귀결된다.

존 듀이의 관심은 경험철학을 발전시키며 실용주의적 이론과 분석을 만들어 나가는데 있었다. 그는 모든 사고(思考)의 본질은 혼탁하고 불확실한 상황을 명확한 상황으로 개조(改造)하고 노력 하는 '탐구(探求)'에 있다고 여겼다. 관념이란 이를 위한 실험적인 가설(假說)이며 도구가 된다. 우선은 바나나가 아닐까 먼저 생각해 본 다음에 잘라 보고 또 맛보는 과정을 통해 확실히 바나나임을 알 수 있는데 이렇듯 관념적인 가설은 상황을 개조해 나간다. 다른 예로 칼이라는 도구에 한 판단은 그것이 가진 모양이 아니라 기능, 즉 다른 물건을 자를 수 있느냐 없느냐에 의해 결정된다. 그러므로 관념의 진위여부는 상황이 개선되는지에 대한 유효성(有效性)에 있다.

존듀이의 관념은 교육과 과학에 의한 예술의 가치에 설득력 있는 이론적 근거를 제시한다. 그는 예술과 과학을 발견하고 인식하는데 필수적인 창의적 문제 해결에 근거한 사고방식에 동의했다.[240]

실용주의 철학자였던 그는 인간의 일상적 경험 가운데 하나였던 예술이 예술을 위한 예술이 되어 박물관으로 들어가기 시작하면서부터 삶과 동떨어지기 시작했다고 말한다.[241] 그는 예술을 이러한 구분에서 벗어나 우리의 삶과 자연의 영역으로 되돌려야 한다고 주장하면서 예술이 인간에게 주는 의미를 교육적으로 확장시키며 예술의 새로운 개념과 질서를 재정립하였다. 이것이 바로 자율적 탐구심과 창조력을 발전시키는 예술 속에서의 교육으로 존 듀이가 선도한 것이었다.

존듀이는 교육에 있어서 인간의 정신과 신체의 수행적 조율을 예술 안에서 해결할 수 있다고 믿었다. 그는 예술 안에서의 과정과 결과, 수단과 완성, 규칙과 불규칙, 주체와 객체들이 서로 상충 되는 목적을 가지지 않으며 완전한 경지

에 이를 때까지 조화롭게 융화된다고 보았다.[242]

그는 교육에서 정신과 육체를 갈라놓아서는 안 되며 인간은 정신과 신체의 양면을 가진 하나의 유기체[243]로서 신체와 정신이 함께 있을 때 신체의 에너지원이 생성된다고 여겼다. 그는 행위나 습관이 생각보다 먼저 신체에서 이루어지며 이러한 신체적 이해와 개념적 이해의 통합을 인식하면 올바른 자세를 갖춘다는 것이 어떤 것인지 알고 비로소 수행에 필요한 생각을 하게 된다고 하였다. 존듀이는 실제 경험 속에서 흥미를 가지고 잘못된 부분의 관찰을 통해 해결책을 찾아 스스로 타당성을 발견하는 과정에 의한 지식의 습득을 주장하였다. 존듀이의 이론은 어떤 신체 활동이든지 정신에 전달되어 외적인 경험과 내적인 경험이 융합을 이룰 때 완전한 예술형태가 만들어 진다고 본다.

그는 예술과 교육은 생활 속에 있으며, 완성 과정에서 경험이 도구로서 인간의 미적 경험을 풍부하게 하고 그로 인한 독창력을 개발할 수 있다고 여겼다. 이전의 경험론과는 다른 존듀이의 경험론은 경험을 인식적인 것뿐만이 아니라 삶 자체가 환경과의 사이에서 일어나는 일로 결론짓고 있다.

또한 존듀이의 교육은 경험을 개조하여 재구성하는 과정으로 철학과 밀접한 관계를 가지고 있다. 춤교육에서 경험이란 매우 중요하다. 그 경험은 자신의 경험일수도 있고 자신의 가족 또는 좀 더 거슬러 올라가 가족의 뿌리일수도 있다. 간접경험이든 직접경험이든지, 동기를 통한 창작이 필요하다.

춤은 인간이 태어나면서 갖고 있는 표현의 욕구에서 비롯된다. 수많은 동굴벽화에 남아있는 춤추는 그림처럼 춤은 인간의 언어가 생성되기 훨씬 이전부터 원초적 표현이었으며 이러한 표현을 마련해 주는 근거는 경험이었다. 경험은 춤교육에서도 중요한 영향력을 행사한다. 그것은 곧 창작력을 불어넣는 표현을 위한 동기이기 때문이다. 학생들의 자신의 경험을 바탕으로 한 독창적이 생각에 의미를 부여하는 동시에 춤의 다양한 표현과 형식을 통해 창조적인 사고를 하게 된다. 이것이 존듀이가 주장한 학생과 교사의 새로운 역할모델이다. 학생들은 스스로 경험을 수행해나가고 교사는 지식을 강요하는 것이 아니라 지도자(leader) 역할을 맡는 것이다.

존듀이의 탐구논리의 본질은 이원론(Dualism)을 극복[244]하는 통합의 원리로서 그 특성은 마음(mind)을 통한 외부와 유기체의 반응경향에 있다. 그는 지성은 결과를 예견하고 환경을 통제하는 문제해결의 실험적 탐구능력을 지닌 것이라 한다. 그는 탐구[245]의 계속적 특성으로 인간 지성의 계속적 성장(growth)을 가져야 한다고 주장하였다.

이러한 점이 현재 교육제도에 시사 하는 점은 환경을 잘 통제하고 삶의 과정에서 스스로 문제해결을 할 수 있도록 경험에 맞는 교과과정을 구성해야 하는 것이 무엇보다 우선시되어야 한다는 것이다. 경험에 맞는 구성은 듀이의 용어인 경험의 재구성을 말한다. 듀이는 교육관이 목적과 과정을 분리했다고 지적한다.[246]

존듀이는 경험이란 삶을 뜻하고 삶의 과정이라 본다.[247] 그의 교육적 의미는 경험의 재구성(Reconstruction of Experience)이다.[248] 이는 경험을 수정해 나가는 습관으로 지성을 개발하는 교육으로 해석된다. 그러므로 통합적 특성은 탐구논리에서 계속성(Continuity)을 가져야 함을 뜻한다. 그가 말하는 계속성(Continuity)[249]은 지식과 도덕적 가치를 드러내고 인간과 자연, 지식과 가치, 이론과 사회, 목적과 수단, 형식과 내용을 통합해내는 원리로서, 형식과 내용으로 통합해내는 원리를 이룬다.

교육은 궁극적으로 지식교육과 도덕교육의 통합이 필요하다. 그러므로 학습(Learning by doing)은 교육, 내용과 방법의 통합의 개념[250]이고, 학습자의 관심(interest)과 교과가 분리되어서는 안 된다. 학습자의 능동적 참여 속에 자연스런 지적인 성장을 도모해야 한다. 도덕교육 역시 지식교육으로 지성의 성장을 목적으로 하는 교육으로 해석된다.

또한 교육은 탐구논리에 내재하는 조작성(operation)을 필요로 한다. 탐구는 조작적 특성에 의해 드러나는 연관관계를 이룬다. 이것은 전통적 이원론의 거부로서 통합의 논리인 듀이의 탐구논리이다.

도덕적 교육은 지식과 행위를 통합한다. 지식과 행위는 도덕교육으로 이들은 분리 될 수 없다. 그것은 드넓은 의미의 지식으로 사회적 기능과 관련되어 정치, 경제, 자연과학까지 포괄하며 이는 지성의 성장을 목적으로 하는 교육이다.

존 듀이는 도덕적 원리의 본질은 끊임없이 본질을 수정하고 확장되는데 있다고 주장하며[251], 성장(growth)은 듀이가 교육에 있어서 목적(Aims in education)으로 제시한 개념이다. 성장이 어떻게 학습에서 중요하고 경험의 질로써 필요한 것인가를 이야기한다.[252]

존 듀이는 그의 철학적 주제들로 경험으로서 완성하는 미적경험을 제시한다. 미적경험은 어떤 대상으로서의 생산물이 아니라 예술 생산물과 직접적인 만남의 경험을 말하며, 그 자체는 작품으로 간주하는 새로운 예술 존재적 정의를 가능하게 한다.[253] 미적경험은 이러한 만남으로 내재된 성질과 생명에너지, 자연과 가장 이상적인 미적 상태의 조화와의 통합을 말한다. 이것은 일상과의 연속성에서 삶을 가능하게 하고 삶의 궁극적인 목적이 된다, 미적경험의 핵심은 미(beauty), 예술(Art)과 더불어 미학의 주요탐구과제이다.[254] 춤도 이를 통해 가치관을 확립하고 예술경험과 관련되는 경험의 재구성과 성장을 통해 삶의 강화를 강조하게 된다. 이것이 일련의 경험의 장으로서 예술이다. 그러므로 미적경험을 통한 하나의 경험(having an experience)은 존듀이가 말하는[255] 중요한 탐구과정이다.

특히 예술이 지니는 미적경험에 대해 존듀이는 과거의 경험에서 습득해야 될 지식이 아니라 미래에 대한 발전의 도구로서 사용되길 원했다.[256] 그는 미적경험이 자연과 주체, 선(先)경험과 후(後)경험의 상호작용 하에 일어나며 성장해

간다는 원리를 주장한다. 존듀이는 이러한 경험의 본질적 의미가 예술에 의해서만 표현가능하며 이것은 예술이 표현 가능한 경험의 통일적 속성을 가지고 있기 때문이라고 주장한다.[257)]

그는 예술을 교육을 통해서 자신의 경험을 도구화 하여 인간의 미적 경험을 풍부하게 고 나아가 이를 통해 독창적 사고를 개발하는 것이라 주장한다. 또한 그는 예술교육사상의 바탕인 경험론이 개개인의 경험을 인식적인 것뿐만 아니라 주변 환경과의 관계에서 발생하는 모든 것, 그리고 미래의 발전을 위한 도구로서도 기능한다고 말한다.[258)] 경험은 자연과 주체, 선(先)경험과 후(後)경험의 상호작용에서 지속적으로 성장하는 원리로서 이러한 경험의 본질과 의미는 예술에서만 표현가능하다고 하였다. 이것이 곧 통일성이다. 또한 듀이의 교육은 철학과도 밀접한 관계를 가지고 있는데, 듀이는 교육을 경험의 재구성 과정으로 보았다. 즉, 교육이란 경험을 재구성한 경험의 의미를 갖는다.

춤은 인간이 지닌 개성 있는 움직임을 최대한 다양하게 확대 시킬 수 있는 원초적인 특성을 지닌다. 또한 어떠한 예술보다 특별히 춤창작은 경험에서 신체적 움직임을 갖는다. 춤교육에서 중요한 기능중 하나는 움직임을 통해 자아실현을 돕는 일이다.

존듀이는 신체를 통한 움직임이 창조적 교육과정이 될 수 있다고 여겼다.[259)] 그러므로 춤은 어느 예술보다 경험을 몸소 체험하고 풍부한 몸의 경험을 통해 지식은 다양해지고 질적인 개선을 이루기 쉽다. 그러므로 춤교육은 경험의 과정을 중요시하며 연습이라는 수행을 통해 발전하는 과정을 지닌다. 춤교육에서 미숙한 움직임은 지속적인 노력을 통해 발전되고 경험의 끊임없는 개조는 학생들에게 적극성을 주어 창조력을 발휘하게 한다. 또한 춤은 춤꾼들의 지속적인 훈련을 통한 축적된 경험과 관객들의 동경하는 예술적인 삶뿐만 아니라 그들의 작품을 접한 뒤에 느낄 수 있는 감흥과 향수를 통해서도 일상 속의 예술경험이 가능하도록 해준다.

존듀이는 교육자의 역할이 교육적 체계 속에서 배우는 사람의 반응을 자극하고 방향을 제시해 줌으로 학생들이 가장 가능하고 확실한 결과를 낳도록 하기 위한 자극을 조절하는 것으로 본다. 또한 학교에서의 춤교육도 창조를 위한 과정에서의 노력을 포함하는 이념을 지니므로 교육과정속 중요한 경험이 된다.

춤창작에서 경험이란 매우 중요하다. 어떤 주제이든 경험에서 비롯된 신체적 움직임을 통해 창작된다. 인간은 태어나면서부터 무엇인가를 표현하려 하고 창작하려 한다. 춤교육은 움직임의 예술로서 학생들로 하여금 신체를 통해 감동을 창조할 수 있는 기회를 부여한다. 춤은 신체로서 표현이 나올 수 있는 근거를 마련해 주는 경험을 지녔다.[260] 춤에서 경험이 단절되어 있는 표현은 그저 형식에 치우치고 춤 예술 교육으로는 무의미하다. 따라서 존듀이의 교육 사상처럼 춤의 바람직한 교육을 위해 학생들의 경험에 의한 독창력 있는 생각들에 의미를 부여하여야 한다. 춤의 요소들의 상호작용과 긴밀한 협력관계는 표현의 계기를 더 높이게 된다.

존듀이가 말한 지식의 넓은 의미는 정신과 신체를 통한 경험이듯이, 춤이 지니는 움직임은 신체를 넘어 경험을 통합한 커다란 지식이 된다. 춤에서 지속되는 연습을 통해 춤교육의 성장을 지켜볼 수 있으며 이는 곧 교육적 성장을 의미한다. 이로서 춤은 표현과정의 극대화를 이룰 수 있는 창작능력 배양에 큰 역할을 할 수 있다.

(4) 마틴부버(Martin Buber)

인간을 고립된 실존으로 보는 키에르 케고르나 샤르트르와 같은 실존주의자들과는 달리 부버는 인간의 관계에서 그 본질을 파악하고자 하였다. 즉 인간은 결코 혼자 실존하는 것이 아닌 항상 다른 인격과의 관계 속에서 사회적으로 실존한다고 보는 것이다. 이 같은 관계는 하나의 인격과 다른 하나의 인격사이의 관계, 즉 '나'와 '너' 사이에서 이루어진다고 여겼다.

이러한 부버의 나-너(I-Thou) 관계는 그의 핵심사상으로 하시디즘의 영향을 받았다. 부버는 어린 시절 아버지의 농장에서 하시딕 공동체(Hasidic community)의 안식일 행사에 참석하곤 하였다. 그때의 공동체 정신은 부버를 사로잡았다. 하시디즘은 하시드(Hasid)의 기원을 가지며 창조에 대한 신의 자애를 가리킴과 동시에 신과 이웃을 향해 개방된 헌신과 사랑을 뜻한다. 부버는 "하시딤은 살아 숨쉬는 휴머니티가 있는 진정한 공동체였다."[261]고 말년에 회고한 바 있다.

하시디즘은 실천적 삶 자체를 중요시 하며 인간의 궁극적 목적은 신과의 만남이라 본다. 진정한 신을 동경하는 자는 세계의 모든 사물 속에서 신의 능력과 사랑을 보게 된다. 부버는 하시디즘 근본정신의 신과 인간과 세계의 상호 관계 속에서 나와 너(I-Thou)사상을 성립시켰다.

철학자 부버(Martin Buber, 1878-1965)는 현대사회에서 고도의 기술혁명에 의한 인간의 기계화, 비인간화, 자기상실의 원인을 'I-you(나와 너 : 인격적 관계)'의 관계영역을 침범한 'I-It(나와 그것 : 이해관계, 소유관계, 목적과 수단의 관계)'과 그 관계 영역 속으로 스스로 몰락해버린 인간 자신에게 있다고 강조하였다.[262] 부버는 나와 너(I-Thou)와 나와 그것(I-It)의 관계를 통해 주체적인 인간 실존을 중시하며 '세계-내-존재'로서 다른 세계와의 관계를 지각을 통하여 인지한다.

부버는 모든 개인은 저마다 독특성을 지니고 있고, 이러한 독특성은 개별화의 전제조건이라 생각한다. 인간교육은 각 개인이 지닌 독특성의 실현이라고 보았으며 동시에 인간은 누구나 독특성을 지니고 있다는 점에서 모두 동등하다고 여겼다.

또한 부버는 "교육의 관계는 하나의 순수한 대화다."[263]라 하였듯이 인간이란 관계를 통해 그의 실존을 형성해 나가는 창조자로 파악하고 '대화'는 그 중요한 모체라고 보았다. 교사와 학생의 관계는 대화를 통해 인격적인 만남이 가능하게 된다. 그것은 곧 자아의 발견을 위한 상황이다. 그러므로 '나-너'의 관계는 인격적 대화의 관계가 된다.[264]

부버는 1954년 발간된 그의 저서 'Between Man and Man'에서 '현실성'은 아동을 무한한 가능성과 창조성을 지닌 하나의 현실로 보아 무궁무진한 샘물처럼 솟아오르는 가능성이 있는 것이라 했다. 전인교육이란 아동 속에 감추어져 있는 다양한 능력들을 계발하여 주는 것을 말한다. '세계 자체가 하나의 교육장'이란 생각은 개인과 인격을 형성시키는 것은 자연과 사회이며 환경은 인간을 교육하므로 결국 세계는 교사라는 것을 의미한다. '포용성'은 두 사람의 관계에서 한 사람이 자기의 활동에서 느낀 것을 상대편도 동시에 체험하게 되는 대화적 관계로 보았다. 부버는 교육은 인간에 의한 인간 자신의 교육이고 교육자는 모든 상대를 체험하는 포용을 강조하였다. 마지막으로 '성격교육'은 인간을 파악하는 두 가지 측면을 인격과 성격으로 보았다. 인격은 인간의 내부에서 인간을 지배하는 고유성을 띤 정신적, 육체적인 형태를 말하며, 성격은 "개인적 존재의 통일성과 그가 취하는 행위와 태도의 결과 사이에서 맺어지는 한 연관성을 의미"한다.[265] 부버는 이러한 인격교육을 성공적으로 이끌기 위해서는 교사에게 겸손과 자각이 필요하다고 제시하였다.

부버는 '인간과 인간의 위대하고 풍부한 관계는 통일적이고 응답이 가능한 인격과 인격 사이에만 존재할 수 있다.'고 말하며, 참다운 인격은 공동체를 위한 교육이어야 한다고 말한다. '나'와 '너' 관계에서 영원한 생명을 느끼고, 또한

〈나-너〉관계에서 '나'는 '너'와 더불어 현실에 참여하게 되고, '너'와의 접촉을 통하여 나의 인격이 나타난다. 그러므로 인간의 진정한 관계는 인격체들과의 상호관계에서만 존재하며 인간 교육 또한 공동체 안에서 비로소 가능하게 된다. 부버는 〈나-너〉관계에 근원을 둔 공동체의 개념을 제시한다. 〈나-너〉의 관계에서 진정한 대화를 이루는 인격 공동체를 진정한 사회로 보았다.[266)]

부버는 인간생활에 있어 공동체와 집단은 다르다고 여겼다. 공동체는 나와 너의 인격적인 상호관계로부터 발생하고 집단은 나와 너의 관계를 알지 못하는 인간 단위의 집결로써 이해된다. 공동체는 상호 대항적인 생활체 속에서 인격성이 증가하고 확립되는데서 성립하며, 집단은 인격성의 조직적 쇠퇴에 근거하여 성립한다. "공동체는 나란히 하는 것이 아니라 '함께'하는 것으로 진정한 교육은 순수한 인간 공동체를 가능하게 하는 힘"이라는 것이다. 부버의 공동체 개념은 나와 너의 관계에 근원을 두고 하나의 유기적 순수 인간존재의 공동사회, 그것이었다.[267)] 그는 그것의 형성을 위하여 교육의 필요성을 제기한다.

부버는 예술의 기원에 관한 문제에 대해 단지 인간의 정신적인 것만이 아니라 인간 전체에 다 적용되어야 한다고 하였고 완전한 인격체라는 것은 육체와 정신의 조화로 이루어져야 한다고 했다. 예술은 자연적 실체도 아니고, 정신적 실체도 아니며, 인간의 본질과 사물의 본질 사이의 '관계'에 대한 지속과 결과로[268)] 여겼다.

부버의 개념과 사상은 그의 저서 〈Daniel : Discourses about Realization〉에 살펴볼 수 있다. 그는 인간의 형태를 깨달음으로서 삶을 추구하는 자아실현의 인간이 되어야 한다고 했다. 깨달음의 힘은 창조적 자각의 완전한 힘을 소유하고 있기에 실재적 경험 또한 창조해 나간다. 창조에 모든 것을 헌신하는 인간은 가장 위대한 이상가로 볼 수 있다고 여기며 깨달음의 '변혁'과 지도되는 인간의 '지속'이 조화를 이루어야만 참된 발전이 이루어진다고 주장하였다.[269)]

부버의 〈나와 너〉를 통한 교사와 학생의 관계는 교사가 학생을 '너'라고 부를 수 있고 학생 또한 교사를 '너'라고 부를 수 있는데서 비롯한다. 신뢰와 개방의 모험 없이는 훌륭한 교육적 성과를 기대할 수 없고,[270] 교사는 정직하고 성실한 자세로 학생들의 삶에 참여하고 자신을 개방해야만 한다. 그러므로 진리 탐구에 있어 교사와 학생의 관계는 우열의 상하 관계가 아니라 동등한 탐구자로서의 관계[271]를 갖는다고 하였다. 부버는 이 세상의 참된 관계란 개별화에 근거하며, 창조활동은 개별화를 통하여 '나'가 '너'와 다름을 알게 되며 타자성을 인정하게 된다. 따라서 교사가 타자성을 인정할 때 비로소 학생과 대화적 관계가 성립된다고 여겼다. 부버는 참된 교육이 이루어지기 위한 조건으로 교사와 학생간의 참된 관계를 인간화 교육의 가장 주된 핵심으로 여기며 이는 그가 주장한 '나와 너의 관계(I-Thou Relationship)'속에 함축되어 있다

부버의 '나-그것(I-It)'의 관계는 경험과 이용의 세계로서 인간 생활에서는 필수불가결한 것이다. 부버(Buber)는 "그것(It) 없이 인간은 살 수 없다. 그러나 그것(It) 만을 가지고 사는 인간은 인간이 아니다."고 말한다. 즉 인간의 세계는 과학과 분석, 응용에 의해서 발전하고 문명화되어 가지만, 그것(It)의 영역을 너무 확대하게 되면 인간의 관계능력은 오히려 감소된다는 것을 강조한다.[272]

인간의 세계에 대한 관계구조인 '나-그것'의 일반적인 속성들로는 경험과 이용, 주관과 객관, 간접성을 들 수 있다. 이것들은 부버에 의해 제시된 요소들이다.[273] '나-그것'은 경험적인 세계로 관객이 타자로서 춤꾼의 연기에 공감하거나 교류하지 못하고, 단지 옳고 그름을 판단하는 심판자일 때 둘의 관계는 단지 수단적 혹은 도구적 관계가 되는 것을 의미한다. 부버에 의하면 '나-그것'의 관계 성격은 첫째, 경험과 이용이다. 나와 맞선 대상이 어떠한 것이든 상관없이 경험과 이용이 수반된다. 경험은 계속적으로 세계를 재구성하고 이용은 세계를 그의 다양한 목적에 이끌어 간다. 이 경험을 통해 인간의 생활은 유지되고 구제

되고 치장된다. '그것' 세계의 외부적 성장에 비례하여 그것을 이용하고 경험하는 능력도 성장한다.[274]

부버가 역점을 두었던 사상적 기반은 인본주의적 시각에서의 인간교류와 소통의 문제였다. 개인과 개인 또는 개인과 집단 간의 원초적인 만남의 기반은 인간 실존이라는 인격간의 진정한 만남의 장 속에서 이루어 질 수 있다는 것이 그의 사상적 근간이다. 이는 인간 교육의 핵심적 영역으로서 기능하고 있는 춤교육에도 중요한 지침이 된다. 특별히 신체를 매체로 하여 이루어지는 춤에서 신체는 만남과 교류의 원천적 수단으로서 작용한다.

쉬츠(Sheets)의 지적처럼, 춤꾼은 그 교류의 움직임 속에서 타인과의 대화를 통해 자기 이해에 도달하는 것이다.[275] 따라서 '나－너'라는 관계 속에서 바라보는 춤이라는 것은 단지 대상적 차원에서 신체의 기술만을 추구하는 것이 아닌 자아의 자각과 타자의 수용, 인식이 교차하며 고유한 수행의 의미가 상호 축적되는 인간화 작업의 터전이 된다.

수업에서는 서로간의 상호적인 의사소통이 필요한 학생들에게 공동체 의식 혹은 집단의식을 높여 느낌을 공유할 수 있는 기회를 제공한다. 부버는 "참다운 대화를 위해 교사와 학생, 학생과 학생의 관계가 동등한 위치에서 이루어지는 눈높이 교육이야말로 인간주의적 교육 실현의 밑거름"[276]이라 하였다.

마틴 부버의 나－너(I-Thou Relationship)관계는 춤교육의 교육적 방법이나 가치, 목적, 목표 등을 새롭게 전환할 수 있는 시사점을 제공하고 있다.

실존주의 철학이 주체적인 인간 실존을 중시하고 '세계－내－존재'로서 다른 세계와의 관계를 지각을 통하여 자유로운 철학적 사고를 허용하듯 안무자, 춤꾼, 관객의 관계는 서로 다른 개체이면서 주체이고, 춤을 추는 공연장은 서로의 커뮤니케이션의 장이 되고 이를 통해 각자 나눔의 주체적 경험으로서 인식하게 된다.[277]

춤교육은 단순히 공연만을 다루는 것이 아닌 인간과 인간의 만남을 위한 장을 제공하는 공연까지 포함해야 하며, 연습을 위한 만남이 꾸준히 수행되어야만 인간 교육의 장이 될 수 있다. 여기서 춤은 실존주의의 교육사상을 적용시킴으로서 교육적 의미를 되새기고 개선하는 역할을 담당할 수 있다.

결국 춤은 실존사상을 통해 움직임과 공간 그리고 체험하는 주관적 시간을 발견하였다. 이는 지각에 의해 실제세계를 의식하고 체험할 수 있으며 그동안 관념에서 보는 춤에서 벗어나 춤 자체의 구체적인 모습을 체험하는 것이다. 이를 통해 춤은 주관적 의식이 지니는 새로운 의의를 실존사상에서 찾게 되었다. 실존사상을 통해 이성적 사유에서 벗어나 세계의 생생한 자체적 모습을 찾게 된 춤교육은 지각으로 세계를 볼 수 있는 실존적 세계로의 본질을 구현하게 된다. 결론적으로 인간은 움직임과 공간에 대한 체험의 환원을 재발견하고 춤의 구체적 탐구의 강조를 통해 신체의 지각적 한계의 범위를 확장시켰다.[278]

2. 춤 교육사상 Ⅱ

(1) 루돌프 본 라반(Rudolf V. Laban)

루돌프 본 라반(1879~1958)의 춤 경험은 다양하고 폭 넓은 영역으로 그의 이론적 관찰을 가능케 하였다. 그의 제자와 동료는 라반과의 협력으로 움직임과 춤 이론 체계를 구축하였다. 20세기의 어느 것보다 뛰어난 라반의 표기체계는 쿠르트 요스(kurt Joose)와 시거드 리더(sigurd Leeder)에 의해 발전되었다.[279] 라반은 구체적이고, 실질적이며, 경험적인 방법을 통해 집요하게 연구한 결과 춤의 과학적

운동이론을 확립하였다.[280]

1879년 체코슬로바키아의 브라리스타나에서 태어난 라반은 유년시절 자연 속의 대화를 즐겼으며, 부친을 통해 움직임에 대한 창조적인 생명력에 관심을 갖게 되었다. 라반 부친의 군인생활은 라반에게 군인교육의 영향을 미쳤으며, 군대의 절대적인 동작들인 '전체 질서'가 그의 창조적인 역량에 영향력을 미쳤다. 라반은 성장하여 군사학교에 입학하였으나 자신의 관심이 예술임을 깨닫고 21세 때 공부하기 위해 파리로 떠났다. 라반이 춤예술에 눈을 뜨기 시작한 것은 16세 때였는데, 그 결정적 계기는 「움직이는 그림」 속에서 인간의 의지와 감정에 대한 표현이 숨겨져 있음을 발견한 것이었다.[281]

라반의 춤연구는 이론적 관찰과 함께 연구결과를 가진다는 특징이 있다. 그는 자신이 분석하고 있는 주제에 방법인 'how'를 포함한다. 또한 라반의 이론은 춤교육, 춤의 움직임, 치료, 민속학, 춤 구성 등의 개념을 통해 실제를 설명하고 그것을 발전시키는 힘을 지니게 되는데 이것이 라반이 말하고 있는 춤의 이론적 개념화이다. 라반은 『현대교육의 춤』에서 발레, 팬터마임, 연극, 영화 속의 춤, 사교춤, 종족 춤, 볼룸댄스, 게임, 가면무도회, 여흥, 의식과제 연설의 일부분, 그리고 노동의 움직임 등의 모든 신체활동에 필요한 광범위한 기술로서의 춤 이론에 대한 필요성을 주장했다. 그는 "여가 시간의 행위에서 움직임의 조화는 내면의 자유와 활기를 보여주는 몇 가지 주요 특징의 하나이다."[282]라고 생각하였다. 나아가 그는 움직임은 강력한 마음상태를 그려내는 자율적인 힘을 지닌다고 보았다.

라반은 왜 춤추는가에 대한 의문을 시작으로 움직임이 삶을 결속시키며 '함(Doing)은 일상적인 욕구충족과 노동을 하는 것이라고 본다. 라반은 '함(Doing)과 춤(Dancing)'을 인간의 두 가지 삶의 기본적 특징으로 규정한다. 함(Doing)은 목적이고 실제적 목표가 추구되는 중요한 모든 행위이다. 춤은 어떤 실제적 목표를 결여한 것처럼 보일지라도 실제적 삶의 보존에 불필요한 것은 아니다. 함(Doing)과 춤(Dancing)은 신체내의 공통적 도구를 가지며 사상과 감정에 의해 지도되는 움직임 과정 속에서 하나의 공통적 매개를 가진다.[283)]고 여겼다.

그는 "우리는 자신을 신체 세포작용이나 일상의 주위 환경의 작용에서 나타나는 반응과 동일한 과학적인 방식으로 신체세포가 조화의 경향을 지니고 있음을 관찰할 수 없다. 우리는 이러한 경향을 춤(Dancing)을 행하는 함(Doing)의 즐거움과 모든 노동의 함(Doing)에서 근육들이 유익한 방향으로 흐르는 것을 느낄 수 있다."[284)]고 하였다.

라반의 세포 활동적 이해는 생리학과 미생물학의 지식으로부터 나왔으며 그는 춤이 사회적 활동뿐만 아니라 먹고 자고 일하는 것처럼 인간의 근본적인 활동이라 여긴다.

라반은 신체 움직임을 기록하는 방법을 발견하였다는 점에서 춤 연구에 기여한 바가 크다. 그는 신체의 기동성과 조정관계를 위해 신체를 크레인과 운전사로 비유하여 보았다. 크레인과 운전사는 의식이든 무의식이든 하나의 단위로 정신적 행위와 신체행위를 따르며 신체는 정신을 지휘하는 운전자 없이는 움직일 수 없고, 정신은 신체 없이 아무 것도 성취할 수 없다고 비유하였다.[285)] 라반 역시 심신 이원론에 대해서는 "잘못된 이원론을 탈피할 때 정신적 우월성의 맹신에서 벗어날 수 있다."[286)]고 언급하였다.

라반은 콜링우드의 견해와 일치하여 체중의 이동, 신체 어떤 부분의 제스처로 야기되는 일상적인 움직임도 인간내면의 삶의 측면을 드러내고 있다고 주장한다.[287)] 그는 무게, 시간, 공간 그리고 흐름을 움직임의 요소로 보고 움직이는 사람이 이 요소에 가볍게, 무겁게, 힘껏 내리치는 것에 따라 개인적 특성이 나타난다고 하였다. 움직임의 역동적 변화는 위의 요소들과 함께 분석되고 기술되고 조절되어진다. 라반의 움직임의 분류에 가장 중심적인 것은 움직임의 역동성에 대한 연구이다. 라반은 무게를 다른 요소로 첨가하였고 힘을 유동(flux) 또는 흐름(flow)이라고 불렀다. 이러한 작용력을 '에포트'(effort)로 불렀다. 에포트는 움직임에 있어 내면의 욕구와 외면적으로 드러난 움직임 간의 연결이 되는 것이다.

라반은 "춤꾼들은 자신을 위해 춤추고 때론 다른 사람과 함께, 가끔은 남을 위해 춤춘다. 후자의 경우가 전문 춤꾼이다."[288]라고 여겼다. 라반에게 있어 춤꾼은 사교춤이나 종족 춤을 추는 모든 사람을 포함하고 있다.

『현대 교육 춤』에서 라반은 자유로운 춤 테크닉을 규정 없는 스타일로 정의한다. 테크닉의 연마는 춤꾼의 '에포트'에 따른 표현성을 증대시키고 움직임을 무게, 시간, 공간, 흐름 그리고 체중에서 탐구하는 것에 기초해야 한다고 주장한다. 그는 학생과 선생이 가능한 폭넓은 움직임의 영역을 발견하도록 16가지 기초 움직임의 주제와 '자유로운 춤 테크닉의 기초'[289]를 제안했다.

왜 사람은 춤을 만들까? 라반은 진보된 영감이 움직임, 즉 즉흥으로부터 혹은 자신의 마음으로부터 나온다고 주장한다. 공연자의 에포트는 관객이 공연에 반응하는 것에 영향을 미친다. 라반이 행동욕구(Action Drives)라고 부르는 에포트의 변화는 단지 보이고 들려지는 것 이상으로 관객들에 의해 운동 감각으로 이해되어 공연자 내면의 메시지의 힘을 전달한다.

라반에 의하면 춤 공연 분석은 공연자와 관객의 관점을 통합한다. 그는 춤 예술을 표현을 위한 것과 여흥을 위한 것을 나누고, 문화적 움직임을 배우는 춤 교육과 춤 연구, 그리고 인간 노력이 관계 맺는 춤 학문을 언급하였다.[290] 그는 종족 춤과 국가적 춤도 사회의 특징적 에포트 형태의 축적된 반복을 통해 창조된다고 믿었다. 그는 교육을 통해 아이들은 선조들의 기질, 관습, 예배 및 종교적인 의식에 관해 배우게 된다고 했다. 이 과정에서 춤은 즐거움을 주는 보조수단이며 의례적 행사에 풍부함을 부여한다. 볼룸댄스, 컨트리 댄스(country dance)

그리고 종족 춤 등도 사교 및 여가 목적을 위해 즐겁게 추어진다. 이러한 춤들은 그들 사회의 문화적 가치를 추구하고 움직임의 현재 지위를 반영하는 것이다. 라반에 의하면 오늘날 사교춤은 별로 상징적인지 못한 스텝들로 이루어져 기계적이고 반복적인 현대가 움직임 예술을 높이 평가하지 않음을 암시하고 있다. 라반에 있어 춤의 움직임은 삶에 기초적이다. 춤추는 행위 즉, 행하는 함(Doing)에 대해 근원적인 평형을 이루는 경험이며 공동체와 결속시켜준다. 그 결속은 수단으로서 보편적이고 지속적이며 어느 춤이나 지니고 있다고 라반은 주장한다.[291)]

라반의 에포트(effort)의 전이는 세 종류로 나뉘는데 첫째, 한 가지 동작 요소만이 점차로 변화하여 자연스럽게 이전하는 점진적 변화이다. 둘째, 두 가지 동작요소가 동시에 변화하는 다소 빠른 변화 셋째, 세 가지 동작 요소가 동시에 변화하여 대조적인 에포트 동작으로 빠르게 이전하는 갑작스러운 변화이다. 이들은 중요한 움직임을 구성하고 무게, 시간, 공간, 흐름의 사용을 명확하게 해나간다. 이는 하나의 중심적 움직임에서 다른 움직임으로 이어진다는 것으로 기술적 전이가 이루어진다는 것을 의미한다. 춤에서는 이 흐름의 요소들이 계속적으로 존재하면서 에포트로서 혼합[292)]된다. 동작은 생활의 본질이며, 모든 표현 즉 이야기하기, 쓰기, 노래 부르기, 그림그리기, 춤추기 등이 동작을 매개체로 사용하고 있음을 깨달을 때, 우리는 내부 생존 에너지의 외적 표현을 이해하는데 대한 동작의 중요성을 인정하지 않을 수 없다. 이는 에포트(Effort) 연구를 통해서만 이루어질 수 있다.

동작이라는 것은 인간생활에서 가장 기본적인 경험이다. 생리학적으로 볼 때 이는 아주 명백한 사실이며,[293)] 이것은 실제로 하나의 사실에 있어 신체적인 것과 심리적인 것에 대한 관점의 차이에서 오는 결과에 불과하다. 신체와 정신이 밀접하게 결합됐다는 측면을 고려할 때, 동작은 언어 이전의 표현형태의 요구

로 인류 보편의 언어 세계에 대한 도구로 나타난다.[294)]

라반 움직임의 4가지 물리적 요소, 무게(weight), 시간(timing), 공간(space), 흐름(flow)은 역학적인 관계에 있다. 무게(weight)는 위치의 변화, 평형상태 유지 필요의 에너지, 근력의 정도에 대한 이해가 필요하며,[295)] 시간(timing)은 춤이 공간을 메우기 위해 에너지로 사용된다. 공간(space)은 춤의 움직임을 통해 플러스(Plus)을 만들어 가는 과정으로 라반은 공간 사용에 있어서 몸에 미치는 공간과 몸에 미치지 못하는 공간으로 나누고 이를 역동적 공간(Kine space)과 일반적 공간(General space)이라 불렀다. 흐름(flow)은 내적 동작의 리듬으로써 공간, 시간, 무게의 동작 요소들을 다 포함하며 몸의 다른 부분과 연결되어 지속성을 대변하는 운동의 요인이 된다.[296)]

라반은 내적 충동인 에포트를 '인간의 내적 태도와 충동의 시각적 상징'으로 설명하였다. 라반의 이론 속 에포트(Effort)의 중요성은 내면적 충동이나 요구에 의하여 솟아나는 에너지를 움직임에 반영되도록 한[297)]점에 있다.

라반의 춤 표기법 즉, 라반로테이션(Labanotation)은 1928년 세상에 발표[298)]되었다. 20세기의 라반, 피에르 콩테, 루돌프 베네쉬, 노아 에시콜은 4대 무보법을 만든 사람들이며, 이 안에서 라반의 무보표기체계는 움직임 교육을 위한 귀중한 수단으로 인정받았다.

라반 표기법의 기호들은 고정된 형태들의 변형체들 간의 차이점뿐만 아니라 움직임의 기본 요소들 간의 차이점들을 명확히 하는데 도움이 된다. 흉내를 통해 움직임을 학습하는 방법은 현재의 움직임을 관찰자가 이해하는데 있어 한계가 있다. 라반 표기법은 각 나이에 따라서, 학업수준에 따라서 지식을 습득할 수 있도록 하는 보조 수단이 될 수 있다.[299)]

표기법에서는 기본적 동작들에 의한 일련의 틀에 박힌 패턴들을 학습하는 것만으로는 충분하지 않다. 어떤 동작의 골격의 틀, 움직임 상의 느낌 등의 기록은 중요하다. 이것은 특정 안무들의 유형들을 공부할 때 필요하며 기본 움직임에서 주제를 개발하고 창작의 자유를 필요로 할 때도 중요하게 쓰인다.

춤에서 움직임 관찰에 대한 주의 깊은 훈련은 필수적이다. 움직임의 요소들은 기호화됨으로서 춤의 수많은 형태의 패턴들을 이해할 수 있게 된다. 춤에서 유사성과 차이점들을 재빨리 파악하는 것은 학습에 필수적이며, 움직임 연구를 위한 기록은 춤들의 비교를 가능하게 한다. 이를 통해 춤의 평가와 춤에 대한 근거를 살펴볼 수 있기 때문이다.[300]

춤을 종이에 기록한 무보법은 춤의 표기법으로 움직임을 기호화시킨 것이며 움직임을 형체(shape)와 작용력(Effort)으로 구분한다. 라반은 신체 주요부위의 움직임을 수직의 보표 상에서 동작선으로 표시하며 나타낸다. 이는 보샹-훼이예의 무보법에 근거하는 것으로 세로줄을 세워 신체의 중심을 삼는다. 그는 공간상에서 각 방향들이 중심점-공간상의 중심으로부터 펼쳐 나아간다. 그리고 시간, 공간, 무게, 흐름의 움직임 4요소를 분석하여 기록하며 머리, 가슴, 무릎, 팔, 다리, 손발을 기호를 통해 그 움직임을 세밀하고 정확하게 기록한다. 라반표기법의 제자리는 직사각형으로 표시한다. 각 방향은 꼭지점들이 기준이 된다. 방향기호들은 이 기본 기호를 변형시켜서 만들며 지시하려는 방향을 시각적으로 나타낸다.

라반의 춤 무보법은 고도로 정확하고 세밀한 체계로 춤의 관점에서 기록한 것이다.[301] 라반이 개발한 움직임 표기법 체계는 시, 공간상에서의 신체의 모든 가능한 움직임을 생생하고 판독 가능한 형태로 기록할 수 있다. 그것이 라반표기체계가 가진 장점으로 보편적인 움직임에서 왔다.[302] 모든 형태의 움직임에서 왔으며 특히 중요한 장점은 네 가지 정보를 제공한다는 사실이다. 움직이는 신체의 부분, 방향과 높이, 움직임이 시작되는 순간과 움직임의 지속시간이 그것이다.

그의 움직임표기법은 일련의 그래픽 기호로 기술된 특정 움직임의 연기에 대한 안내자이며, 표기법을 위한 문자와 독해는 신체 움직임 흐름의 세부적 동작을 지시하는 기호에 대한 정확한 지식을 필연적으로 요구한다.[303]

기록된 춤에서는 신체의 어느 부위가 움직였으며 움직인 후의 그것의 위치는 어디인가를 보여줘야 한다. 그리고 각 동작이 취하는 정확한 시간을 기록해야 한다는 것 또한 사실이다. 그러나 이 모든 것은 춤의 핵심적 특징 즉 움직임의 흐름이 매우 상세하게 묘사되는 방식으로 이루어져야 한다.[304]

이 움직임의 흐름은 춤의 표현과 동적요소를 구성하고 움직이는 사람의 내적 상태에 대한 어떤 것을 밝힐 수 있게 자유롭게 결합될 수 있다.[305] 라반의 무보법은 본질적으로 새로운 체계이다. 동작을 연구하는 것은 춤의 기교뿐만 아니라 안무과정에서도 매우 중요한 것이며, 춤작품을 감상하는데 있어서도 필요한 것이다.[306]

라반의 무보 표기체계는 동작을 기본 언어로 성문화했으며, 가장 논리적이고 과학적인 구조로서 연속운동의 기록을 가능하게 하였다. 그는 춤 흐름의 형식을 만들어 교육자로서도 중요한 역할을 해왔다.

라반의 교육적 철학의 주요한 7가지 특성은 첫째, 인간의 삶에서 움직임의 중요성 둘째, 자연과 인간의 조화 셋째, 자연적 리듬 넷째, 우주와 인간의 창조적 영향 다섯째, 창조적 예술로서의 움직임 여섯째, 움직임, 에포트 그리고 의사전달 일곱째, 갈등으로 기술해 볼 수 있다.[307]

라반은 이러한 철학을 바탕으로 몸짓이론과 공간론, 감정과 이성의 문제, 춤의 감수성에 이르기까지 상세하고 치밀한 이론 체계를 제시하였다. 그는 또 긴장의 힘과 함께 육체의 이완에 의한 춤표현도 제창하였다.[308]

라반의 춤교육이론은 "춤이 우리들의 신체와 마음사이의 관계를 다룬 교육의 분야이며 다른 학과목에서 할 수 없는 중요한 교육적과제를 달성하는 것이다."[309]라는 춤의 가장 근본적인 목표를 제시한다. 춤의 근본적인 목표는 춤을

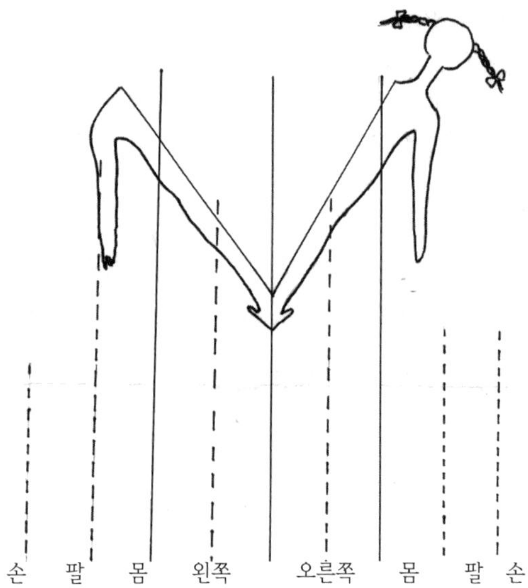
손
팔
몸
왼쪽
오른쪽
몸
팔
손

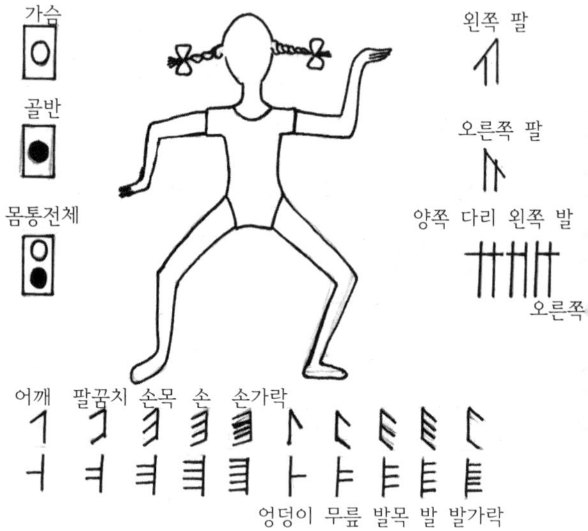
가슴
골반
몸통전체
왼쪽 팔
오른쪽 팔
양쪽 다리 왼쪽 발
오른쪽
어깨 팔꿈치 손목 손 손가락
엉덩이 무릎 발목 발 발가락

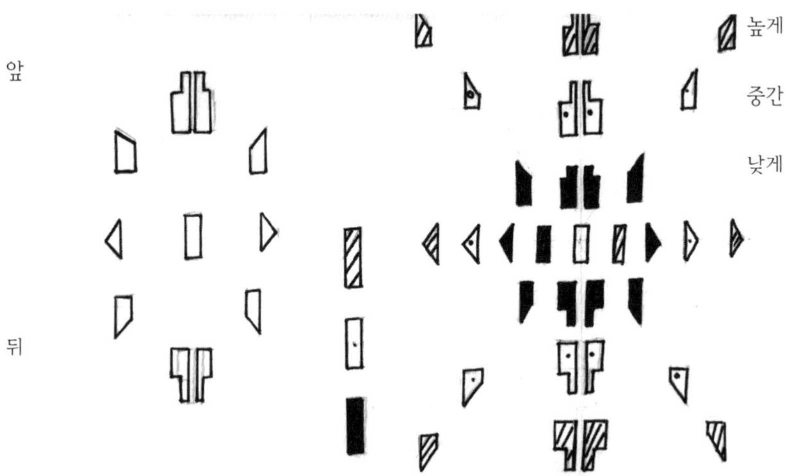
앞
뒤
높게
중간
낮게

낮게
중간
높게

그림 박지은

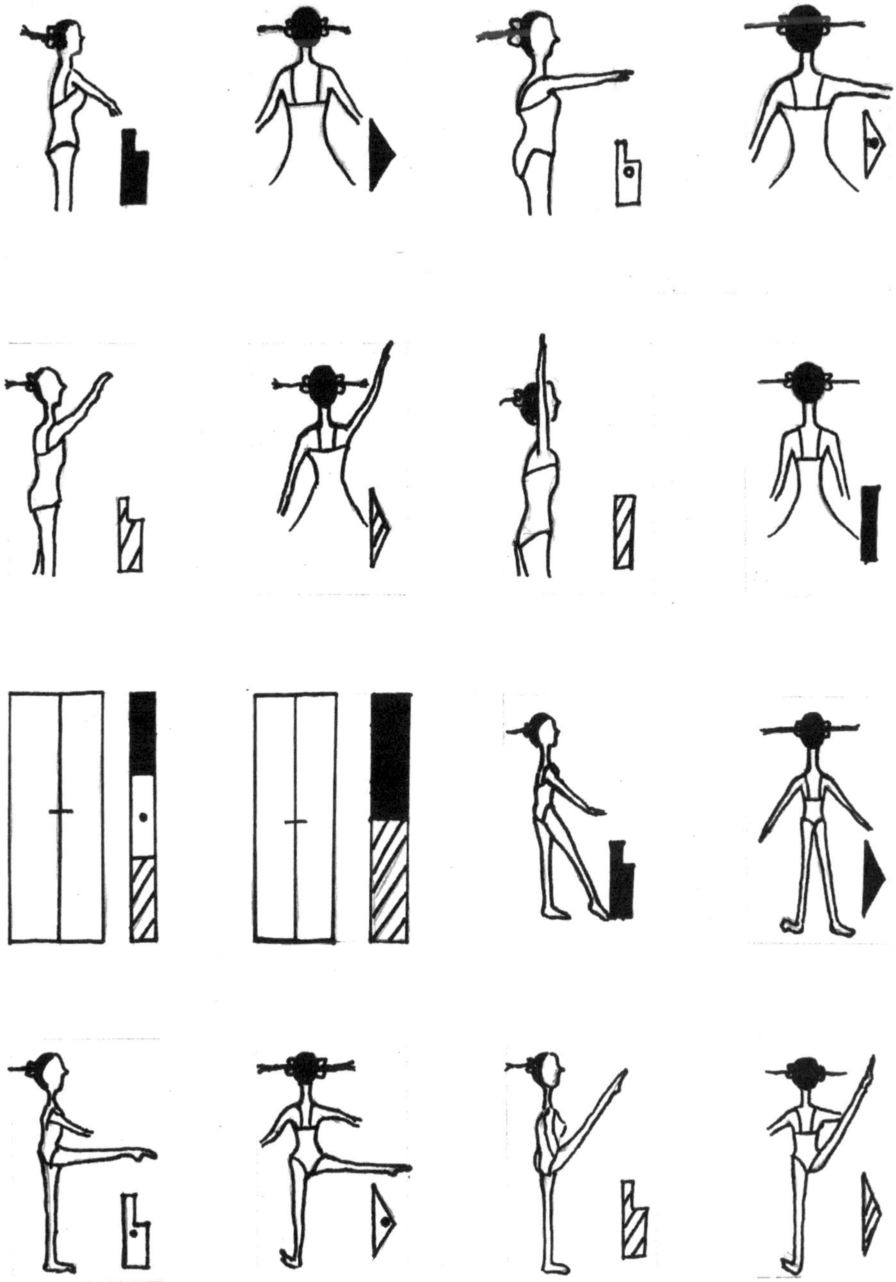

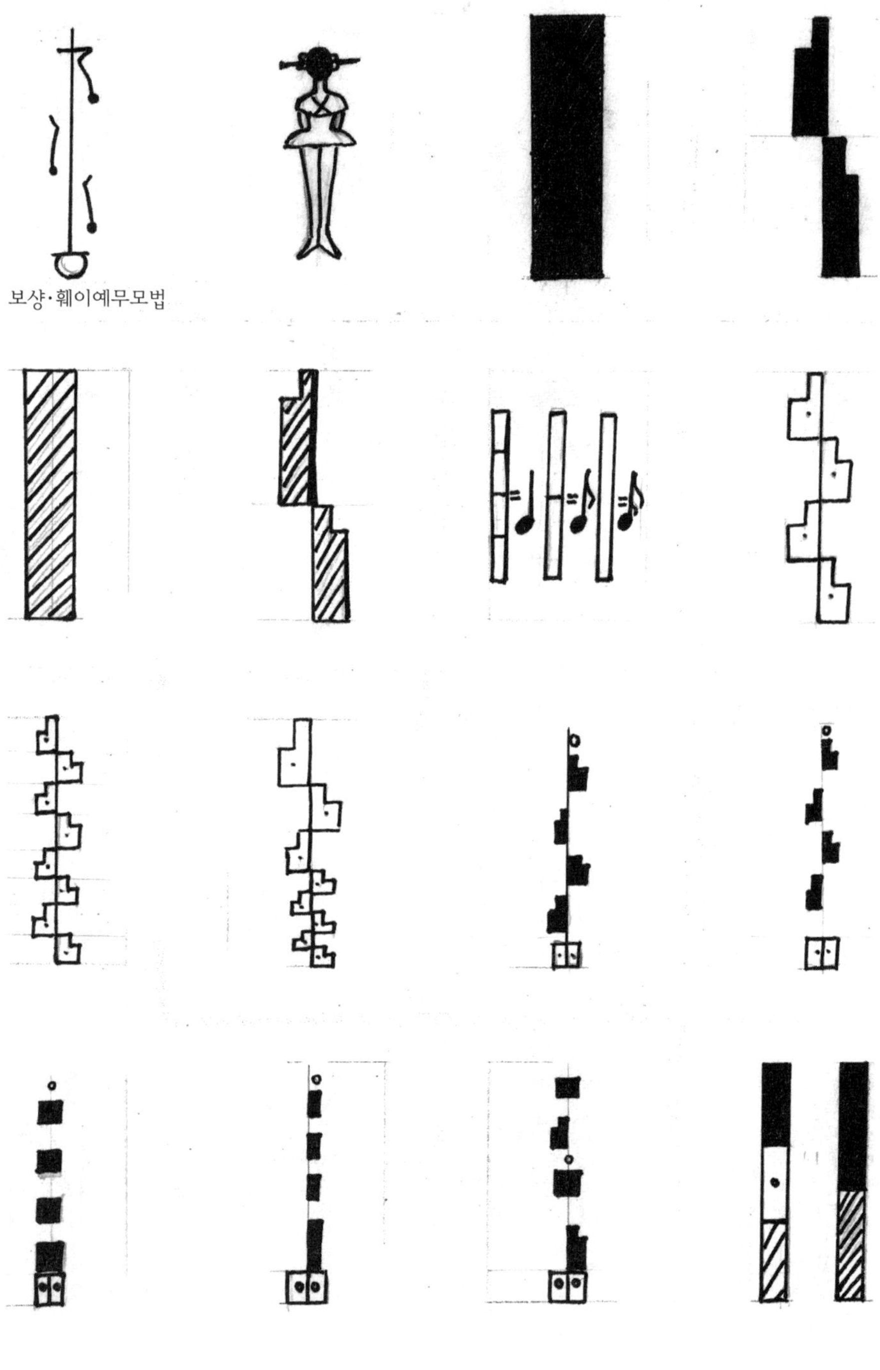

그림 박지은

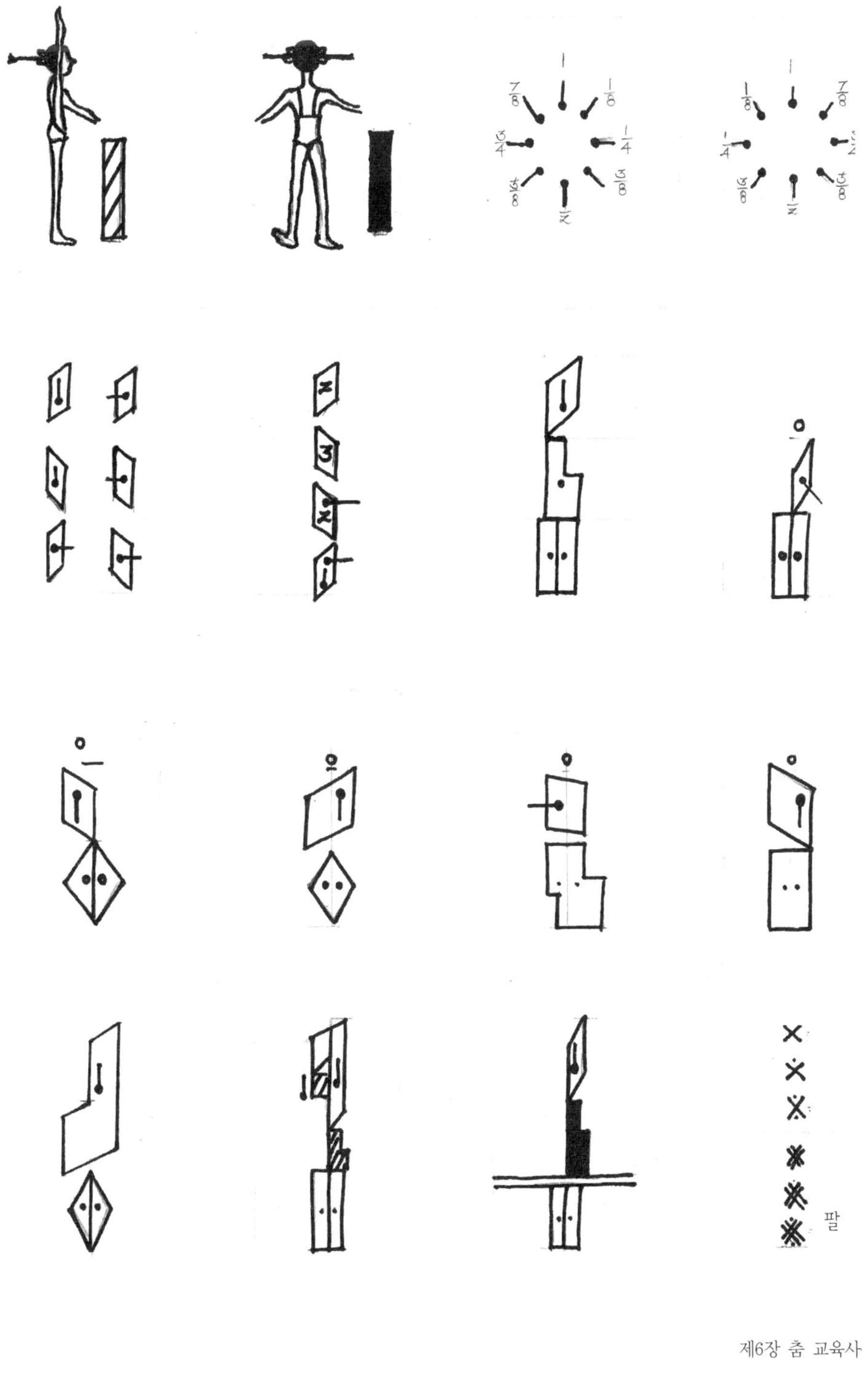
팔

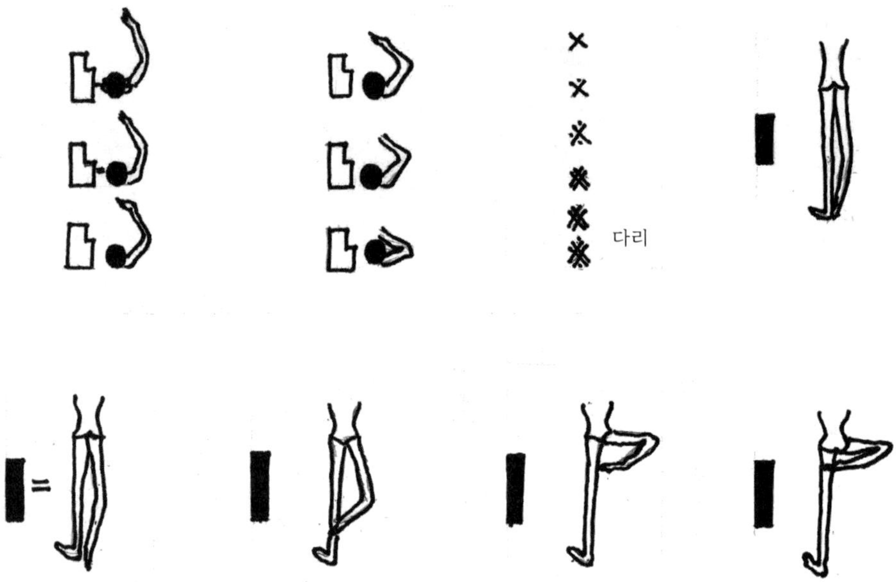

그림 박지은

통해 움직임의 흐름을 익힘으로 일상과 관련된 인간의 모든 움직임에 유연하게 대처할 수 있는 능력을 발달시키는 것이다. 또한 춤교육을 통하여 전인적인 발달을 도모하며, 춤의 창작체험을 통해서 새로운 미의 세계를 발견하고 창조력을 키워 삶의 질을 높여 나가는 교육적 가치를 목표로 한다.[310]

인간의 움직임을 객관성과 주관성으로 동시에 내포하고 객관성과 주관성의 의미를 문자나 기호로써 표현함으로써 춤꾼의 움직임의 의미를 보다 체계화 시킬 수 있었다는 점에서 라반의 동작분석 이론인 라반로테이션 즉, 춤 기보 표기법의 의의를 발견할 수 있다. 라반의 말처럼 춤은 학생에게 서로간의 의사소통에 다양한 도구를 제공함으로써 심화된 원만한 관계 형성을 갖게 한다. 또한 춤은 다른 예술의 형태와 함께 학생들로 하여금 그의 육체적, 정신적, 그리고 영적 특질을 하나의 창조행위로 통합시킬 기회를 제공한다.[311] 그러므로 라반의 교육사상이 움직임을 통한 무보의 표기체계를 넘어 인간의 움직임의 성장에 기여하였다는 점은 의심할 수 없다.

라반이 "학교에서 목표로 하는 것은 예술적인 완전함이나 창자 그리고 선풍을 일으키는 춤 공연이 아니라 창의적인 춤 활동이 학생들의 인성에 미치는 유익한 효과"[312]라고 말했듯이, 춤의 성장은 신체의 개발을 도우며 상상력을 자극하고 미를 개발하고 감성적인 성격에 깊이를 더해준다. 라반의 춤교육이론 방식은 교육에 있어서 필수적인 교육이론이 되었다.

(2) 마가렛 두블러(Margaret H'Doubler)

마가렛 두블러(Margaret H'Doubler)는 교육자이다. 그녀는 1921년, 1925년에 춤 교수법에 대한 두 권의 소책자에서 20세기초 인기를 끌었던 야외극을 위한 춤 창작에서 음악의 시각화(Music Visualization)를 사용하는 방법을 설명하였다.[313] 1940년에는 자신의 저서에서 춤을 음악과 분리된 하나의 독립된 예술형태로 파악하였다.[314] 그녀는 "춤을 과학적, 예술적으로 볼 수 있도록 도와주는 이론과 철학을 제시하기 위해서[315]『춤 : 창조적 예술경험』Dance : A creative Art Experience를 썼다"고 말했다.

두블러는 과학적 분석이 춤 예술의 이해와 창작을 도울 수 있다고 했다. 두블러의 주석이 담긴 참고 문헌 198항의 자료는 6개로 다음과 같이 나눌 수 있다.

① 미학분야, ② 춤과 춤꾼의 직접적 연관성, ③ 춤 대본, ④ 리듬, 음악, 춤 반주, ⑤ 기타, ⑥ 정기간행물

그녀의 주석에는 셀든과 마틴의 저서에 대한 긍정적인 견해도 포함되어 있다. 두블러는 비형식적인 학문 스타일 때문에 선호하는 철학자들의 용어를 사용하는 경우가 많았다고 주디스 안네 그레이(Judith Anne Gray)는 전한다.[316]

재료를 논할 때, 두블러는 생물학과 기능학에서 파생된 과학분석과 영적인 접근법을 혼합시킨다. 그녀는 사람들의 겉으로 드러난 인상의 이미지는 의미를 전달하는 매체로 성격의 외부가 드러나는 부분이어야 한다고 주장한다. 두블러는 각주에서 심신이원론에 대한 편견을 바로 잡아주고 있다. 두블러는 오감, 즉 촉각, 미각, 시각, 후각, 그리고 청각이 일반적으로 신체에 자극하는 방법임을 인정하면서도 운동감각의 역할을 강조한다. 이런 운동감각은 '정신'에게 움직임의 근육수축, 관절움직임, 힘줄의 긴장이라는 상태로 나타난다. 그녀는 정신과 신체라는 용어에 의존하지만 감각의 통합기능을 강조한다. 그리고 그녀는 운동감각이 내적 경험과 외적경험을 연결시키는 통로로 제공된다고 결론짓는다.[317]

두블러는 비계획적인 일상의 움직임을 춤의 원재료로 보고 내면의 감정상태를 표현적이고 의미 있는 춤 움직임의 씨앗이라고 본다. 그녀는 걷거나 뛰거나 도약하거나 미끄러지거나 하는 동작은 자연스러워야 하고 이것을 춤꾼들이 스타일 화하거나 형식화된 제스처나 행동으로 사용하지 않아야 함을 주장한다. 춤의 움직임은 보편적이고 일상적 신경활동의 변형이라 하면서 이러한 일상생활의 근원을 세부적으로 거론하고 다수의 움직임을 실질적인 예로 제시한다. 그리고 극과 극, 고도의 긴장, 혹은 완전한 이완 등의 에너지의 조정은 "특질"을 만들어내는 움직임을 지녔다고 본다. 유용한 특질은 흔들림, 충격, 지속성 또는 주저앉음과 연관된다.

두블러는 춤꾼과 관객의 민감함과 의식고조의 긴장 조성을 미적 경험과 춤 움직임에서 표현의 근거로 지적한다. 리듬을 춤 움직임과 일상생활 움직임으로 구분할 수 있는데 리듬을 일차적인 기초형태로 본다면 예술에서의 춤 인식은 운동감각의 기초영역으로 매우 중요하다고 할 수 있다. 그녀는 움직임이 의식적이고 미적인 도구로 사용될 때 그 표현의 움직임 전반을 예술이라고 주장한다. 그녀는 신체, 정신, 영혼을 연결시키는 심신이원론의 분석에 커다란 비중을 둔다.[318]

두블러는 춤꾼이 곧 안무자라는 관점을 지닌다. 즐거움의 움직임이 춤 예술을 창조하는 동기라 생각한다. 춤꾼의 운동신경의 예민함, 독특함, 개성, 그리고 일상생활 경험을 창의력의 근원으로 보고 일상 움직임을 조직적으로 연결하여 완성된 춤으로 변형시킨다고 한다.

두블러는 마틴과 함께 테크닉을 춤꾼에게 미적 경험을 구체화시키고 그것을 실행시킬 수 있는 가능성을 부여해주는 정신적이며 창의적이고 또한 신체적이며 기계적인 종합적 과정으로 여겼다. 테크닉은 해부학적, 생리학적, 그리고 심리학적 원칙을 따라야 한다.

먼저, 해부학적 요소는 운동 신경적 반응의 범위를 제한한다. 신체는 뻗기, 회전, 걷기, 뛰기, 도약 등의 기본적인 이동 동작이 가능하다. 이런 동작의 결합은 무수한 자세, 동작 그리고 행동을 가능케 한다. 움직임의 생리학적 결정요인은 정신-화학적 작용과 신경-근육 체계 등이다. 반작용과 조정할 수 있는 신체의 구조를 통해서 구체적인 기술이 분리 되고 그러기 위해서는 훈련이 필요하다. 정신적 도구는 심리학적 행동을 결정짓는다. 생리학적 결정요인은 오감의 인식과 생각, 느낌, 상상, 창조 등이다. 춤의 해부학적, 생리학적, 심리학적 3요소는 인종 및 가족적 유전이 영향을 미치고 이들은 상호 의존적이다

그녀는 셀든이나 마틴과 같이 춤 테크닉에 자연스러움을 초점으로 맞추고 반 발레적 관점을 반영한다. 두블러는 움직임의 순서가 춤이 된다고 여기고 춤을 포함한 모든 예술은 내면을 외적인 패턴으로 보여주고 싶은 인간의 기초적 욕구를 공동의 근원으로 지녔다고 본다.[319)]

두블러는 존듀이의 주장을 반복하여 어떤 형식에 있어서 내적인 경험과 외적인 경험의 통합이 가장 완전한 의미를 창출한다고 믿었다. 그녀는 춤 창작을 거미줄에 비유하고 전체 패턴은 내적 요인에서 시작되며 매체가 지지해주는 기둥(창작원칙)에 매달리는 구조로 가능하다고 하였다.

두블러는 자신의 저서가 춤교육의 교육학점 차원에 초점을 두고 있기 때문에 춤 공연에 따른 조명, 의상, 무대 디자인 등을 언급하지 않고 있다. 또한 그녀는 테크닉, 구성장치, 그리고 다른 예술을 통합하지만 즉흥은 언급하지 않았다. 왜냐하면 창조적 자발성은 균형을 축소시킨다고 보았기 때문이다. 정신이 충분히 반영되었는지 판단의 기준을 제시하지 않을 뿐 더러 춤을 평가하기 위한 지침을 제시하지 않았다.

그녀는 관찰자의 관점에서 훌륭한 예술은 관객이 그 예술의 표현적 특질을 어떻게 전달하고 있는지를 인식하는 여부에 따라 결정된다고 보았다.[320] 그녀는 오페라, 뮤지컬희극, 보드빌(단막극 희극)쇼, 나이트클럽 등에서의 단순한 유흥으로 여겨졌던 1900년대의 문화적 편견에 대응했다. 두블러는 셀든과 마틴처럼 춤 예술의 이중성을 인정하고 현대 춤은 유흥이 아니라 예술이라 주장했다.

두블러는 비평가와 관객의 차이는 춤에 대한 문화적 가치관 경험, 개인의 선호사항에 있다고 주장한다. 그녀에게 있어 춤의 관점은 사회적 배경을 지닌다. 종교 의식 배경은 춤의 감정을 고조시키고, 농촌에서는 사회적, 민족적 정체성을 보존해준다고 했으며, 극적 환경에서는 볼거리와 여가용은 지루함을 떨치게 해준다고 했다. 그녀는 과거 전문 춤 교사들이 종족 춤을 어떻게 볼룸과 극장 춤으로 변형하였는가를 설명하였다.

두블러의 수업 특성은 학생들이 춤을 스스로 깨달을 수 있는 경험을 체계화하는 방식으로서 나누어진다.

첫째, 신체 해부학적 기초지식의 응용이다.

춤교육자로서 두블러는 춤을 배우거나 출때 해부학의 중요성을 언급하며 신체의 기초에 초점을 맞추는 해부학적 관찰에서부터 시작한다. 두블러는 신체동작을 탐구하는 춤기술 수업에서 학생들 스스로가 자신의 신체를 통해서 동작의 원리와 감각을 깨달아 가는 능력을 가지게 하는 것을 중요점으로 삼았다.

둘째, 동작 리듬 구조의 활용이다.

두블러는 춤과 음악의 관계를 중요하게 여겨 수업에서 리듬에 관한 분석을 다루었다. 이러한 분석은 크고 작은 동작이나 빠르고 느린 동작의 대비 속에서 리듬을 발견할 수 있게 하며 동작을 반복함으로서 패턴을 발견해 낼 수 있다. 일련의 동작들을 분리해서 패턴을 발견해 내는 능력은 자신에게 깊이 박힌 인상에 의해서 간격에 대한 강약과 시간에 대한 차이를 발견하게 된다.[321)]

두블러는 동작 속의 리듬패턴을 박자와 결합하여 속기로 표시할 수 있는 체계를 만들었고 따라서 동작들은 그 간격의 길이를 셀 수 있는 수학적 관계가 만들어 졌다. 일상적인 동작의 주고받기, 앉았다 일어나기 등 다음 동작으로 연결해 주는 동작 등을 분석해 보면 신체의 근육과 신경활동 속에서 이루어지는 각각의 동작들은 길고 짧은 간격을 갖고 있고 이들은 다양한 시간과 힘을 내포하고 있음을 찾게 된다. 이러한 사실을 감지할 수 있는 능력은 개인적인 신체활동과 정신적인 동작의 질서와 통일성에 대한 인상으로 가능하다.[322)]

셋째, 창조적 요인의 활용이다.

춤은 아이디어, 형식, 그리고 동작 유형의 전반적인 동질성 또는 조화와 함께 표현하고자 하는 주제가 정신적 이미지를 따라 신체를 통해 내적인 의미가 드러나도록 구성되어야 한다. 내 · 외적인 요소들의 결합은 내용에 형식을 부여하는 것으로 춤작품은 내용과 형식의 통합체가 되어 의도하는 바를 명확하고 조화롭게 나타내어야 한다. 특히 주제를 나타내는 의미를 강화하는 형태로서 작품의 내용과 형식은 서로 영향을 주고 변화시키며 예술적 효과를 생성해 내는 완전체로의 통합이[323)] 필요하다.

넷째, 환경적 요인의 적용이다.

두블러의 춤 연습실 안에는 천으로 받침대를 감싼 의자 두 개의 조각상, 기하학적 모양으로 색칠된 전등갓과 꽃병이 놓여있고, 세 면의 벽에 길게 늘어뜨린 커튼은 그리스 실내장식으로서 그 당시의 춤 연습실로서는 획기적인 환경이었다. 춤 연습실의 커튼, 의자, 벽, 마루 등은 춤을 도와줄 수 있는 환경이 된다.[324] 커튼에 대한 사용은 미적인 정신을 창조하도록 도움을 주었고, 마음속에서부터 표출된 움직임을 탐구하여 새로운 동작을 개발하는 데 있어 학생들의 표현력을 향상시켜주는 역할을 했다. 그러므로 춤연습실의 커튼, 의자, 벽, 마루 등은 창작춤을 도와줄 수 있는 환경이 된다. 이러한 두블러의 교육적 특징은 당시의 춤의 지위를 향상시키는 진취적인 방법이었다.

두블러는 자신의 저서 『춤 : 창조적 예술경험』(Dance : A creative Art Experience)를 통해 기술과 표현에 대한 설명을 첨가시킨다. 기술은 인간의 경험을 표현 형식으로 변형시킨다.[325] 모든 예술작품은 목적에서 시작되어 기술을 통해 성장하므로 춤꾼의 표현하려는 정신에 반응하는 신체의 단련을 언급한다. 어떤 생각이나 감정 상태를 표현하든 신체를 통해 감지되고, 감정이나 정서의 중요성 그리고 근육운동을 유발하는 그들의 영향력을 간과해서는 안 된다. 그녀가 말하는 기술이란 운동 에너지와 정서적 요구 사이의 균형을 끊임 없이 재조정해 가는 능력을 말한다. 춤 기술은 춤꾼의 신경과 근육을 통해 작용하고 있는 예술의 본모습인 것이다. 기술의 발전은 자연스러워 보이는 훈련되지 않은 동작을 예술형식으로 변화시키는 것이라 강조하였다.[326]

표현에서 그 형식은 무한하다. 인간은 생각하고 느끼고 의지하도록 만들어진 존재이다. 모든 움직임은 그 나름의 고유한 감정이 있으며, 이것이 훗날 예술적 의도를 표현해내는 원천이 된다. 넓은 의미에서 리듬은 표현적인 생활의 형태를 창조하는 하나의 틀이다. 욕구가 사고를 자극하며 사고는 행동을 통해 구체적으로 표현된다. 이러한 표현력은 사고와 감정의 능력에 달려있다. 설득력 있는 표현을 위해 창조적 정신은 표현의 소재들을 구성하여 독특한 구조와 개성을 부여 할 수 있어야 한다. 표현은 의식적인 경험을 통한 학습이 얼마나 큰 효과와 가치를 가지는가, 그리고 의식적으로 평가된 경험으로부터 창조되는 예술적 필요 등을 확신시켜 준다.

마가렛 두블러는 표현에 도움이 되는 조건들을 분석함으로써 타인의 노력을 예리하게 평가할 뿐 아니라 자신의 능력을 명확히 인식하는 데 필요한 지식을 얻을 수 있다고 여겼다.327) 그녀는 예술에 있어서 모든 지식은 궁극적으로 직관적인 것으로 여겼고, 행위 그 자체는 학생 자신의 통제 능력과 예술적 통합 능력 그리고 예술가로서의 잠재력에 의해 결정된다고 하였다.

두블러가 발전시켰던 춤수업은 학생들 각자를 개인적 창조자로서 촉진시키는 진보주의적 교육에 대한 전형이었다. 그녀는 "모든 학생들은 완벽한 자아실현을 가능케 하는 민주주의 권리와 그들이 가진 능력을 이용할 수 있도록 자신의 신체를 조절하는 방법을 알 권리가 있다"고 주장한 진보주의자들의 이상을 최선으로 보고 있다.328)

두블러는 실용주의와 진보적 교육을 주장한 존듀이의 철학적 영향을 받아, 복잡화된 사회 속에서 발생하는 문제 해결 방법을 학생들에게 창조성 개발의 능력을 일깨우는 춤교육을 통해 길러 질수 있다고 믿었다. 춤이 지닌 리듬동작 체계와 창조적 요인들의 상호 관련성은 학생들 스스로 창작과정과 평가를 경험할 수 있는 방법이라 여겼다. 이로 인해 모든 학생들에게 적용되는 보편적인 목적으로의 교육이 아닌 개개인의 성격, 환경, 능력, 취향을 고려한 목적을 이룰수 있다고 주장한다.

두블러는 미국에서 공연춤을 배제한 채 춤교육을 시도하였다. 특히 주입식 교육이 아닌 학생들의 탐구를 통한 지식의 습득329)으로 춤교육을 강조하였다.

그녀의 교육철학은 근 40여년에 걸쳐 미국 춤교육의 기반으로 쓰이고 있다.

(3) 마이클 폴라니

인식론의 연구는 플라톤에서 부터 죤 듀이에 이르기까지 끊임없이 강조되어 왔었다.[330] 플라톤은 지식(true knowledge)을 영원하고 고정적이며 불변적인 이데아로 보았고 데카르트는 진리 또는 확실한 지식은 논리적 추론이라는 명백한 규칙에 한정하는 반면, 실재는 감각 경험의 대상에 한정되므로 지식은 모든 인식자와는 독립적으로 존재한다고 여겼다.[331] 흄은 모든 인간의 지식은 경험(experience)에 한정된다고 믿었다.[332] 칸트 역시 지식이란 경험에서부터 시작하나 이성은 선험적 범주들을 통해서 경험을 합성하고 종합한다고 하며 활동적 원리로서의 인식자의 개념을 발달시켰고 인식을 인식자의 창조적 성취로 보았다.[333]

플라톤에서 시작되어 데카르트, 흄, 칸트에 이르기까지 서양 철학에서 지속되어온 이분법적 문제점에 새로운 인식론[334]을 주장한 이가 마이클 폴라니(Michael Polanyi)였다. 20세기에 잘 알려진 과학철학자 마이클 폴라니(Michael Polanyi 1891~1971)는 헝가리 태생의 유태인이며 의사, 물리화학자, 철학자의 삶을 살았다. 폴라니의 핵심사상은 개인적 지식이다.* 마이클 폴라니는 과학의 가치와 자유를 옹호하고자 인식론을 주장하였고 그는 과학은 물론 예술, 신화, 종교까지도 지식의 범주에 포함시킨다.

폴라니는 암묵적 지식의 구조에 지식의 위계적 발전원리라는 그의 독특한

---

*폴라니가 사용하는 개인적 지식(personal Knowledge)의 용어는 폴라니의 역서 『개인적 지식(아카넷2001)』에서 가지고 왔으며, 강영안의 『주체는 죽었는가 : 현대철학의 포스트 모던적 경향(문예출판1996)』과 강상호의 『폴라니의 인격적 지식의 확장(교육과학사1994)』에서는 인격적 지식으로 번역되었다. 또한 엄태동의 「교육적 인식론연구(서울대박사학위논문1998)」에서는 당사자적 지식이라고 되어 있다. 논자는 지식과 사람의 인격을 지식 속에 포함시켜 이를 분리하지 않고 하나로 여겨 폴라니의 personal knowledge를 개인적 지식으로 사용하고자 한다.

사상적 배경을 결합한다. 그의 인식론은 인간의 삶과 가치를 회복하고 지적자유를 확보하기 위해서 근대 학문의 객관주의에 대해서 비판한다.[335] 폴라니는 학문의 자율성을 주장하였고 그의 중심사상은 인식론에 큰 토대를 두고 있는 개인적 지식이다. 그는 인식과정을 암묵적 지식으로 설명하였다. 그의 개인적 지식은 지식을 넘어서 열정과 헌신을 포괄하는 관계적인 지식과 공동체를 포함한다.

특히 폴라니의 중심사상은 『개인적 지식』(personal Knowledge, 1958)에 담겨[336] 있으며, 후속으로 『인간의 연구』(The Study of Man, 1959)를 출간하기도 하였다. 이것은 그가 좀 더 큰 범위의 맥락을 소개하기 위한 입장이라고 표명 하였다. 그 외 『과학, 신념, 사회(Science, faith and society, 1946)』, 『암묵적 차원(The tacit dimension, 1966)』, 『지적 자유와 의미(The Logic of Liberty and Meaning, 1951)』, 『지식과 존재(Knowing and Being,, 1969)』 그리고, 『정치 철학적인 관심을 자유에 관한 모독』(The Contempt of Freedom, 1940), 경제적 관심을『완전 고용과 자유무역』(Full Employment and Free Trade, 1945) 등이 있다. 그의 지식과 통찰력은 철학, 의학, 예술, 경제학, 심리학, 종교, 과학 등을 종합하였고 그만큼 다양한 주제를 연구하였다.

폴라니는 "나는 종종 이런 질문을 듣는다. 왜 당신은 경제학, 사회학, 철학 등으로 옮겨 가며 관심을 보이고 있는가라는 사람들의 질문에 대하여 나는 정상적인 것으로 되돌아가고 싶은 욕망에서 그러는 것이라고 답변하였다. 우리는 모두 우주의 전체적인 것에 흥미를 가지고 있다. 이것이야말로 우리가 가지고 있는 하나의 참된 관심일 뿐이다."[337] 라고 하였다.

폴라니는 자연과학과 인문과학은 지식의 본질상 구분될 수 있는 것이 아니라고 여겼으며, 하나의 원리로 설명될 수 있다고 주장한다. 그는 본격적으로 철학으로 전향하여 진리나 신념, 권위, 양심 등과 같은 주제에 몰두하면서 이로부터 그의 철학 작업은 분수령을 이루었다.[338]

폴라니는 자연과학과 사회과학, 종교, 예술, 인문과학의 경계를 자유롭게 연구하였기에 해박한 지식을 가질 수 있었다. 그는 다양한 분야에서 인식론을 세웠고 그의 영향력은 곳곳에서 나타났다. 그는 인간의 능동적인 참여로 생생하게 체험되는 의미를 지식으로 보며 실체로 파악한다. 이러한 실체는 보이는 시각을 통한 관찰을 넘어 우리가 몸에 의거해서 사물을 지각하는 것까지도 포함하고 있다.

마이클 폴라니는 '모든 지식은 개인적'(personal)이라는 전제로 발전시킨다.[339] 지식이란 두 개체사이의 관계를 통한 상호작용을 가지며 '지식은 어떻게 발견하는가'와 '발견된 사실로서의 인식 대상을 어떻게 다른 인식자에게 전달하는가' 하는데 있다고 말한다. 그는 개인적 지식을 통해 인식론으로서 내주하는 지식을 다룬다. 이는 인식자와 인식대상 사이의 구조적 상호작용으로서의 '내주하는 지식'에 초점을 맞춘 것이다. 내주하는 지식은 과거 17세기 수도원의 계몽주의 철학 전통에 따른 것으로, 교리를 학습할 때 단순한 기계적 암기와는 달리 공동체적 참여와 지식과 삶의 융합, 그리고 인식자가 참여하는 내주(内住)의 지식에서부터 가져 온 것이다.

인식론의 앎에 대한 탐구는 『테아이테토스』의 대화 중 앎이란 로고스(logos)를 가진 참된 믿음, 즉 믿음이 참인 이유를 합리적으로 설명할 수 있는 믿음이라는 정의이다. 인식론(theory of knowledge)은 인간이 진리를 알 수 있다는 데서 출발하여 그 범위를 최대한 확대하여 지식의 한계까지 도달하려는 철학의 한 분야이다. 이는 지식의 본성과 그 영역, 그리고 지식이 이루어지는 전제 조건들과 토대 등을 탐구 한다.

전통적으로 명제적 지식의 필요충분조건은 믿음, 참, 정당화였다. 현대인식론에 있어서 정당화 된 참된 믿음의 문제를 폴라니는 '개인적 지식(personal Knowledge)'을 통해 해결한다. 그는 인식론의 문제점을 인간과 분리된 객관적 지식의 허구라고 비판하며 인식론의 새 장을 열었다.

폴라니가 말하는 지식의 조건은 다음과 같다.[340] 첫째 유형은 사물적 지식으로 '내 앞에 자동차가 있다는 것을 안다'는 것이다. 두 번째 유형은 실천적 지식이다. 즉 '나는 된장찌개를 만들 줄 안다'에서 이것은 내가 가지고 있는 지식이 된다. 책을 보지는 않았지만 스승에 의해 몸으로 배운 사람은 명제적 지식 없이 실천적 지식만을 가진 것이다. 세 번째 유형은 명제적 지식이다. 명제적 지식이란 명제 혹은 사실을 대상으로 하는 지식이다. '나는 스티브잡스가 애플컴퓨터 회사를 만든 사실을 안다.'를 통해 가지는 지식을 명제적 지식이라고 한다. 이처럼 지식은 데카르트의 인식론 이후 대부분 명제적 지식에 초점을 맞추어 왔고 전통적으로 명제적 지식은 참인 정당화된 믿음으로 생각되어 왔다.

폴라니는 지식을 인간이 가진 유기체적인 것에서부터 진화 발전한 것으로 보며, 지식을 개인적이고 암묵적인 것으로 여긴다. 이러한 본질에 근기한 폴라니의 지식론은 전통적 지식론의 대치가 아닌 극복을 주장한다.

폴라니는 "우리는 우리가 말 할 수 있는 것보다 더 많은 것을 안다(We can know more than we can tell)."[341]고 제기하면서 '말할 수 있는 앎'과 '말할 수 없는 앎'의 지식이 존재한다고 주장하였다.

그가 말하는 개인적 지식은 이론적 방법을 아무리 완벽할 정도로 터득했다 할지라도 수영과 자전거타기, 망치질 등의 지식을 익힐 수는 없다는 것이다. 망치질할 때 망치는 거의 인식되지 않는다. 다만 우리가 느껴 알게 되는 것은 못 위에 부딪치는 망치의 충격이며, 이는 못을 향한 몸의 활동이다. 폴라니는 이를 '말할 수 없는 앎'의 지식이라 한다.

춤교육은 머리로만 배우는 것이 아니라 몸으로 익히고 배우는 수행적 지식으로 나아간다. 이는 이론적인 지식을 넘어 몸의 습득을 통해 '관계적 지식'을 배우게 되는 것이다. 춤은 몸을 도구로 사용하여 자신의 감각을 확장시키며 창조자들이 만들어내는 움직임의 방법으로 몸과 하나로 체화되어 나타난다.

우리는 춤교육에 있어서 '춤을 어떻게 아는가'와 '무엇으로 춤을 느끼는가' 라는 구조적으로 밀접한 유사성을 가진다. 우리가 폴라니의 지식과 존재(Knowing and Being)를 통해 춤을 이해하려할 때, 개인적인 학습자의 상상력과 감식력이 어느 정도 요구된다. 이러한 개인적 지식을 통해 신체가 어떻게 나아가는지를 느끼게 된다.

춤교육이 과학지식의 원천으로서 숨겨진 '실재(reality)'를 발견하려는 순수영역의 연구라는 것과 이를 통해 객관성의 의미를 알게 되고, 지각의 작용과 더불어 인간의 창조적인 가능성을 연결할 수 있다. 또한 마이클 폴라니의 지식의 개념을 토대로, 암묵적 지식(tacit Knowledge)의 체제와 그것이 갖는 교육적의미를 통해 춤을 배우며 가르치는데 있어 인간의 앎의 구조와 연결 시켜 예술 교육의 의미를 파악한다.

개인적 지식에는 암묵적 지식(tacit Knowledge)이 있다. 암묵적 지식의 중심영역에 나타나는 초점식과 보조식의 논리구조를 통해 기능적, 현상적, 의미론적, 존재론적인 측면을 연구한다. 그리고 개인적 지식을 토대로 주관과 객관을 통합한 '관계적 지식'이 어떻게 이루어지는가를 알 수 있다.

폴라니는 하나의 예로서 '장님의 지팡이'를 들고 있다. '장님이 길을 걸어갈 때 지팡이를 통해 땅의 높낮이와 전방의 장애물을 확인한다. 그는 손바닥을 통해 지팡이의 충격들의 작거나 큰 것을 전달받는다. 그는 그 충격의 위치나 강도를 물체의 위치와 정체에 대응시킴으로서 사물을 파악한다. 이 두 가지 대응은 우리가 눈으로 사물을 지각하는 것을 포함하여 감각기관이 어떻게 적극적으로 세부요소를 전체에 통합하느냐를 통해 지식의 적용을 확인한다. 적극적인 지식의 적용은 그것을 의미 있는 것으로 받아들이는 데 따르는 주의 깊은 수행이다. 이러한 의미에서 지식은 암묵적인 부분을 포함한다.

폴라니의 암묵적 지식의 실체는 앎의 역할을 하는 두 가지 의식이다. 하나는 전체로서 대상에 직접적으로 주의를 집중하고 기울임으로서 사물을 인식하는 것, 다른 하나는 어떤 것이 공헌하는 실체에 주의를 기울이기 위하여 그것에 대한 우리의 의식에 의존해서 어떤 사물을 아는 것이다.[342)]

폴라니는 첫 번째 의식을 초점적이라 하고, 두 번째를 암묵적이라 한다. 앎은 대상이나 어떤 사건의 초점적 의식과 폴라니가 흔히 종속적 요소(subsidiaries)라고 불렀던 세부요소를 가진다. 뚜렷한 초점적 의식은 종속적 요소들에 대한 암묵적 의식으로부터 나타난다. 암묵적 앎에 있어서 우리는 직접적으로 관심을 기울이는 종속적인 단서를 이용하여 초점이 되는 무엇인가를 지각하고 이해하며 찾게 된다.[343)]

폴라니는 암묵적 지식의 부분들은 명백하게 구체적으로서 서술될 수 없다고 말한다. 그것은 바로 분리될 수 있는 것이 아니라 우리가 말로써 설명할 수 없는 종류의 지식으로, 포괄적인 실체와의 관계 속에서 나타나는 경험이다.

"이러한 통합은 다른 어떤 명시적인 기계적 과정으로 대체될 수 없다. 첫째 누군가가 어떤 통합의 인지적 영역을 알기 쉽게 풀어서 말할 수 있다고 하더라도 이러한 내용을 전달하는 감각적 특질은 명확하게 전달할 수 없다. 그것은 생생하게 체험될 수밖에 없는 것이며, 단지 그 안에서만 맛볼 수 있는 것이다."[344)]

마치 우리의 몸이 주의를 기울이고 있는 외부의 대상으로부터 우리가 자신의 몸을 느끼는 것과 같다. 이런 의미에서 하나의 사물이 암묵적 지식으로 파악될 때 우리는 우리 몸을 확대하여 그것을 몸으로 흡수 시켜서 함께 있게 되는 것이라고 말할 수 있다.[345)] 내재한다는 것(indwelling)은 감각이 우리 몸과 함께 있게 되고 일을 할 수 있는 감각을 알게 되는 것이다.

마이클 폴라니의 인식론은 춤교육의 지식의 본성에 대한 연구로 학생이 몸을 도구로 사용하여 자신의 감각을 확장시키고 춤을 만들어 갈 때, 어떻게 움직임의 방법을 몸에 습득하게 되는 가와 이를 통해 느끼게 되는 통합교육과정의 성격을 배워 나갈 수 있다. 또한 춤을 가르치는 사람과 배우는 사람이 어떠한 방법으로 그 세계를 공유할 수 있는가에 대한 연구이다. 서술할 수는 없지만 습득된 기술이 얼마나 효율적인가에 대한 분석과 그 수행 방식을 만들어 나갈 수 있다. 특히 실천적 지식에서 볼 수 있는 신체를 포괄한 관계적인 면을 배워간다. 마지막으로 관객의 입장에서 인식론의 춤교육은 지극히 주관적일 수 있는 춤을 통해 서로가 공유할 수 있는 춤세계를 앎으로서 보는 이의 예술성 함양이 가능하다.

폴라니의 인식론을 통한 춤교육의 연구는 이제까지 간과된 형태의 측면에 관심을 기울였다. 지식을 추구할 때 수행된 경험을 능동적인 조직의 결과로 활용될 수 있으리라 본다. 춤교육에서 어떤 현상을 지각할 때 전체로 지각하고, '형태'로 인식하여 지각하는 방법을 체득하게 되고, 이로서 지식 습득이 개인의 신체적 참여와 깊은 관계를 갖고 있음을 인지한다. 마이클 폴라니의 인식론을 통해 춤교육에 대한 새로운 통찰력이 제공될 것으로 사료된다.

춤교육에서 학습자들에게 관찰 될 수 없는 인지적 움직임이 그들의 반응에 영향을 줄 것이라고 확신하고 그것에 대한 고민과 접근을 통해 인식론적 가르침의 중요성을 깨달게 될 것이다. 폴라니의 개인적 지식을 통해, 기초과학의 창의적 연구에서 경쟁력을 갖추고, 춤의 양육 차원의 지식을 배양 할 수 있다. 지식기반사회에서 지식은 실용성으로서의 지식이고 전문화된 지식으로서 인식론을 통한 움직임의 신체는 새로운 사회적 힘을 창조할 뿐만 아니라 새로운 예술교육체제를 창조할 수 있다.

(4) 파울로 프레이리(Paulo Freire)

파울로 프레이리(Paulo Freire)의 교육사상을 이해하는 데는 두 가지의 개념을 사용할 수 있다. 그것은 '변화'와 '인간화'이며 '인간화를 위한 변화'를 통해 그는 교육사상의 핵심을 펼쳐 보인다.

파울로 프레이리의 교육사상은 라틴아메리카에서 대중 교육학(popular education)으로 널리 알려졌으며, 미국에서는 비판 교육학(critical pedagogy)으로 더욱 유명하다.[346] 프레이리는 가르치는 자와 배우는 자, 지식과 세계는 끊임없이 변화한다는 신념을 가지고 모든 교육활동은 '인간화를 위한 변화'를 모색하는 교육내용과 교육방법을 취할 것을 주장한다. 프레이리는 교육사상에서 대화의 의미를 강조한다. 그는 대화가 개인의 지극히 역사적인 상황의 한 부분이고, 어떤 실체를 이미 만들고 새롭게 만들어지는 순간들이라 언급하고 있다.[347] 마요(Mayo, 1997)는 프레이리를 '제3세계'를 넘어선 교육사상가로[348], 조세형(2005)은 프레이리의 교육사상이 모두 이에게서 교육의 가능성을 확인하고 그 가능성을 실천하는 인류에 대한 보편적인 지향이 있음을 주장한다.[349]

프레이리의 사상적 배경은 아주 광범위하다. 그의 사상적 기반은 실존주의, 현상학, 해방신학, 맑스주의 등의 영향을 받았다고 지적된 바 있다.[350] 프랑스 철학가 푸코, 레비스트로스, 마리탱, 무르니에, 사르트르 등의 프랑스 사상이 프레이리의 초기사상에 많은 영향을 주었다.[351] 특히 사르트르를 정점으로 한 실존주의는 프레이리의 인간과 세계에 대한 이해에 중요한 사상적 배경으로 자리 잡는다.

프레이리의 사상은 '의식화'와 '프락식스'로 융합되어있다. 프레이리는 실존주위로부터 인간 실존의 문제인식을 받아들여 '인간화'의 개념을 주장한다.[352] 그는 인간 존재에 대한 끊임없는 추구를 '인간화'의 과제로 수용한다. 프레이리의 〈페다고지〉는 인간화의 문제로부터 시작하여 존재론적 문제뿐만이 아닌, 역사

적 현실로서의 비인간화가 지닌 문제를 인식하고, 나아가 비인간화된 현실에 대한 투쟁을 인간의 소명으로 제시한다. 진정한 인간성의 회복은 내면화된 억누르는 자의 이미지를 몰아내고 진정한 자유를 성취하는 하는 것이다. 이러한 과정이 곧 그가 말하는 인간화의 과정인 것이다.[353] 프레이리는 인간화의 과정이 자유에 대한 말뿐인 실천이 아니라, 비판적 의식화를 통한 프락시스를 통해서 이루어짐을 명확히 한다.

프레이리의 '한계상황' 개념은 야스퍼스의 개념에서 빌려 온 것으로 그는 그 한계 상황 속에서의 제약성과 가능성을 동시에 주목한다.[354]. 키에르 케고르의 실존주의의 영향을 받은 무르니에(Mounier)의 '사회적 인격주의'의 영향과 메를로 퐁티의 지식위주의 교육에 대한 비판과 감성적 영역, 육체의 영역의 교육의 의미와 필요성을 받아들였다.[355] 또한 프레이리는 부버의 주장인 〈나와 너〉를[356] '인식 주체'와 '대상세계'에 까지 확장 적용하며, 부버의 주객관계에 대한 변증법적 발전으로 '대화'를 주요한 교육원리와 방법으로서 받아들인다.

프레이리는 비판적 의식화와 참여적 실천을 통한 사회변화로[357] 변증법적 인식론으로 받아들이며 주객의 변증법에서 프락시스의 의미를 찾는다. 프레이리는 참된 행동과 사고는 상호 전제적 관계를 가지고 있으며, 이러한 상호 전제를 가지는 사고와 행동의 변증법적 통일이 세계를 변혁하는 참된 말, 즉 '프락시스'라 한다. 그의 대표적인 책 〈페다고지〉는 억눌린 자들이 처한 구체적인 상황 속 작업의 실천과정에서 직접, 간접으로 목격한 것, 생각한 것, 느낀 것들로 이루어져 있다.[358]

프레이리의 교육적 주장을 살펴보면 첫째, 문제제기식 교육을 주장한다. 지배의 유지를 위한 정보의 전달과 축적의 과정인 '은행예금식 교육'을 변증법적으로 극복하는 '문제제기식 교육'은 참된 인식행위로 이루어진다.[359] 문제제기식 교육은 교사와 학습자, 학습자와 대상 세계와의 교육적 관계를 드러내며 프레이리는 그것을 '대화(dialogue)'라 명명한다.

둘째, 인간화와 의식화 교육을 주장한다. 프레이리는 프락식스를 통해서 내면화된 억압자의 모습을 떨치고 세계에 대한 비판적 의식을 갖고 실천을 행하는 과정이 곧 인간화의 과정을 쟁취한다고 하였다.[360] 프레이리는 의식화를 구성하는 전제적 개념이 프락시스이며 이는 반드시 행동이 포함되어야 하고 진지한 사고와 결부 되어야한다고 말한다. 그래야만 비로소 프락식스가 된다.[361]

셋째, 교육과 문화적 실천이다.

프레이리는 인간의 주체성과 실천을 강조하면서 경제적 영역에서의 투쟁보다 문화적 차원의 투쟁을 강조한다. 그에게 있어서 교육실천은 곧 문화적인 것이다.[362] 문화적 지배는 하부구조에 대한 혁명적 변혁과정과 동시에 상부 구조에서의 문화적 변혁을 위한 실천을 통해서 극복된다. 프레이리는 이러한 문화적 변혁의 과정을 '문화혁명'으로 제시한다. 프레이리는 교육을 문화적 혁명의 과정으로 본다. 즉 그는 형식성을 강하게 갖는 학교 교육뿐만이 아니라 비형식적인 교육, 문화적 행위로서 교육의 가능성을 추구하고자 하였다.

포스트모더니즘적 입장에서 프레이리의 교육사상은 엘스워스(Ellsworth, E)에 의해서 비판 받는다. 엘스워스는 해방교육이 그 자체의 목적, 전제, 절대적 권력 역학, 지식의 원천에 대해서 문제제기를 하지 않는다면, 비판교육은 실제 교육 현장에서 지배적 관계를 여전히 유지 시킬 수밖에 없다고 주장한다.[363]

프레이리는 포스트모더니즘과 페미니즘 입장에서 제기된 프레이리 사상에 대한 비판을 과감히 인정하며 변증법적 포스트모더니즘을 주장한다. 또한 많은 차원에서 문화 간의 차이와 모순이 있음을 인정하고 이 차이가 차별과 저항을 일으키며 이러한 모순들과 권력과의 관련성에 대한 비판적 인식을 위한 교육의 필요성을 주장한다.[364] 프레이리는 이른바 포스트모더니즘이 신자유주의적 이념과 결부되어 실용주의적 교육을 채택하고, 비정치성을 표방함으로서 그 실제에 있어서 다국적 기업중심의 세계화와 그 결과로서 민중에 대한 억압의 심화를 정당화하는 역할을 하고 있다고 주장한다.

춤교육 분야에 대한 데이비드 하비(David Harvey)의 제안[365]을 적용해 볼 때, 프레이리의 이론은 우리가 살아가는, 지각하는 상상의 공간은 춤교육을 하기위한 상황[366]이며, 학생들의 상황과 같은 구성적인 상호관련요소로서 이해될 수 있다. 프레이리는 자신이 주장하는 인식과정을 가장 충실하게 실천하는 연구가였다.

제7장

춤교육의 평가와 현시점

제7장

춤교육의 평가와 현시점

1. 춤교육의 평가와 기준

(1) 판단과 평가

학생들에게 판단(judgements)이란 단어의 혼란을 최소화하기 위해 교육 철학자 토마스 그린(Thomas F Green)의 정의를 살펴보도록 한다. 그는 판단하기란 단어의 의미 속에는 '순위매기기', '선정하기', '예측하기' 그리고 '판정하기'의 활동이 포함된다.[367]고 말한다. 판단에 대한 토마스 그린은 각각의 활동이 다른 활동과 서로 구별되기도 하지만 그것들의 한 가지의 공통점은 표준, 기준, 근거라는 것을 한다고 말한다.

그러므로 판단이 단순한 추측이나 예감의 수준을 벗어나는 이유는 바로 합리적인 근거를 바탕으로 한다는 점 때문이다.[368] 이에 근거에 대한 제시 없이는 우리는 판단을 행할 수 없다.

판단이란 정보 제공적 성격(information)과 지시적 성격(directive)[369]을 함께 가진다. 그러므로 판단은 느낌만으로 결정할 수 있는 것이 아니며 느낌은 지극히 개인적 취향의 가치이다. 작품의 좋고 나쁨은 지극히 주관적인 견해에서 이루어질 수가 있다. 그러므로 개인적 견해는 합리적인 범위를 벗어날 수 있음을 항상 염두에 두어야 한다.

이에 평가의 기준은 주관적 편견과는 달리 미학적 판단으로 평가의 대상이 가진 본래적 특성들에 관한 구체적인 지적과 발언을 지녀야 한다. 그러므로 가르치는 교육자는 학생들에게 주관적인 견해에서 행해지는 개인적 선호와 올바른 평가의 차이를 구분할 수 있도록 가르쳐야 한다.

미학적 판단은 참신한 묘사와 분석에 의해 비추어질 때 항상 이의가 제기되고 수정될 수 있는 것이다.[370]

반면에 작품의 구성이 뛰어나다던가 혹은 형편없다던가는 판단행위이다. 판단을 내릴 때 목표는 그것의 구성 방식에 대해 객관적인 사실의 증명이 아니라 자신이 내린 목표와 같은 평가를 내리도록 설득하는데 있다. 그러나 물론 보는 사람은 주관적인 성향을 띄므로 판단은 타행의 의지가 남아있다. 예를 들어 K팝스타에서 심사위원이 만장일치로 누군가를 통과시킨다고 하면 문제가 없지만 각자의 가능성을 갖는 것은 다를 수 있기 때문이다. 이러한 가능성을 통해서 미학적 판단은 보다 자세하고 더 참신한 묘사와 분석으로 이루어질 때 항상 이의가 제기되고 수정될 수 있으며 타협점을 이끌어 낼 수 있다.

그렇다면 미학적 판단은 무엇인가? 이는 데이비드 퍼킨스(David Perkins)의 근거대기(descriptive reasons)[371]를 통해 살펴볼 수 있다. 그는 근거 대기를 3가지의 종류로서 제시하고 있다.

첫째, 부분에 대한 근거 대기(Where reasons)로서 → 특정한 부분을 제시한다. 둘째, 내용에 대한 근거대기(What reasons)로 → 지적 부분이나 특징을 기술하는 것을 말한다.

마지막으로 이유에 대한 근거 대기(Why reasons)로서 → 앞의 첫째와 둘째를 자신의 평가에 근거하여 결론을 정당화하는 것이다.

이로써 우리는 미학적 판단이 비교적 판단이 아니며 미학적 판단을 행하고 그것을 정당화 시키는 일은 춤 작품을 단순히 점수매기는 것과는 다르다는 것을 인지하게 되는 것이다. 실제로 점수로 매기는 과정에서 평가자는 통상적으로 그것을 다른 작품들과 통상적으로 단순비교 한다. 그러나 다른 작품과 단순 비교로만 작품을 판단해서는 안 된다. 이는 비교적 판단(Comparative judgements)과 미학적 판단(aesthetic judgements)이 다르기 때문이다.

예술 전문가 데이비드(David W. Ecker)는 평가자가 작품이 견주어지고 평가될 수 있는 한 가지 특정한 근거를 머릿속에 가지고 있어야 한다고 한다.[372] 이는 근거에 맞추어 평가하는 것을 말한다. 예를 들어 무대 위의 공간 사용에 대해 인지하고 그것을 얼마나 활용하였는가를 통해 작품 A와 B를 비교할 수 있다는 것이다. 공통적으로 지니고 있는 한 측면에 대한 판단은 작품의 수준을 결정짓는 것에 대한 평가는 어느 것이 더 나은 작품인가를 임의적으로 결정짓게 한다.[373] 그러나 문제점은 그것만의 비교를 가지고 어느 것이 낫고 어느 것이 보다 못하다는 결정을 내릴 수는 없다.

평가란 원래 가지고 있는 전체성을 드러내지 못하고 비교되는 대상의 그 한 요소만으로는 판단 할 수 없다.

예를 들어 발레에서 돈키호테의 키트리와 백조의 호수의 오딜이 추는 휫테 32바퀴는 기술(skill)적인 부분에서 가장 높이 평가되는 부분이다. 그러나 기술적인 부분 외에 작품속의 발레리나의 부드러움을 지닌 폴드브라*와 아라베스크 다리 선(線)의 아름다움 그리고 무대움직임에서 공간의 사용 등 모든 것의 요소를 가지고 평가할 수 있도록 기준점을 세워야 한다. 그러므로 발레리나들의 휫테 32바퀴의 움직임이 중요하더라도 작품의 모든 것을 평가할 수는 없다. 그러므로 평가에서 춤을 비교적 판단을 함으로써 그것을 미학적 판단으로 오해하는 일이 있어서는 안 된다.

이것은 교육 철학자 존듀이(John Dewey, 1934)가 말한 축소의 오류(the reductive fallacy)[374]

---

*포르드 브라 – 팔의 동작

를 저지르게 되는 결과이다. 그러므로 평가는 지나치게 단순화 시키게 되면 어떤 작품을 구성하는 특징이나 요소가 독립적으로 분리된 후 작품전체가 이 분리된 단일 요소를 나타내는 특성들로 축소되어 잘못 평가되는 일이 발생한다.

최선무용단 – 우리춤속으로(태평성대, 2008)

마지막으로 우리는 올바른 평가를 위해 춤작품의 내용을 묘사하고, 분석하고, 해석하며 판단하는 활동을 가져야 한다.

(2) 판단기준

춤은 판단의 기준에서 보고 난 후의 기분의 감정을 기준점으로 제시하지 않도록 하여야 한다. 평가자들이 자신들에게 물어야 할 가장 중요한 질문은 무엇을 보았는가? 이다. 이것은 평가에서 주관주의를 극복 하는 것으로서 작품에 대한 구체적 사항들에 관하여 기술하는 내용들을 묘사하고 분석하고 해석하며 판단하는 활동이 된다.

"내용을 구체적으로 기술하는 언급"들은 작품에 적합성이 있는가 작품의 가시적인 외형상의 특징들을 정확히 분석하고 있는지 다시 한 번 생각해 봄으로써 비평적 토론을 불러일으키게 된다. 학생들은 춤의 평가를 통해 관람자들과 창작자들 사이에 어떤 장점과 단점이 내재하고 있는지를 배우게 된다. 이는 춤 작품의 구체적인 파악은 물론 세부적인 묘사의 내용들도 보다 자세하게 작품과 일치하는지 살펴볼 수 있다. 더불어 춤 작품의 해석과 판단을 내리는 데에 기초자료로서 활용될 수도 있다.[375)]

평가에 있어서 주관성 즉, 관람자의 감정에 근거한 반응에 대한 평가는 평가에서 어느 정도의 차지해야 하는가? 이것은 학생들에게 비평적으로 평가하는 방법을 가르칠 때 반드시 필요한 부분이다.

감정적 반응은 춤을 보고 난 후 감흥적인 부분에서 중요하지만 주관적인 부분을 많이 담고 있으므로 춤작품에 관한 기술적, 분석적, 언급을 하기 전에 예비적 한 부분으로서만 강조되어야 한다.

학생들은 감정적 반응을 가시적 특징들과 서로 연결 할 수 있게 되도록 느끼게 된 감정적 반응과 비평적 관찰을 적절하게 배치하여 평가하여야 한다. 이는 주관적 반응에서 춤의 형태와 특징들로 비평적 반응으로 옮겨가며 미학적 판단의 평가를 배워나가게 된다.

미학적 판단은 '객관적인 것'으로 합리적인 관찰에 근거한다. '미학적 탐구'[376]의 개념은 예술이 대상과 작품의 미적체험은 반성적 접근을 통해 비평의 단계를 갖게 된다고 하였다.

그러나 예술작품에서 주관적 평가는 판단하는 것과 거리를 두어야 한다. 왜냐하면 판단은 반성적 사고를 통해서 조달하는 것이기 때문이다.

또 하나 주의해야 할 점은 평가에서 기준을 만드는데 있다. 평가에는 기준을 정하고 그것을 수행하는 것이 정당한 평가가 이루어질 수 있다고 생각할 수도 있다. 그러나 그것은 평가를 배우는 학생들에게 예술적 가치관을 개발시키고 평가를 명료하게 만드는데 방해가 된다. 틀에 맞춘 기준은 작품에 대한 자신의 체험을 다른 사람의 잣대에 맞추어 평가하는 것이 될 수 있다. 그러므로 반성적인 접근은 지나친 주관성과 객관성의 기준에 의해 평가되는 것을 막고 올바른 평가를 내릴 수 있는 기준점을 갖는 것이다.

예술 세계 안에서도 미적 판단을 위한 공식적 기준이란 있을 수 없다.

피카소와 최승희 등은 자신들이 살았던 시대에 많은 사람들로부터 사랑을 받았던 예술가들이다. 그러나 모딜리아니(Modigliani1884~1920)는 피카소와 같은 시대를 살았지만 그가 살았던 시대에는 많은 사람들에게 인정받았던 피카소와는 달리 그는 시대의 주변으로 밀려나 있었다. 모딜리아니는 뛰어난 예술적 재주에도 불구하고 그 살아 있던 시대에는 평생 성공을 만나지 못했다. 그러나 그것은 일시적인 것 일뿐 이후 그의 예술은 인정받아 그의 작품세계는 새롭게 설정되었다.

모딜리아니 – 사랑하는 잔느와 지상에서 영원으로의 동행

현재 예술이 세계 속에서 인정받고 인정받지 못하는 것은 춤에 관한 평가를 삼을 때 체계적으로 반성하는데 도움이 된다. 춤 작품을 평가하는데 토론하는 방법을 배우는 것은 예술의 다양한 심미적 문제들을 이해하고 이를 토론해 나감으로 예술 작품을 해석하고 판단하는 것에 관한 논쟁을 배운다. 모든 사람들에게 모든 기준들이 똑같이 인정받는 경우는 결코 없다. 하나의 관점이 가장 설득력 있는 것으로 받아들여지는 토론을 통해 다른 관점들은 필연적으로 덜 받아들여지게 되는 것뿐이다. 예술 세계에서는 어떤 하나의 정해진 기준 대신에, 서로의 통일된 의견 속에서 서로 다른 관점들을 견지하고 있는 것이다. 다만 좀 더 좋은 평가를 위한 비평적인 토론을 펼치고 이러한 여러 관점들 속에서 인정받고 인정받지 못하는 과정이 지속적으로 이루어질 뿐이다.

절대적 권위를 인정받는 예술적 기준들이란 하나도 없다. 따라서, 학생들에게 기존의 비평기술들을 쏟아 붓는 것은 고정된 기준이 갖는 교육의 단점이다. 그러므로 학생들로 하여금 실질적으로 예술이 우리의 인식에 어떻게 영향을 미친다거나 비판적 논의의 근본적 성격이 무엇인가 하는 것들을 발견할 수 있도록 가르치는 것에 하등의 도움을 주지 못한다.

따라서 무용창작 수업에 참여하는 모든 학생은 각 작품에 대해서 자신이 지각한 내용이 무엇인가를 제대로 드러내려는 노력을 기울여야 한다. 이 과정에서 교사는 어떤 특정한 예술 원리들을 옳거나 틀린 것으로 정해놓고 그것을 강요해서는 안 된다.

교사들은 일반적으로 '의사소통 이론'에 근거해서 자신의 일을 수행하다. Esther Pease(1966)는 무용에 대해서 다음과 같이 언급하며 이 이론을 반영하고 있다. "무용은 그것이 어떤 의사를 전달하고자 하는가의 측면에서 바라보아야 한다. 즉, 만약 그것이 전달하고자 하는 의미가 불분명하거나 그 목적이 이해가 되지 않으면, 그 작품을 만든 사람은(의미가 분명히 드러나도록) 다음 기회에 더욱 노력해야 한다." 예를 들면, Pease는 무용을 만든 사람이 아무런 의도 또는 "메시지"도 들어있지 않은 작품을 만들 수도 있다는 가능성을 전혀 인정하지 않는 것이다. 따라서 이론에 근거한 예술 원리들은 그것 자체로는 어떤 무용작품이 별 볼일 없는지 또는 아주 훌륭한지를 판단하는 기준이 되지 않는다. 다시 말해서, 예술작품 속에 어떤 특정한 이론과 합치하는 특징이 들어있다는 것만으로는 그 작품이 훌륭하다고 말 할 수 없다는 것이다. 모든 무용 작품들은 각기 다르기 때문에, 반복, 대조 등과 같은 일반적인 예술의 특징을 적용했을 때 어떤 무용 작품을 향상시키기도 하지만, 또 다른 춤작품은 그것을 망치기도 하는 것이다, 춤작품은 어떤 것이든 그것 자체의 특징으로 평가되어야만 한다.

이처럼 교사가 던져 주는 문답 방법은 또 다른 단점을 갖는다. 설정된 특정한 기준은 주입하는 단점을 갖게 된다. 기존의 관점들을 제공해야 한다고 주장하는 교육자들은 비판적 평가를 기계적 과정으로 만들어 버리는 것이다. 만약 학생들이 단순히 전문가가 미리 만들어 놓은 "예술 작품이 갖추어야 하는 특징별 체크 목록"을 가지고 작품이 그 중에서 몇 가지의 특징을 만족시키는

지를 세기만 한다면, 그 작품이 10가지 중에서 9가지를 만족시키므로 여섯 개를 만족시킨 작품보다 훨씬 "우수하다"고 결론지을 수 있을 것이다. 앞에서도 말했듯이 이런 접근 방법이 학생들에게 끼치는 해악은 예술작품에 대해 학생이 스스로 인식한 것들을 정도 이상으로 낮게 취급한다는 것이다. 즉, 학생들의 인식을 주어진 기준보다 못 미치는 이차적인 가치를 갖는 것으로 만들어 버린다.

(3) 창작자의 의도

비판적 토론의 세 번째 단계는 그 작품에 대한 '평가' 또는 '판단'이다. 앞에서도 말했듯이, 어떤 무용교육자는 창조적인 실험정신을 저해한다는 이유로 평가를 회피한다. 그러나 그런 사람은 평가란 것이 교육의 현장에서 항상 이루어지고 있다는 사실을 간과하는 것이다. 그리고 예술교육자인 Elliot W. Eisner(1974)가 주장하듯이 학생의 예술 작품에 대한 평가를 하지 않는 것은 "교육적으로 무책임한 행위이다." Eisner는 더 나아가 "억지로 강요하거나, 중간에 끼어들거나, 무책임한 평가행위는 학생의 예술가적 소실의 육성에 정말로 저해를 가한다. 반면 학생들은 사려 깊게 행해진 비평에 대해서는 그것이 자신의 작품에 다른 사람들이 관심을 가져준다는 것을 말해주므로 아주 가치 있게 생각한다."고 말한다. 그러므로 춤창작 수업에서 작품을 평가하는 데에 있어서 중요한 것은 학생들이 이 같은 판단의 개념을 잘 이해하고 평가의 대상이 된 작품과 그 창작자에 대하여 공손한 태도를 가지고 행해야 한다는 점이다.

2. 춤교육의 현시점

(1) 한국의 교육과정 - 체육과 교과과정에서의 무용

춤교육의 현시점을 논하기 앞서 한국의 교육과정에서의 춤을 살펴보도록 하자.

먼저 커리큘럼(curriculum)은 교육과정을 뜻하는 라틴어로 '뛴다'라는 뜻의 동사인 쿠레레(currere)에서 연유한다. 교육과정은 주로(走路), 즉 달리는 코스(course)를 의미하여 교육에 적용되어 일정한 순서의 배열된 학습 코스를 의미하게 되었다.[377][378]

교육과정은 교육내용을 교육목표와 과학적 체계에 기초하여 학생들의 연령별 발달단계에 따라 나뉘며 내용은 국가와 사회의 교육에 대한 요구나 관심으로 규정되어진다. 교육과정 이론의 변천은 교과중심 교육과정, 생활중심 교육과정, 학문중심 교육과정으로 변화되어 왔으며, 우리나라의 교육과정도 이러한 일반적 추세를 따라 개편되어 왔다.[379] 어떠한 국가든지 교육과정이 어떠한 내용으로 어떻게 다루어야 할 것인가에 대하여 많은 연구와 노력을 지속적으로 해오고 있다.

한국의 교육과정 – 체육과 무용 *교육과정 총론에 따라 이 부분만 춤 → 무용 표기

1885년 2월 고종은 교육입국조서를 발표하고 1885년 7월 체육이라는 명칭을 얻기 전 '유희'로서 지도가 시작되어 1900년 광무 4년 학부령 12호에 중학교 규칙에 '체조'가 하나의 교과목으로 등장하였다.[380] 1908년에는 고등여학교와 1909년 사범학교 교육내용에 '유희'가 필수교재로 채택되기 이른다. 이로써 한국교육에 무용교육이 처음으로 필수교재로 인정을 받게 되었다. 1914년 학교체조에서 교재내용에 유희부분에서 경쟁유희와 창가유희 종목이 등장하였다. 무용에 해당하는 학습은 발표적 동작을 주로 한 유희였고 학습내용은 동화, 노래 등을 주제로 동요에 맞춘 동작을 교사가 학생들에게 지도하는 방식이었다. 1941년 중학교에서 고등학교까지 창가유희와 행진유희으로 기본적 종목의 교재가 학교에 배당되었다.[381]

한국의 교육과정은 1955년 제1차 교육과정이 제정·공포된 이후 1963년 2차,

1974년 제3차, 1981년 제4차, 1987년 제5차, 1992년 제6차 1997년 제7차로 각각 교육과정을 고시하였다.

이후 21세기의 세계화·정보화 시대를 주도하며 살아갈 자율적이고, 창의적인 한국인을 육성하기 위해 제7차 교육과정은 2004년, 2005년, 2006년, 2007년, 2009년에 각각 부분적으로 개정되어 지금에 이른다. 특히 2007년 2월 28일에 교육인적자원부 제2007-79호로 고시된 2007 개정 교육과정부터는 기존의 차순으로 이루어진 교육과정이 아닌 수시의 개정으로 바뀌게 되었다.

현행 교육과정은 제7차 교육과정의 '2009 개정 교육과정'으로 초·중등학교에 공통으로 적용된다. 당시 미래형 교육과정으로 불리기도 했던 2009 개정 교육과정은 과목별로 해(年)를 달리하며 수시로 개정되기도 하였지만 8차 교육과정은 아니다.

초·중등학교 교육과정 총론은 '2009 개정 교육과정'의 지속적인 개정으로 교육과학기술부 명칭하에 '2009 개정 교육과정'이지만 제2011-361호 별책1을 참조하여야 하며, 체육과 교과과정도 '2009 개정 교육과정'이라고 명명하지만 제2011-361호 별책11호를 참조하여야 한다. 그동안 교육과정 고시는 인터넷과 수많은 정보 속에 2009년 12월 23일에 발표된 교육과학기술부 고시 제2009-41호와의 구분을 위해 제2011-361호에 고시된 교육과정을 2011 개정 교육과정이라 부르기도 하나, 이는 정식 명칭이 아니다. 또한 2012년 발표된 교육과학기술부 고시 제2012-3호는 초중등학교교육과정 별책1-총론에서 교육과정 구성방향은 그대로이며 단지 편성과 운영만을 개정하였고 별책4-고등학교 교육과정, 별책7-사회과, 별책19-고등학교 교육과정의 일부를 개정하였다. 제2012-3호는 2014년 3월 1일부터 시행되는 사항이다. 그러므로 교육과학기술부장관이 2011년 8월 9일 고시한 제2011-361호이 초중등학교 체육과 교육과정의 가장 최근의 것이며 '2009 개정교육과정'에 속한다.

체육과 교과 과정 속에는 제1장 체육은 공통 교육과정으로 제2장 운동과 건강생활, 제3장 스포츠문화, 제4장 스포츠과학은 일반과목에 포함된다.

무용은 체육과 교과 과정중 제1장 공통교육과정인 체육에서 초등교육과정과 중등교육과정의 표현과 창작운동으로 사용된다. 무용은 선택교육과정 중 심화과목에서 제10장 표현, 창작운동을 다루며 무용을 통해 열린교육과 인성중심을 기본으로 무용의 요소를 탐구하고 이해하게 한다.

무용에 관한 고등학교 교육과정은 교육과학기술부 고시 제2011-361호 [별책 4]교육과학기술부 고시 제2012-3호 [별책 4]고등학교 교육과정(Ⅲ)이 가장 최근 것으로 무용의 이해, 기초 한국무용, 기초 발레, 기초 현대무용, 무용 전공실기, 무용 음악, 안무, 무용 감상과 비평으로 좀 더 심도 있는 춤의 장르를 다룬다.

체육과 교육과정에서 추구하는 인간상은 인격을 도야하고 민주시민으로서의 인간다운 삶을 영위하게 하고 인류공영의 이상실현을 목적으로 하고 있다. 이러한 교육과정은 대한민국 교육기본법[382]의 내용과 그 뜻을 같이 한다. 덧붙여 궁극적으로 자신의 삶을 스스로 계발하고 범세계적 신체문화를 계승, 발전시키는데 공헌할 수 있는 사람을 제시하고 있다.

다섯 가지 신체활동의 가치영역

체육과 교과과정에서 지향하는 다섯 가지 신체활동의 가치영역은 건강, 도전, 경쟁, 표현, 여가로서 '신체 활동의 가치'를 중심으로 이루어지며 교육적 가치들은 인문 사회적, 자연 과학적, 예술적 현상으로 탐구하고 실천하는 특성을 가진다.

먼저 '건강'은 개인이 질병이나 결함 없이 몸과 마음의 평안을 유지할 수 있을 뿐 아니라 사회적으로도 조화로운 삶을 살아갈 수 있는 능력을 추구하는 가치이다. 이는 지속적으로 활기차고 행복한 삶을 가꾸어 가는 기초가 된다.

'도전'은 자신의 수준을 이해하고 받아들이면서도 한편으로는 새로운 목표를 이루기 위해 끊임없이 노력하는 태도를 추구하는 가치이다. 어려움을 두려워하지 않고 도전하는 과정에서 자신의 가능성을 발견하고 성취의 기쁨을 누리면서 자신감과 함께 자기계발 역량을 갖추게 된다.

'경쟁'은 개인이나 집단 간의 능력을 서로 겨루는 상황에서 자기편과 협동하며 책임감을 갖고 최선을 다하되 상대를 배려하며 정정당당하게 경기에 임할 수 있는 능력을 추구하는 가치이다. 이는 개인주의적 성향을 극복하고 건강한 미래사회 공동체를 만들어가는 기초가 된다.

'표현'은 신체활동을 통하여 자신의 감정이나 생각을 적극적으로 드러내고 이를 아름답게 꾸밀 수 있는 능력을 추구하는 가치이다. 풍부한 감수성과 비판적 사고력을 바탕으로 한 다양한 신체적 표현활동은 창의력을 기르는데 매우 효과적이다.

'여가'는 주어진 여가시간을 자기계발과 사회발전을 위하여 유용하게 활용할 수 있는 태도를 추구하는 가치이다. 특히 청소년기에 건강한 생활습관을 형성하고 자기계발 역량을 강화하는데 있어서 중요한 의미를 갖는다.[383)]

여기서 제시한 다섯 가지 신체활동 영역은 신체활동의 목표뿐만 아니라 가치와 영역, 내용영역의 기준, 성취의 기준 등 모든 체육과 교과과정의 큰 틀로 제시되고 있다.

송미숙 – 채선향무

신체활동의 가치와 내용영역

'건강'은 건강에 관한 지식 탐구와 이를 토대로 심신의 건강을 증진하고 관리하며, 건강의 제 문제를 해결할 수 있는 합리적인 의사결정 능력을 함양하는데 초점을 둔다.

'도전'은 개인의 신체적 수월성과 신체 활동을 수행하면서 자신의 잠재력을 발견하고 자신의 한계에 능동적으로 도전할 수 있는 능력 계발에 초점을 둔다.

'경쟁'은 신체 활동에 존재하는 경쟁과 협동의 원리를 인식하고 선의의 경쟁과 상호 이해를 통해 기본적으로 경기수행과 인지전략을 익히는데 있다.

'표현'은 신체 활동의 심미적 요소를 이해하고 창의적으로 표현하며 다양한 표현 유형과 문화적 특성을 감상하는데 초점을 두며 둔다. 표현은 움직임표현, 리듬표현, 민속표현, 주제 및 창작으로 나누고 표현의 대상을 기준으로 삼는다.

마지막으로 '여가'는 일상생활에서 신체적 여가 활동이 가지는 개인적 가치와 사회적 가치를 인식하고 올바른 여가 문화를 자기 주도적으로 만든다. 여가생활과 여가문화는 교육적 지향성으로 나눈다.

초등학교 교육과정

초등학생은 아동기(7~13세)에 해당한다. 물론 아동기를 넓은 뜻으로는 출생에서부터 청년기에 들어가기 직전까지로 나누기도 하지만 보통 유아기(乳兒期)를 0세에서 7세, 초등학생이 시작되는 8세에서 초등학교 졸업까지인 13세까지를 일컫는다.

초등학생의 시기에는 움직임을 즐기며 이를 통해 마음, 언어, 사고, 이미지를 다루는 방법을 발견하게 되며 움직임의 표현으로 아이들은 자신과 자신의 삶을 이해하는 것을 도와주는 매개체[384]가 되는 것을 발견하게 된다. 무용은 표현능력을 길러주고 신체적, 정신적 성장과 함께 사회와의 소통으로 쓰이게 된다.

체육과 초등학교 교육과정에서 제시하는 목표는 학생의 학습과 일상생활에 필요한 기초 능력 배양과 기본 생활습관을 형성하는데 중점을 둔다.

첫째, 풍부한 학습경험을 통해 몸과 마음이 건강하고 균형 있게 자랄 수 있도록 하며 다양한 일의 세계에 대한 기초적인 이해를 한다.

둘째, 학습과 생활에서 문제를 인식하고 해결하는 기초 능력을 기르고 이를 새롭게 경험할 수 있는 상상력을 키운다.

셋째, 우리 문화에 대해 이해하고 문화를 향유하는 올바른 태도를 기른다.

넷째, 자신의 경험과 생각을 다양하게 표현하며 타인과 공감하고 협동하는 태도를 [385]기르는데 있다.

초등학교 체육 3~4학년과 5~6학년에서는 '신체활동 가치에 관한 기초교육'의 시기로 건강, 도전, 경쟁, 표현, 여가 활동을 제시하고 이를 이해, 수행, 감상 활동을 하게 된다. 초등학교 체육은 공교육에서 체육교육이 이루어지는 시작단계로서 건강한 생활습관을 형성하게 하고 기초체력증진, 기초운동수행능력 및 표현능력 그리고 운동규범습득과 여가생활태도의 발달 등을 목표로 한다. 특히 초등학교 3~4학년은 신체활동의 다섯 가지의 가치를 실천하는 '태도 형성'에 중점을 두고 5~6학년은 이러한 실천태도의 바탕 위에 신체활동의 기본이 되는 실천능력을 기르는 것을 강조하고 있다.

초등학교 교육과정의 구성 방침

초등학교 교육과정의 구성 방침은 배움과 나눔을 실천하는 창의적 인재를 기르고 초등학교 1학년부터 중학교 3학년까지의 공통 교육과정을 편성하여 학년 간 상호 연계와 협력을 갖도록 한다. 이를 위해 학교 교육과정 편싱에 유연성을 부여하고 마지막으로 공통 교육과정에서 초등학교 교육은 교육 목적상의 근접성, 학문 탐구 방법상의 인접성, 생활양식에서의 연관성 등을 고려하고 창

차인숙 – 접촉
*프랑스에서
2001~2004 활동

의적 체험활동으로 편성한다.[386] 이러한 관심은 표현활동에서 무용교육에서 창의성을 통한 창작표현으로 움직임표현, 리듬표현, 민속표현, 주제표현을 통해 신체 발달을 꾀하고 이를 통해 예술교육의 중요성을 언급한다. 이로서 표현활동을 통한 초등학생은 교육적 차원에서 표현을 배우며 신체에 관심의 증대를 갖는다. 이러한 표현활동의 탐색으로 초등학생은 예술적 요소들에 대한 인식과 지각력을 높이고 다양하고 창의적인 표현과 감상능력의 발달을 촉진[387]시키게 된다.

초등학교의 체육교과는 '신체 활동 가치의 기초 교육'을 담당하기 위해 올바른 건강 생활 습관 형성과 기초 체력 증진 그리고 표현 능력의 향상 등을 강조한다. 아동 표현활동이 생활성취도에 미치는 영향에서 표현활동을 실시한 집단이 실시하지 않은 집단보다 안정성, 사교성, 적극성, 자신감 그리고 학교생활 적응에 효과적으로 유의한 차이가 있다고 보고하였다.[388] 이를 통해 무용이 갖는 움직임의 교육은 정신과 감정을 인식하고 몸을 통한 창작적인 탐색을 통해 사회의 상호 작용의 역할과 관계한다고 하겠다.

초등학교 내용체계[389]

영역	초등학교			
	3~4학년군		5~6학년군	
건강활동	(가) 건강과 생활습관 • 운동의 단계와 방법 • 개인위생 및 질병예방 • 가정의 안전사고 예방 • 자기인식	(나) 건강과 체력향상 기초체력의 유형과 증진 • 비만예방 및 건강한식생활 • 학교의 안전사고 예방 • 자율성	(가) 건강과 신체발달 • 건강체력의 유형과 증진 • 몸의 성장과 변화 • 상해예방 • 자기이해	(나) 건강과 재해안전 • 운동체력의 유형과 증진 • 흡연과 음주의 피해 • 재해예방 • 상황 판단력
도전활동	(가) 속도도전 • 의미와 특성 • 기본기능 • 측정 및 평가 • 끈기	(나) 동작도전 • 의미와 특성 • 기본기능 • 동작구성 및 평가 • 용기	(가) 거리도전 • 의미와 특성 • 기본기능 • 측정 및 평가 • 문제의 발견	(나) 표적투기도전 • 의미와 특성 • 기본기능 • 측정 및 평가 • 자기조절 타인존중
경쟁활동	(가) 피하기형 경쟁 • 의미와 특성 • 기본기능 • 게임전략의 이해 및 창의적 적용 • 규칙준수	(나) 영역형 경쟁 • 의미와 특성 • 기본기능 • 게임전략의 이해 및 창의적 적용 • 협동심	(가) 필드형 경쟁 • 의미와 특성 • 기본기능 • 게임전략의 이해 및 창의적 적용 • 자기책임감	(나) 네트형 경쟁 • 의미와 특성 • 기본기능 • 게임전략의 이해 및 창의적 적용 • 운동예절
표현활동	(가) 움직임표현 • 움직임언어와 표현요소 • 움직임표현방법 • 창의적 표현 및 감상 • 신체인식	(나) 리듬표현 • 리듬표현유형과 요소 • 리듬에 맞춘 신체활동 표현방법 • 창의적 표현 및 감상 • 신체적응력	(가) 민속표현 • 종류와 특징 • 민속표현방법 • 창의적 표현 및 감상 • 다양성	(나) 주제표현 • 구성원리와 창작과정 • 움직임창작표현방법 • 창의적 표현 및 감상 • 독창성
여가활동	(가) 가족과 여가 • 의미와 특성 • 여가활동의창의적 계획 • 나와 가족의 여가활동 체험 • 가족사랑	(나) 전통놀이와 여가 • 의미와 특성 • 전통 여가놀이의 창의적 계획 • 전통 여가놀이 체험 • 전통 존중	(가) 생활환경과 여가 • 의미와 특성 • 생활형 여가활동의 창의적 계획 • 생활형 여가활동 체험 • 공동체 의식	(나) 자연환경과 여가 • 의미와 특성 • 자연형 여가활동의 창의적 계획 • 자연형 여가활동 체험 • 자연사랑

초등학생 학년별 성취기준

3~4학년은 건강한 체력의 뜻과 종류, 건강과의 관계 및 체력 운동의 방법을 알아가고 개인위생과 바른 식생활 등 안전한 생활습관을 기르는데 있다. 또한 속도와 동작의 도전 그리고 경쟁의 의미와 특성을 파악하고 기본기능을 익히며 적용한다. 다양한 신체 활동은 움직임 및 리듬표현의 유형과 요소를 파악하게 하고 이로써 표현을 배우고 감상한다.

초등학교의 표현활동교육은 그 대상이 신체적으로나 정신적으로 성장기에 있는 아동은 주관과 객관이 완전히 분화된 자극을 받아들이거나 나타내기 위한 신체 조직이 분화되어 있지 않기 때문에 수용한 리듬을 바로 신체운동으로 나타내기 쉬운 면을 가지고 있다. 아동들의 표현활동학습은 무리한 신체훈련보다는 동작에 대한 자발적인 모방운동에 의하여 몸을 익혀주는 학습과 자기의 느낌을 리듬에 맞추어 더욱 아름답게 표현할 수 있는 학습이 되도록 지도하여야 한다.[390] 5~6학년은 건강증진 및 운동수행과의 관계를 이해하고 체력운동에 적용한다. 신체에 따른 변화와 심신 건강에 영향을 미치는 요인과 운동 상해 및 각종재해 예방 등 건강하고 안전한 생활습관을 기르게 한다. 또한 경쟁에서 기본기능과 전략을 창의적으로 적용하게 한다. 초등학생에게 등장하는 춤은 민속표현의 종류와 특징 그리고 움직임의 주제표현의 원리를 이해하여 그 표현을 배우고 감상한다.

표현활동 교육의 목표를 효과적으로 달성하기 위해서는 아동의 요구, 흥미 및 능력에 맞추어 교육내용이 실천되어야 하고 아동의 요구수준이나 능력은 성장발달에 따라 달라진다고 하였는데 초등학교 시기의 아동들에게 표현활동 수업이 활발한 성장과 조화 있는 안정된 신체발달에 기여한다.[391] 여가활동은 환경을 통해 다양한 삶을 생활화하게 하며 공동체의식과 자연사랑의 개념을 이해하고 이를 실천[392]하게 하는데 있다.

초등학생을 위한 신체활동 활용예시[393)]

<table>
<tr><th>대영역</th><th>중영역</th><th colspan="2">3~4학년군 신체활동의 활용예시</th><th>대영역</th><th>중영역</th><th colspan="2">5~6학년군 신체활동의 활용예시</th></tr>
<tr><td rowspan="2">건강활동</td><td>(가) 건강과 생활습관</td><td rowspan="2">맨손체조 스트레칭음악에 맞추어 체조하기
에어로빅스
팔굽혀펴기
윗몸일으키기</td><td>바른자세법 앉기 걷기 등 손씻기</td><td rowspan="2">건강활동</td><td>(가) 건강과 신체발달</td><td rowspan="2">스트레칭 요가 팔굽혀펴기 자전거타기 줄넘기 등</td><td>남·여 신체의 성장 성폭력 예방방법과 대처
운동상해 예방 활동</td></tr>
<tr><td>(나) 건강과 체력향상</td><td>급식방법 등·하교시안전한 통행방법</td><td>(나) 건강과 재해안전</td><td>음주흡연의 실태
금주 및 금연홍보
화재 및 자연재해</td></tr>
<tr><td rowspan="2">도전활동</td><td>(가) 속도도전</td><td colspan="2">• 단·중거리달리기
• 배영 자유형 등</td><td rowspan="2">도전활동</td><td>(가) 거리도전</td><td colspan="2">• 높이뛰기 멀리뛰기 등
• 공던지기</td></tr>
<tr><td>(나) 동작도전</td><td colspan="2">• 맨손체조
• 태권도품새 등</td><td>(나) 표적투기 도전</td><td colspan="2">• 콩주머니던지기 투호
• 씨름 태권도</td></tr>
<tr><td rowspan="2">경쟁활동</td><td>(가) 피하기형경쟁</td><td colspan="2">• 치기태그형게임
공피하기 형게임</td><td rowspan="2">경쟁활동</td><td>(가) 필드형경쟁</td><td colspan="2">• 야구형게임 크리켓형게임</td></tr>
<tr><td>(나) 영역형경쟁</td><td colspan="2">• 럭비형게임
농구형게임 등</td><td>(나) 네트형경쟁</td><td colspan="2">• 배구형게임 족구형게임
배드민턴형게임 등</td></tr>
<tr><td rowspan="2">표현활동</td><td>(가) 움직임 표현</td><td colspan="2">• 이동움직임갤로핑 러닝 스키핑 스텝 점핑 홉핑 등, 비이동움직임구부리기 굽히기 돌기 비틀기 털기 흔들기 등, 조작움직임던지기 받기 차기 치기 등
• 표현요소신체 공간 노력 관계 등에따른신체활동다른사람동작따라 하기 흉내내기놀이 등</td><td rowspan="2">표현활동</td><td>(가) 민속표현</td><td colspan="2">• 우리나라민속무용소고춤 탈춤 강강술래 농악무등
• 외국의민속무용옌카
패티케이크폴카
에이스오브다이아몬드
구스타프스스콜
트로이카 마임
티니클링 등</td></tr>
<tr><td>(나) 리듬표현</td><td colspan="2">• 곤봉체조 공체조 리본체조 후프체조 등
• 음악에 맞추어 율동하기 음악줄넘기 즉흥표현 등</td><td>(나) 주제표현</td><td colspan="2">• 꾸미기체조 실용무용 창작무용 등</td></tr>
<tr><td rowspan="2">여가활동</td><td>(가) 가족과 여가</td><td colspan="2">• 줄넘기 조깅롤러 자전거타기 등산 등</td><td rowspan="2">여가활동</td><td>(가) 생활환경과 여가</td><td colspan="2">• 긴줄넘기 인라인스케이팅 플라잉디스크 부메랑 댄스스포츠 에어로빅스 요가 음악줄넘기 등</td></tr>
<tr><td>(나) 전통놀이와 여가</td><td colspan="2">사방치기 연날리기 줄다리기 등</td><td>(나) 자연환경과 여가</td><td colspan="2">• 등산 래프팅스키 자전거하이킹 캠핑등</td></tr>
</table>

초등학교 교수 · 학습방법

피아제(Jean Piaget)에 의하면 신체활동이 인지 능력에 중요한 영향을 미치며 성장발달에 신체적으로 대근육부터 소근육 활동까지 운동 능력이 향상되어 신체적 경험에서 정신적 능력향상으로 전이된다.[394]고 하였다. 또한 발린(Barlin)과 칼브(Kalev)는 창작춤이 어린이들에게 많은 경험을 제공하고 있어 창의적 표현에 도움이 되는 즉흥이나 상상 표현법을 위해 춤교육이 바람직하다고 하였다.[395] 신체의 표현활동은 초등학생들에게 자신감을 길러주고 창의적 활동이 형성되어 자기 주도적 삶을 배워 나가는데 밑거름이 될 수 있다.

교수 · 학습방법은 일반적인 교육내용전달보다 교사 중심의 교수내용의 재구성과 학습자의 탐색이 중요하다. 이를 위해 교사들의 적극적인 상호작용과 학습내용에 적용을 지향한다. 학습환경은 특성에 맞도록 획일적 방법에서 벗어나 다양하게 교수 · 학습방법을 만들어 지도하도록 한다.

초등학교 교수 · 학습방법의 방향

첫째, 창의적 태도와 인성적 교육은 교수 · 학습방법에 중요한 일이다. 학생들이 더불어 살 수 있는 배려와 나눔을 배우고 가치 있는 경험을 통해 자신을 가다듬고 창의성 요소를 통합적으로 학습할 수 있도록 지도한다. 신체활동을 통해 학생이 탐색, 인지, 판단, 실천할 수 있는 학습 환경을 조성한다.

둘째, 개인차를 고려한 수준별 수업은 신체활동에 대한 학생의 흥미 운동기능, 체력, 성차, 학습 유형 등을 고려하고 다양한 수준별 수업을 실시하도록 한다. 학생들의 성별과 수준에 따라 과제유형과 난이도를 달리하고 목표수준을 달리 적용하여 학습활동에서 소외되는 학생들이 없도록 한다. 이를 위해 과제의 난이도 및 유형은 학생들이 사용하는 학습 자료와 과제수행시간의 재구성 등을 토대로 수준에 맞게 제시하고 이 모든 학습은 수업주제와 동일한 범위 안에서 이루어져야 한다.

셋째, 자기 주도적 교수·학습환경은 학생들이 주도적으로 내용을 파악하고 주어진 과제를 스스로 해결하는데 있다. 학생이 갖는 활동 상황에서 스스로 탐색하고 스스로 과제해결과 내용영역별 수행의 실천을 통해 배워나가고 반성을 통해 체득할 수 있도록 지도한다.

넷째, 통합적 교수·학습활동제공은 신체활동을 총체적으로 이해하고 수행할 수 있도록 교수·학습활동을 통합하는 것으로 신체활동에 직접 참여하는 것을 기본으로 활동 속에서 관련가치를 통합적으로 습득하는 것을 배우는데 있다. 이러한 학습을 위해 읽기, 쓰기, 감상하기, 조사하기 등을 포함시킨다.

다섯째, 효율적 교수·학습방법의 선정과 활용은 지도방법에 있어서 효율적으로 지도할 수 있는 수업스타일과 수업모형으로 교육 기자재를 선정하는데 있다. 또한 교수·학습방법에 따라 창의적으로 변형하여 활용이 가능하다.

초등학교 교수·학습의 계획

교수·학습의 계획은 학생들의 특성 등을 고려하여 최대의 효율성과 안전성을 높일 수 있도록 계획한다. 또한 교수-학습계획의 실천에서 발생 가능한 상황에 대한 계획의 다양성과 유연성을 갖도록 한다.

첫째 교육과정운영계획은 학교에서 교육과정에 제시하는 운동과 건강관리, 운동과 체격, 운동과 체력, 운동과 정신건강을 반드시 지도해야 한다.

둘째, 교수·학습운영계획은 학생의 학업 성취도를 높이기 위한 교수·학습에 대한 구체적인계획을 수립하고 창의, 인성학습의 실천, 지도내용특성, 수업결손대비, 학급수, 학생의 특싱, 시실, 계절 등을 함께 살펴보아야 한다.[396)]

셋째, 교수·학습 활동계획은 학생들의 과제 참여 기회의 증가를 위한 다양한 수업환경과 매체의 활용, 이러한 과제형태참여를 효율적으로 하기위해 학습

조직의 변화 및 수업시간운영의 변경을 가능케 지원한다. 예를 들어 수업의 특성과 학교여건에 따라 학기 중의 수업을 통합 운영할 수 있게 한다.

평가

평가는 교육과정과의 연계성, 평가내용의 균형성, 평가방법의 타당성과 신뢰성을 확보하고 개인차이의 인성교육과의 각자를 고려해 평가기준을 적용하도록 한다.

평가의 계획은 학생의 학업성취도를 측정하고 평가의 지침을 토대로 평가의 내용, 기준, 방법, 도구 등을 마련한다.[397] 또한 평가의 내용과 기준을 선정하고 해당평가와 관련된 주제 대상을 개발하여 이것이 교육과정의 목표와 내용 그리고 교수·학습과정과 연계되어야 한다. 평가도 교육과정에 제시된 건강, 도전, 표현, 여가의 전 영역을 대상으로 실시하되 평가방법과 평가 도구의 다양한 유형의 방법을 활용한다. 예를 들어 지필검사, 크리스트학습일지, 보고서 등을 활용한다. 평가방법 및 도구의 선정 개발평가 도구의 용도 및 특성과 검사도구의 신뢰도의 타당성도 필요하다. 마지막으로 평가의 결과는 학생 전체에 나타나는 평가 결과를 분석하여 교수 학습방법의 개선에 활용하도록 한다.

표현활동 교육은 어릴 때부터 관찰하고, 발견하고, 생각하는 능력을 길러줄 수 있도록 도와주어야 한다고 했다.[398] 이러한 아동에게 자신감과 성취감을 부여하고 사물에 대한 올바른 인식과 이해, 이것을 신체를 통해 자유로이 표현하고, 재창조하는 능력을 길러줄 수 있는 것이 올바른 표현활동 교육이라고 한 것에 비추어 볼 때 학생들이 표현활동에 대한 긍정적인 개념을 가질 수 있도록 적극적으로 참여할 수 있게 도와주어야 한다.[399]

춤이 교육에 기여하는 점은 첫째, 예술적, 미학적 교육으로 창작과 표현의 아이디어가 지식과 이해의 형태가 되도록 하며 독특한 형태의 표현에 접근하게

평가

평가의 방향		
평가는 교육과정과의 연계성 평가내용의 균형성 평가방법의 타당성과 신뢰성을 확보하여야하며 창의·인성교육과 개인차를 고려한 평가기준을 수립하여 적용하도록 한다.		
교육과정과의 연계성	평가내용의 균형성	평가방법과 평가도구의 다양성

↓

평가의계획		
평가내용 선정	평가기준 선정	평가방법 및 도구선정·개발

↓

내용영역별평가

지도한 내용을 가장 효과적으로 평가하기 위해 적합한 평가방법을 선택 변형 혹은 추가하여 활용하되 일부 평가내용 또는 평가방법에 편중되지 않도록 유의한다.

↓

내용영역별평가내용 방법 및 활용의 예시

구분	건강 활동	도전 활동	경쟁 활동	표현 활동	여가 활동
평가 내용	이해력 - 건강운동수행능력 - 건강실천능력 등	이해력 - 운동수행능력 - 규범실천능력 등	이해력 - 운동수행능력 - 규범실천능력 등	- 이해력 - 표현력 - 창의력 - 감상능력 등	- 이해력 - 운동수행능력 - 여가실천능력 등
평가 방법 예시	- 지필검사 - 체력검사 - 체크리스트 - 건강일지등	- 지필검사 - 개인 또는 모둠별 운동기능검사 - 체크리스트 - 수업일기 - 감상문등	지필검사 - 개인 또는 모둠별 운동기능검사 - 체크리스트 - 수업일기 - 감상문등	- 지필검사 - 개인 또는 모둠별 표현능력검사 - 체크리스트 - 감상문등	- 지필검사 - 운동기능검사 - 체크리스트 - 체험보고서 - 여가실천일지 등
활용 예시	체력의 종류와특징에 관한 ○ × 골든벨 퀴즈대회열기(지필검사	50M 달리기기록을 측정하여 기능의 향상도 비교하기 운동기능검사	배구형게임에서모둠이사용한전략을 그림으로나타내고 설명하기전술적의사결정능력평가	우리학급의 하루를 주제로 창작표현하기 창의적 표현 능력검사	점심시간을 이용한 모둠별 긴줄넘기에 대한 계획 세우고 실천하기 여가실천일지

↓

평가결과의 활용

평가결과의 활용학습자 전체에게 나타나는 평가결과의 특징을 분석하여 교수·학습방법의 개선에 활용한다.

하고 창조적 사고와 행동을 발달시킨다. 둘째 문화적 교육으로 다양한 문화의 형태에 접근하게 하고 각기 다른 문화전통에 안목을 기르게 한다. 셋째 개인적, 사회적 교육으로 감정, 가치, 표현의 관계를 탐구할 기회를 제공하며 독립심과 주도성을 성장시킨다. 넷째 건강교육으로 신체와 건강에 책임 있는 태도를 갖게 하며 신체적 자신감과 통제를 가능하게 한다. 다섯째, 통합교육과정으로 움직임과 시각이미지를 통한 의사소통을 발달시키고 사고와 행동에 있어서 선택적이고 유련한 방법을 통해 문제해결능력을 길러 준다.400) 이러한 교육의 기여점은 한국의 초등교육과정에 대한 많은 관심과 함께 지속적인 개정을 거치며 시대별로 바뀌어 왔다. 물론 어느 나라든지 마찬가지로 그 나라의 정책과 제도의 변화에 따라 교육과정을 개정해왔다.

한국의 2009 개정 교육 개편안은 학생의 능력을 기르고, 스스로의 선택 속에서 능력과 적성을 고려하고 학습현장의 자율성을 부여하려 한다. 이러한 교육 개편 과정안은 선택중심 교육과정으로 제시되어 있지만 실질적으로 선택의 폭을 더욱 넓혀 학생들에게 선택권을 주어 사고력, 창의력, 예술적 감수성 등 미래의 핵심 역량을 기를 수 있도록 해야 한다. 그러므로 미래를 위한 수업의 선택은 다양성을 부여하는 교육기관으로 이를 위해서는 기존의 교육제도를 탄력성 있게 바꾸어 나아가야 할 것이다.401)

중고등학교 교과과정

루빈과 벤덴버그에 의하면 사람은 상상놀이를 통해 다양한 역할을 채택 수행하여 다른 사람의 관점에서 세상을 경험하고, 타인의 위치에서 자신을 놓음으로써 조망수용402)* 능력과 다양한 사회, 인지기술을 습득하게 된다고 하였다. 또한 데마리아(Demaria)는 '움직임 교육이 신체의 움직임에 대한 기본 원리를 이해하여

*조망수용능력은 타인의 관점에서 모든 일을 볼 수 있는 능력을 말한다, 1983

운동발달을 능률적으로 개발하는 문제 해결의 한 접근'이 되어야 한다.[403] 이러한 신체표현 연구는 신체의 움직임을 통해 자아개념을 발달시키고 사회적으로 협동할 수 있는 능력을 길러주는 것으로 자신의 신체를 사용하여 창의적 사고의 능력을 기르게 된다.[404]

최선무용단 – 우리춤속으로(북의 향연. 2008)

중학교교육과정의 목표

건강 도전 경쟁 표현 여가의 가치를 이해하고 건강관리 방법을 실천하며 자신 및 지역 사회의 건강 문화를 감상할 수 있는 능력을 기른다. 이를 통해 선의의 경쟁을 실천하면서 스포츠를 수행하고 감상할 수 있는 능력을 기른다. 춤을 통해 창의적으로 표현 활동을 배워 수행하며 감상할 수 있는 능력을 기른다.[405]

고등학교 교육과정의 목표

고등학교 교육은 중학교 교육의 성과를 바탕으로, 학생의 적성과 소질에 맞는 진로개척 능력과 세계 시민으로서의 자질을 함양하는데 중점을 둔다. 성숙한 자아의식을 토대로 다양한 분야의 지식과 기능을 익혀 진로를 개척하며 평생 학습의 기본 역량과 태도를 갖추고 학습과 생활에서 새로운 이해와 가치를 창출할 수 있는 비판적, 창의적 사고력과 태도를 익힌다. 우리의 문화를 향유하고 다양한 문화와 가치를 수용할 수 있는 자질과 태도를 배워 국가공동체의 발전을 위해 노력하고, 세계 시민으로서의 자질과 태도를 함양한다.

1차-7차 무용교육과정

우리나라의 교육과정은 1955년 제1차 교육과정이 공포되었고 '교과과정 시기' 또는 '교과중심 교육과정 시기' 교과교육과정의 기본입장은 교육의 문화적 기능, 교과의 논리적 체계성, 체계적인 학습의 전개이다. 1963년 공포된 제2차 교육과정은 교과만을 강조하는 사조에 대한 비판으로 듀이의 진보주의 교육 사조를 바탕으로 전개된 경험중심 교육과정으로 학습자의 흥미, 관심, 욕구로부터 구성된 교육과정이다. 아동중심 교육사상과 경험주의에 뿌리를 두고 있다.

제1차 교육과정은 1954년 4월 20일 문교부령 제35호로 제정 공포된『교육과정 시간 배정 기준령』이 나타나면서부터 1963년 12월 15일 문교부령 제120호(212호?)로 개정된『교육과정령』이 공포되기까지의 교육과정으로도 불리었다.[406)]

신체표현을 위한 한국 일반 중등학교교육과정에 제시된 무용교육 형태는 제1차에서 2차는 유희의 형태를 지녔고 제3차 교육과정에 이르러서야 민속무용과 창작무용이 점차 구체화되었다. 제4차 교육과정에서부터 현행의 제7차까지 교육과정이 개정되어갈수록 무용은 신체를 통한 창의성 교육이자 예술적, 미적 교육의 형태로 발전하게 되었다.[407)]

다음은 제1차에서 제7차까지의 무용교육과정에 관한 도표[408)]이다.

제1차 무용교육과정 내용

1학년	2학년	3학년
몸익히기 운동의 기본 팔다리운동, 힘주기, 빼기	몸 익히기 운동의 기본 지지운동, 추진운동	몸 익히기 운동의 기본 회전운동, 기본운동
리듬운동 박자의 기본훈련 (4분의3, 4분의4)	**리듬운동** 박자의 기본훈련 (4분의3, 4분의4)	**리듬운동** 박자의 기본훈련 (4분의3, 4분의4)
옮겨가기 전 후진, 방향의 변화 기본 보법 – 걷기 뛰기, 팔의 기본, 팔다리의 응용	**옮겨가기** 전 후진, 방향의 변화 기본 보법 – 걷기 뛰기, 팔의 기본, 팔다리의응용	**옮겨가기** 전 후진, 방향의 변화 기본 보법 – 걷기 뛰기, 팔의 기본, 팔다리의 응용
나타내기–모방표현	나타내기 생활상과 정서적 표현	나타내기 감정. 상상표현
춤추기 예) A – 장난감 병정 명랑, 폴카 B – 무엇인가 찾는다 속삭인다 종달새	**춤추기** 예) A – 유쾌, 이집트 B – 바람, 비, 파도	**춤추기** 예) A – 유모레스크 미뉴에트 B – 추억, 극적무용
이론, 감상 무용의 역사	이론, 감상 무용의 종류와 특성	이론, 감상 무용의 본질, 무용 감상

제2차 무용교육과정 내용

	1년	2년	3년
목표	무용의 기초적 기능인 표현운동에 흥미를 가지도록 한다.	계속적으로 각종 요소를 익혀 더욱 아름다운 표현을 할 수 있게 한다.	무용의 기능을 한층 더하여 창의적 창작적 표현을 할 수 있게 한다.
몸익히기	운동의 기본 진동, 굴신, 회전, 염전, 평균운동	운동의 기본 진동, 굴신, 회전, 염전, 평균운동	운동의 기본 진동, 굴신, 회전, 염전, 평균운동
리듬운동	리듬감의 기초훈련	리듬감의 변화훈련	리듬감의 변화훈련
옮겨가기	전 후진, 촉진방향 높이의 변화각종 기본스텝걷기, 뛰기 스키핑 갤럽, 호핑스텝, 슬라이드, 왈츠스텝 등	1학년에 추가, 거리와 면의 변화, 기본 스텝의 결합, 팔 운동과 이동의 결합, 한국의 무용걷기와 팔운동이동의 결합	1학년, 2학년에 추가 결로의 변화 기본 스텝의 결합
나타내기	자연, 동물, 기계생활 등의 주제에 의한 표현음악에 의한 즉흥	자연생활 현상의 표현	생활감정의 표현 상상표현
춤추기	(1) 주제에 따르는 구성 〈보기〉 꽃, 팽이치기 (2) 음악에 의한 구성, 구성의 기초 (3) 민속무용	(1) 주제에 따르는 구성 〈보기〉 낙엽,가을, 아침, (2) 음악에 의한 구성, 구성의 기초 (3) 민속무용	(1) 주제에 따르는 구성 〈보기〉 바람, 물결, 희망 (2) 음악구성–좋아하는 구성 (3) 민속무용–강강술래
이론감상	무용의 의의, 역사 무용의 가치, 감상	무용의 종류와 특징 무용의 발달, 감상	무용의 본질과 작품 구성법, 의상 조명의 효과

제3차 무용교육과정 내용

1학년	2학년	3학년
1) 목표 무용의 특성과 표현방법을 이해하고 명랑한 태도로써 창의력 표현능력과 조정력을 기르기 위하여 다음과 같은 무용을 한다. 2) 민속무용 ① 한국의 민속무용 강강술래, 농악 ② 외국의 민속무용 3) 창작무용 ① 기초과정 – 자연운동 운동방법과 변화, 시간과 공간 ② 응용과정 – 즉흥표현연습, 무용창작법, 작품 구성과 감상	1) 목표 무용의 표현방법과 효과를 이해하고 창작적인 표현능력과 평형성, 유연성, 민첩성을 높이기 위하여 다음과 같은 무용을 한다. 2) 민속무용 ① 우리나라의 민속무용 – 농악무(소고놀이) ② 외국의 민속무용 – 쿠마하이, 사디유 갠더 3) 창작무용 ① 응용과정 – 동작의 응용과정, 즉흥표현법, 작품구성 ② 감상	1) 목표 무용의 표현방법을 이해하고 명랑성, 창의적인 표현방법, 평형성, 유연성, 민첩성을 높이기 우하여 다음과 같은 무용을 한다. 2) 민속무용 ① 우리나라의 민속무용 – 농악, 강강술래 ② 외국의 민속무용 – 알레반다, 앤이터 헤이 3) 창작무용 ① 창작과정 무용창작법, 즉흥무 ② 작품구성

제4차 무용교육과정 내용

1학년	2학년	3학년
1. 무용의 발달 (1) 무용의 뜻 2. 우리나라의 민속무용 (1) 무용의 기본 - 손의 기본자세, 춤사위의 기본 (2) 강강술래 - 중몰이 장단, 잦은 몰이 장단 3. 외국의 민속무용 (1) 대형 (2) 기본자세 (3) 기본스텝 - 워킹 스텝, 러닝스텝, 호핑스텝, 스키핑스텝, 샤티쉬스텝 4. 창작무용 (1) 몸 익히기 (2) 창작의 순서 - 주제의 선정, 내용의 구상 (3) 표현방법	1.무용의 발전과 특성 (1) 우리나라의 무용의 발달 (2) 무용의 종류와 특성 2. 우리나라의 민속무용 (1) 농악무: 농락의 구성요소, 농악의 사용리듬, 소고치기의 기본 동작 3. 외국의 민속무용 (1) 기본동작: 포워드 앤드백, 서어클 레프트 4. 창작무용 (1) 리듬 익히기 (2) 옮겨가기 (3) 즉흥표현 (4) 작품 만들기 (5) 감상	1.무용의 발전 2.우리나라의 민속무용 (1) 탈춤 (2) 탈춤의 구성 및 내용 3. 외국의 민속무용 (1) 구스타프스코올(스위덴) (2) 하모니카(이스라엘) 4. 창작무용 (1) 표현의 방법과 효과: 신체적 변화, 시각적 변화, 공간적 변화, 작품전체의 변화 (2) 정리방법: 음악, 의상, 조명, 발표 및 감상

제5차 무용교육과정 내용

1학년	2학년	3학년
1. 무용의 발달 (1) 우리나라 무용 발달 ① 부족국가 및 삼국시대 - 제천행사 ② 통일신라시대 - 검무, 처용무, 무애무 ③ 고려시대- 팔관회, 연등회 ④조선시대 - 일무, 정재 (2) 외국의 무용발달 ① 고대 그리스 ② 로마 ③ 중세 ④ 근대 ⑤ 현대의 무용 2.민속무용 (1) 특성과 효과 (2) 우리나라의 민속무용 - 강강술래 (3) 외국의 민속무용 - 춤 출 때의 대형, 기본자세, 기초스텝 3.창작 무용 (1) 특성 및 효과 (2) 몸 익히기 (3) 표현방법	1. 우리나라의 민속무용 (1) 농악무 - 소고치기 2. 외국의 민속무용 - 기본동작: 스윙, 앨보스위, 스타, 도시도, 포워드 앤드 백, 그랜드 체인, 스핀 3. 창작무용 (1) 리듬 익히기 - 속도감, 강약감, 박자감 (2) 옮겨가기 ① 옮겨가기의 스텝, 홉, 점프, 리프, 마주르카 ② 옮겨가기의 공간 구성 ③ 창작순서 - 주제선정, 내용구상, 표현방법 연습발표 감상 ④ 즉흥표현 - 제1단계, 제2단계, 제3단계, 제4단계	1. 우리나라의 민속무용 탈춤과 탈춤의기본동작 2. 외국의 민속무용 (1) 민속무용의 학습방법 ① 특징의 이해 ② 춤추는 방법의 이해 ③ 연습 (2) 외국민속 무용의 실습 - 마임 3. 창작무용 (1) 표현의 방법과 효과 ① 신체적인 방법 ② 시간적인 방법 ③ 공간적인 방법 ④ 인적변화 (2) 정리방법 ① 음악 ② 의상 ③ 조명 (3) 발표 및 감상

제6차 무용교육과정 내용

단원	무용의 이해	무용의 표현	민속 무용	무용의 감상
수업 내용	무용의 발달 – 우리나라의 무용 발달 – 외국의 무용 발달, 특성과 가치 무용의 미	움직임의 기본요소 공간, 시간, 무게, 흐름 무용의 구성형식 시간적, 공간적형식 무용의 표현양식 무용의 창작과 예	우리나라의 민속 무용 외국의 민속무용	내용면, 형식면 작품 전체

제7차 무용교육과정 내용

7학년	8학년	9학년
창작무용 및 선택내용의 다양한 표현 방법을 이해하고 기능을 익히기, 특성과 효과를 알고 창작의 기본 원리를 이해하기, 가치를 인식하고 창의적으로 표현하려는 태도 기르기	우리나라의 민속무용 및 선택내용의 다양한 표현 방법을 이해하며 기능을 익히기, 특성과 효과를 알고 우리나라 민속무용의 역사를 이해하기, 가치를 인식하고 적극적으로 표현하려는 태도를 기르기	외국의 민속무용 및 선택내용의 다양한 표현방법을 이해하며 기능 익히기, 특성과 효과를 알고 각 나라 민속무용의 역사알기, 가치를 인식하고 적극적으로 표현하려는 태도 기르기

제7차 교육과정 개정안 무용교육과정 내용

중영역	소영역	신체활동의 선택 예시	내용
창작표현	심미표현과 창작	창작체조, 음악 줄넘기	가) 신체 활동의 심미표현의 특성과 유형을 이해 나) 심미 활동의 다양한 표현방법을 습득 다) 심미 표현의 방법을 활용 창작 및 발표하고, 작품을 감상 라) 심미적 태도의 개념을 이해하고 실천
창작표현	현대표현과 창작	리듬체조, 현대무용, 댄스스포츠 등	가) 현대표현의 활동의 역사와 유형을 이해 나) 한국과 외국의 현대 표현 방법 습득 다) 현대표현 방법을 활용하여 창작 작품을 감상 라) 현대 표현 및 감상 활동을 통해 대인 관계의 개념을 이해하고 실천
창작표현	전통표현과 창작	우리나라의 민속무용, 외국의 민속무용, 클래식 발레 등	가) 신체 활동에 나타나는 전통표현 역사와 유형을 이해 나) 한국과 외국의 대표적인 전통 표현 방법을 습득 다) 다양한 전통표현 방법을 활용하여 창작, 작품을 감상 라) 전통 표현 감상으로 전통의식과 예절을 이해

표현활동의 내용영역체계

영역	초등학교				중등학교			
	움직임 표현	리듬 표현	민속 표현	주제 표현	창작 표현	창작 표현	창작 표현	창작 표현
표현활동	움직임표현 움직임 언어와 표현 요소 신체인식	리듬표현 유형과 요소 표현 방법 및 감상 적응력	민속표현 종류와 특징 표현 방법 및 감상 자기확신	주제표현 구성 원리와 창작 과정 표현 방법 및 감상 창의력	심미표현과 창작 특성과 유형 표현방법, 창작, 감상 심미적 태도	현대표현과 창작 역사와 유형 표현 방법, 창작, 감상 대인관계	전통표현과 창작 역사와 유형 표현방법, 창작, 감상 전통의식과 예절	움직임 예술과 창작 움직임 예술과 창작의 관계 표현방법, 창작, 감상 창의적 태도

자비에 르 로이 – 재생산(정정아, 김은경, 장원정, 이찬주)

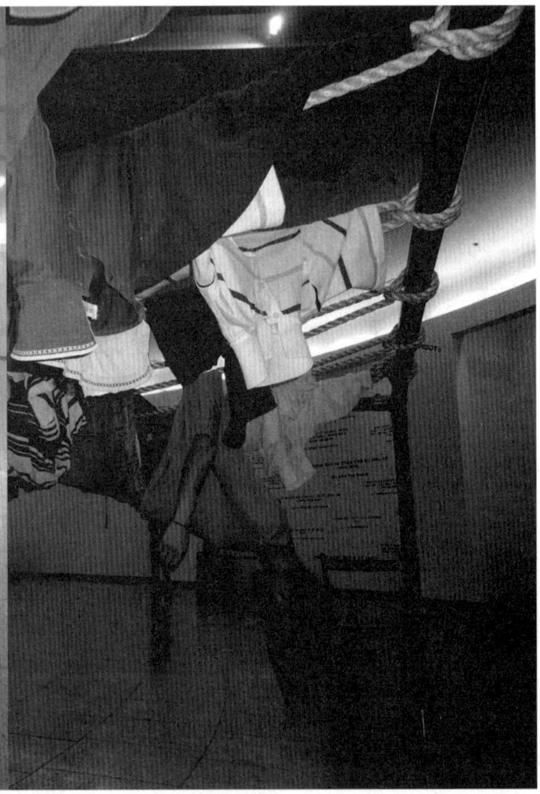

트리샤브라운 – 숲의마루, 이지혜(1970초연, 2010영국, 2011독일)

Move 1960년대 이후의 미술과 무용(2012 한국공연)

한국의 무용교육과정은 표현 창작활동으로 표현활동의 내용은 움직임 표현, 리듬표현, 민속표현, 주제 및 창작표현으로 구분된다. 움직임 표현은 모든 표현의 기초로서 움직임 언어와 표현 요소를 이해하며 체험하는 내용을 포함한다. 리듬표현은 다양한 리듬유형과 특성에 관한 즉흥 표현과 감상을 포함하며, 민속표현은 우리나라와 외국의 민족성을 담고 있는 움직임 표현 형태를 포함한다. 마지막으로 주제와 창작 표현은 창의적인 과정을 통해 개인의 생각과 감정을 표현할 수 있는 신체활동에 초점을 둔다. 이를 통해 심미적 표현방법을 습득하고 이러한 표현을 시도하며 독창성을 기른다.

'2009 개정 교육과정'-중학교, 고등학교 제2011-361호 [별책 4]와 2012년 교육과학기술부 고시 제2012-3호 [별책 4]

1955년 이후 교육과정은 1963년에 개편을 하였고 춤교육 내용의 체계가 구체적으로 확립되지는 않았다. 이화여자대학교에 1963년 무용과가 설립되고 한양대학교 1963년 점차 대학들이 생기며 바뀌고 많은 무용과 학생들이 배출되기 시작하면서[409] 1974년 12월 31일 문교부령 제350호로 지정된 제3차 교육과정에서 무용교육과정으로의 면모를 갖추기 시작하였다. 제1, 2차 교육과정에서 보다 구체적으로 민속무용과 창작무용이 분리되고 무용교육으로 좀 더 구체화되기 시작하면서 무용교육이 범위가 넓어져 교육 안에서의 무용교육의 비율이 15%로 확대되었다.

1981년 12월 31일 문교부 고시 제442호 제4차 교육과정은 교과내용에 무용 이론부분을 부각시켰고, 1987년 3월 31일 문교부 고시 제88-7호의 제5차 교육과정과 1992년 6월 30일 교육부고시 제1992-19호의 제6차 교육과정은 많은 변화를 갖지 않았다.

두드러질만한 변화는 2007년 교육인적자원부 고시 제2007-79호 제7차 교육과정 개정안으로 무용을 표현활동가치 영역으로 분류하며 생각과 느낌을 신체움직임으로 감상할 수 있는 신체활동인 표현활동의 체계로 분류하기 시작하였다. 예술교과군 심화교과과목에서 무용이론이 무용이해로, 무용창작은 안무로, 무용 감상은 무용 감상과 비평으로 개칭되었고 예술교과군 심화과목의 분류는 ① 무용의 이해, ② 기초한국무용, ③ 기초발레, ④ 기초현대무용, ⑤ 무용전공실기, ⑥ 무용음악, ⑦ 안무, ⑧ 무용 감상과 비평으로 나누어 분류했다는 측면에서 그전과의 차이점을 보인다.

'2009 개정 교육과정' 교육인적자원부의 명칭이 교육과학기술부로 바뀌면서

이지혜 - 마이크켈리 · 연극적 공간(국립현대미술관, 2012)

*1950과 1960년대 해리F할로우가 노지의 실험실에서 행하였던 영장류의 애착관계에 관한 실험에서 사용되었던 놀이방 오브제들이 지닌 조각적인 요소를 내포한다. 이 오브제들은 인간크기의 비례로 확대되어 조각가 이사무노구치가 미국의 안무가 마사그레이엄을 위해 제작한 추상적인 무대세트와 비슷한 배열로 놓여 있다.

중학교 내용체계

영역	중학교 1~3학년		
건강 활동	(가) 건강과 환경 • 건강의 이해 및 증진 • 약물과 기호품 • 환경오염과 건강 • 자기조절	(나) 건강과 체력 • 체력의 이해 및 증진 • 성의 이해와 성폭력 • 안전사고와 예방 • 자기존중	(다) 건강과 안전 • 운동처방 • 구급처치 및 운동 상해 • 재난과 안전 • 실천의지력
도전 활동	(가) 기록 도전 • 역사 및 과학적 원리 • 경기 방법과 기능 • 스포츠의 비교 및 감상 • 인내심	(나) 동작 도전 • 역사 및 과학적 원리 • 경기 방법과 기능 • 스포츠의 비교 및 감상 • 자신감	(다) 표적/투기 도전 • 역사 및 과학적 원리 • 경기 방법과 기능 • 스포츠의 비교 및 감상 • 문제해결력
경쟁 활동	(가) 영역형 경쟁 • 역사 및 과학적 원리 • 경기의 수행 및 창의적 전략 • 스포츠의 비교 및 감상 • 페어플레이	(나) 필드형 경쟁 • 역사 및 과학적 원리 • 경기의 수행 및 창의적 전략 • 스포츠의 비교 및 감상 • 팀워크	(다) 네트형 경쟁 • 역사 및 과학적 원리 • 경기의 수행 및 창의적 전략 • 스포츠의 비교 및 감상 • 배려와 존중
표현 활동	(가) 심미표현 • 특성과 유형 • 표현 방법 • 창의적 표현 및 감상 • 독창성	(나) 현대표현 • 역사와 유형 • 표현 방법 • 창의적 표현 및 감상 • 열정	(다) 전통표현 • 역사와 유형 • 표현 방법 • 창의적 표현 및 감상 • 다문화 존중
여가 활동	(가) 사회와 여가 • 청소년기 여가의 이해 • 일상적 여가 활동 계획 및 실천 • 여가 활동의 감상 • 흥미와 몰입	(나) 자연과 여가 • 자연형 여가의 이해 • 자연형 여가 활동 계획 및 실천 • 여가 활동의 감상 • 공존	(다) 지구촌 여가 • 지구촌 여가의 이해 • 지구촌 여가 활동 계획 및 실천 • 여가 활동의 감상 • 개방성

중학교 신체활동의 예시410)

대영역	중영역	중학교 신체활동의 예
건강 활동	(가)건강과환경 (나)건강과체력 (다)건강과안전	• 달리기 걷기 트래킹 등산 수영 요가 에어로빅스 줄넘기 • 약물 및 기호품의 올바른 사용방법 성폭력예방활동 구급처치활동 등 • 환경보호활동 안전사고예방활동 재난대피활동 수상안전 등
도전 활동	(가)기록도전 (나)동작도전 (다)표적투기도전	• 트랙경기 필드경기 경영 스피드스케이팅 알파인스키 역도 • 마루운동 도마운동 평균대운동 철봉운동 슬랙라인 등 • 사격 국궁 양궁 볼링 골프 태권도 씨름 유도 카바디 피구 다트
경쟁 활동	(가)영역형경쟁 (나)필드형경쟁 (다)네트형경쟁	• 축구 농구 핸드볼 하키 럭비 미식축구 풋살 넷볼 플로어볼 • 소프트볼 야구 크리켓 티볼 발야구 킨볼 킥런볼 등 • 배구 배드민턴 탁구 테니스 족구 소프트발리볼
표현 활동	(가)심미표현 (나)현대표현 (다)전통표현	• 피겨스케이팅 창작체조 음악줄넘기 치이리딩 등 • 리듬체조 현대무용 댄스스포츠 라인댄스 힙합 등 • 우리나라의민속무용 외국의민속무용 발레 등
여가 활동	(가)사회와여가 (나)자연과여가 (다)지구촌여가	• 마라톤 자전거타기 인라인롤러 스케이팅 부메랑 저글링 스쿼시 • 캠핑 산악자전거 윈드서핑 낚시 래프팅 스키 스노보드 • 줄다리기 널뛰기 제기차기 투호 스포츠클라이밍 카누 카약 스피드

8차 교육과정으로 혼동을 불러일으키기도 하지만 이 교육과정은 미래형교육과정으로 당시 화제를 불러일으켰다. 2009년 발표된 제2009-41호로 '2009 개정교육과정'이지만 가장 최근에 고시된 무용은 혼동을 피하기 위해 제2011-361호를 살펴보아야 하는 교육과정으로 2011년 8월 9일로 개정되어 고시가 되었다.

2009 개정 교육과정-제2009-41호에서 무용은 체육과 교육과정의 별책11의 심화선택과목으로 표현과 창작운동으로 실려 있다. 고등학교 교육과정은 제2011-361호 [별책 4]와 2012년 교육과학기술부 고시 제2012-3호 [별책 4]에서 고등학교 교육과정(Ⅲ)예술교과군 심화과목의 교육과정에서 무용을 살펴볼 수 있다. 21세기 교육에 맞는 교육을 위해 무용은 열린교육과 인성중심을 기본으로 무용의 요소를 탐구하고 독창성과 열정의 태도를 이해하는 교육과정을 배워나가게 한다.

중학교 성취 기준은 운동 처방을 통해 체력과 건강을 유지 증진할 수 있는 방법을 이해하고 실천하는데 있다. 이는 건강하고 안전한 삶을 살아가기 위한 필요한 내용을 이해하고 일상생활에 적용하도록 한다. 도전과 경쟁은 역사와 운동 방법을 이해하고 과학적 원리를 적용하며 운동을 수행하며 실제의 경기에서 얻어지는 다양한 기능과 전략을 창의적으로 적용한다. 춤이 들어가 있는 표현은 다양한 움직임 표현을 통해 창의적인 표현적 능력을 기르는데 있다. 마지막은 신체활동을 통한 중심의 바람직한 여가문화를 창조하고 향유한다.

중학교 체육과정은 다양한 신체 활동으로 감상과 움직임을 통해 신체활동에 대한 종합적인 소양을 기르는데 있다. 무용은 움직임언어로서 여러 가지 리듬에 맞추어 신체움직임을 창의적으로 표현하고 감상하는데 있다. 무용을 통한 '신체인식'과 '신체적응력'의 개념의 이해는 이동움직임과 비이동 움직임 그리고 신체인식, 공간인식, 노력 관계의 실천에 있다. 또한 놀이나 활동을 통해 개인이나 모둠별로 움직임을 배워나가고 창의적으로 표현하는 방법을 배운다. 이를 통해 학생은자신의위치와 신체의 변화 등을 느끼고 조절능력을 기르게 된다.

리듬표현은 음악, 줄넘기, 즉흥 표현 등을 통해 리듬감을 익히며 신체활동에 나타나는 리듬의 유형과 요소를 이해하고 다양한 음악인 동요, 민요 등에 맞추어 여러 가지 도구인 곤봉, 공, 줄, 후프 등을 활용한다. 표현활동은 심미표현, 현대표현, 전통표현 활동의 특성과 가치 및 유형과 역사를 이해하고 표현활동에 참여를 통해 '독창성', '열정', '다문화 존중의 태도'를 함양하고 다양한 표현활동의 감상을 통해 이를 비교 · 분석하는 안목을 기르는데 있다.

차인숙 – 부정교합 *프랑스 2001~2004 활동

현대표현에서는 한국과 외국의 춤 표현활동의 방법을 알아보고 창작작품을 배우고 표현방법을 배워 본다. 다양한 현대 표현의 과정에서 온몸과 정신을 다해 작품을 표현하는 열정을 기르며 감상의 방법도 배워 나간다. 마지막으로 전통표현은 신체 표현의 역사 및 특성과 유형을 이해하고 다양한 전통 표현방법을 활용하여 창작작품을 구성하고 발표하고 여러 나라의 전통 표현방식의 차이를 이해하고 존중하는 태도를 배워나간다.

표현 창작운동은 다양한 체험을 통해 표현 창작에 관한 이론적 지식과 실기능력을 기르는 것이 목표이다. 이에 대한 이론적 지식을 이해하고 다양한 표현과 창작학습을 습득하며 창의적으로 표현을 통해 창작의 가치를 이해하고 운동예절을 실천하는데 있다. 표현활동은 움직임 표현, 리듬표현, 민속표현, 주제 및 창작표현으로 나누고 있다.

내용과 성취기준[411]

<table>
<tr><th colspan="2">내용 영역과 요소</th><th colspan="2">선택 운동의 예시</th></tr>
<tr><td colspan="2">표현창작 운동의 역사와 특성, 표현 원리와 창작 절차 발표와 작품 감상 부상 예방법과 응급처치</td><td colspan="2">한국무용 현대무용 발레
민속무용 댄스 스포츠 꾸미기 체조
음악 줄넘기 등</td></tr>
<tr><th colspan="2">성취기준</th><th colspan="2"></th></tr>
<tr><td>표현・창작운동의 역사와 특성
역사를 이해 예술적 교육적 가치를 이해
(다) 표현・창작운동의 종류와 종류별 특성 이해</td><td>표현・창작운동의 표현원리와 창작 절차
표현・창작운동의 표현종류 직임의 기본요소 동작 구성하기 등의 표현원리 이해
표현・창작운동의 주제, 동작구성하기 음악 의상소도구 선정하기
창작절차이해, 적용</td><td>표현・창작운동의 발표와 작품감상
표현・창작운동을 만들어 연습하고 발표
작품감상 원리를 이해하고 실제 작품 감상</td><td>표현・창작운동의 부상예방법과 응급처치
자주 발생하는 부상의 종류를 이해, 예방법을 이해
안전사고의 유형부상의 예방법 및 응급처치 방법을 이해 적용</td></tr>
<tr><th colspan="4">교수・학습방법</th></tr>
<tr><td colspan="4">가) 학생들의 개인차예 성차 운동기능수준 체력 체격 흥미 등을 고려하여 다양한 과제 난이도로 다양한 과제유형을 지도한다.
나) 표현・창작운동을 종합적으로 이해하고 체험할 수 있도록 표현・창작운동의 테크닉뿐만 아니라 표현・창작운동이 가지고 있는 다양한 내용을 함께 지도한다.
다) 움직임 표현 및 창작운동의 원리와 절차에 따라 창의적으로 표현할 수 있는 기회를 가질 수 있도록 지도한다.
라) 여러 가지 교육매체를 활용하여 다양한 유형의 표현 및 창작작품을 감상할 수 있도록 지도한다.
마) 운동 상해와 안전사고에 주의하도록 지도한다.</td></tr>
<tr><th colspan="4">평가</th></tr>
<tr><td colspan="4">가) 표현과 창작의 가치와 이론적 지식에 대한 이해를 평가한다.
나) 다양한 표현 및 창작방법에 대한 이해와 창의적인 표현능력을 평가한다.
다) 표현작품 또는 창작작품의 발표력 및 감상태도를 평가한다.</td></tr>
</table>

무용교육은 창의적인 표현능력을 배우며 이를 어떻게 다듬어 갈 수 있는가에 대해 다양한 주제를 만들어 스스로 고민하고 창작하며 이를 표현한다. 이러한 표현활동은 신체의 탐구를 적극적으로 살펴보고 만들어가는 과정과 무용의 관찰을 통한 감상으로 심미적 경험을 통한 기회를 얻는 과정으로 제공 받기도

내용체계 - 무용의 이해, 기초한국무용, 기초발레, 기초 현대무용, 무용전공실기[412]

무용의 이해

대영역	중영역	내용	
무용의 본질과 분류	무용의 본질과 가치	• 무용의 기원 • 무용의 가치	• 무용의 본질
	무용의 분류	• 분류의 기준 및 유형	• 무용의 유형별 특성
무용의 구성	춤추는 몸과 움직임	• 춤추는 몸	• 움직임의 요소
	무용의 구성과 표현	• 무용 구성의 요소	• 무용 표현
무용의 양식적 흐름	한국무용의 흐름	• 민속무용의 흐름 • 창작무용의 흐름	• 궁중무용의 흐름
	서양무용의 흐름	발레의 흐름	• 현대무용의 흐름
	기타	• 기타 무용의 흐름	

기초 한국 무용

대영역	중영역	내용	
기본 춤사위	기본 장단	• 장단의 원리와 종류	• 장단의 실제
	기본 디딤과 사위	• 디딤의 종류와 실제	• 춤사위 기본의 실제
응용 춤사위	응용 니딤과 사위	• 기본 디딤의 응용	• 기본 춤사위의 응용
	한국무용 기본무	• 다양한 장단의 기본무	• 다양한 춤사위의 기본무
	표현과 감상	• 작품의 구성과 표현	• 한국무용 미의 이해

기초발레

대영역	중영역	내용	
기본 동작	바 동작	• 웜업(warm-up) • 바 동작의 실제	• 발 포지션과 동작
	센터 동작	• 팔 포지션과 동작	• 센터 동작의 실제
응용 동작	기본 동작의 응용	• 기본 동작의 연결	• 엉쉔느멍(Enchainement)
	기초 바리아시옹 (Variation)	• 응용 동작의 연결 • 다양한 바리아시옹(Variation)의 기초	
	표현과 감상	• 레퍼토리(Repertory)와 마임 • 발레 미의 이해	• 캐릭터 댄스

기초 현대 무용

대영역	중영역	내용
기본 동작	바 동작	• 웜업(warm-up) • 바웍(bar work)
	센터 동작	• 수축(contraction)과 이완(release) • 떨어뜨림(fall)과 회복(recovery) • 균형잡기(balance) 등 이동 동작 • 크로스 웍(cross work)
	이동 동작	• 크로스 웍(cross work)

	정리 동작	• 쿨다운(cool-down)		
응용 동작	기본 동작의 응용	• 기본 동작의 연결	• 기본 동작의 심화 및 확대	
	연결 동작의 응용	• 응용 동작의 연결	• 응용 동작의 심화 및 확대	
	표현과 감상	• 구성과 표현	• 현대무용 미의 이해	

무용 전공 실기

대영역	중영역	내용		
한국무용	전통무용	• 궁중무용	• 민속무용	
	창작무용	• 작품 실기		
발레	클래식 발레	• 바리아시옹	• 디베르티스멍	• 레퍼토리
	창작발레	창작발레	• 발레의 창작	• 창작작품 실기
현대무용	응용 동작	• 기본 동작의 응용	• 연결 동작의 응용	
	작품 실기	• 작품의 창작	• 창작 작품 실기	
기타	기본 및 응용 동작	• 기본 동작	• 응용 동작	
	작품 실기	• 작품 실기	• 창작 작품 실기	

무용음악

대영역	중영역	내용	
무용 음악의 이해	무용 음악의 특성	• 시대적 특성	• 지역적 특성
	무용 음악의 분류	• 한국 무용 음악	• 외국 무용 음악
무용 음악의 활용	무용 음악 활용의 이해	• 무용 음악의 분석	• 무용 음악의 감상
	무용 음악 활용의 실제	• 음악 선곡과 표현	• 공연

안 무

대영역	중영역	내용	
안무의 이해	안무의 원리	• 미적 원리	• 무용 요소의 활용
	안무의 특성	• 무용이미지	• 현장성
안무 과정 및 방법	안무 과정	• 움직임의 발견과 탐색 • 구성과 효과	• 논리적 전개
	안무 방법	• 구성법	• 표현법
발표와 감상	발표	• 역할과 표현	• 발표 태도
	감상	• 올바른 감상	• 분석과 토론

무용 감상과 비평

대영역	중영역	내용		
무용 감상과 비평의 개념	무용 감상의 개념	• 감상의 개념	• 감상의 방법	
	무용 비평의 개념	• 비평의 개념	• 비평의 방법	
무용 감상과 비평의 실제	한국무용	• 궁중무용	• 민속무용	• 창작무용
	서양무용	• 발레	• 현대무용	
	기타	• 재즈	• 댄스 스포츠	• 기타

한다. 이러한 무용교육은 직관, 감각, 상상력을 발달시키고 학생과 개인을 넘어 사회전체에 유익하며 '전인적 교육'으로서 사회에 이로움을 주게 된다.

또한 무용교육은 '독창성', '열정', '다문화 존중의 태도'를 함양하고, 다양한 표현활동을 통해 사회유지와 발전을 위한 성원 양성의 목적으로 학생들을 유도하고 있다. 이로서 사회개선의 중심교육과정의 관점에선 학생들은 현재 사회의 구조적 모순을 변화시키는 포스트모더니즘의 교육과정에서 사회적 의식이 깨인 변화의 주체로 길러지고 있다. *교육과학기술부 책자에 따라 춤 → 무용 표기

대학은 진리탐구와 전인교육의 장(場)

김태원은『춤의 미학과 교육』에서 예술교육은 한 차원에서는 '인문학 내지는 전인교육'의 기능을 갖고 있고, 또 다른 차원에서는 '특수한 예술적 기능교육'의 차원이 있다고 하였다.[413] 현재 무용과를 두고 있는 대학은 특수한 기능교육에 보다 치중 해 90년대를 넘어 21세기로 들어서면서 특수 춤 기량만 발전한 채 교육의 갈 길을 잃고 정체상태에 서 있다.

최근 한국의 대학들은 인구의 감소로 인한 학생율의 급격한 저하와 대학교육의 평가를 통해 개혁을 위한 몸부림을 치고 있다. 뿐만 아니라 대학은 정부의 강력한 제재 하에 정부지원금에 대한 영향력으로 행정과 관리 하에 대학 내 구조조정을 해 나아가고 있다.

빌리 브란트는 "교육에서 학문과 연구는 우리가 우선적으로 수행하여야 할 개혁의 첨단이다."[414]라고 하였다. 물론 백년지대계(百年之大計)라는 말은 흔히 교육(敎育)과 관련지어 인재양성이 국가와 사회발전의 근본초석이고 그 영향이 심원하기 때문에 '백년 앞을 내다보는 큰 계획'이라는 뜻으로 쓰는 말이다. 먼 미래를 위한 국가의 교육제도는 정치, 사회, 경제의 변화에 발맞추어 개혁되고 이들의 요구와 주장들을 교육에 포함시키고 있다. 그러나 대학의 본질인 진리탐

구의 기능이 국제적 대학교육의 평가와 정치적 잣대에 측정되고 그들의 목표하는 대로 행해지는 것은 문제점을 불러일으키게 될 수밖에 없다.

현 세계를 지배하는 이념은 '포스트모던'이다. 포스트모던은 근대(modern)의 순수와 규범의 시대를 획일적인 가치들로 엮으면서 숱한 비논리와 파격의 세계 속에 흩어버렸다.

피터드러커는 지식의 의미의 변화가 사회구조를 근본적으로 바꾸어 놓았다고 하였다. 이에 따라 교육 변화도 불가피해지는 것이다.

새로운 지식의 창출은 지식의 중심점을 무의미하게 하여 탈중심적 가치를 수반하게 한다. 따라서 사회적으로 가치의 절대성이 약화되고 상대적 가치를 지향하게 되었다.[415)]

이는 포스트모더니즘의 현상으로 특정의 이론이나 원리를 가지고 모든 것을 획일적으로 규정하고 통제하는 전체적 사고방식을 비판한다. 따라서 추상적 보편성을 부정하고 특별하고 독특한 일상의 삶을 추구하며, 일반화나 보편적 범

국수호 - 무천(舞天, 2006) *국수호 춤 특징 : 농경과 무속문화, 불교와 이국적, 죽음과 회귀

주화를 거부하고 지엽적이고 특수한 것, 그리고 차이를 존중한다.[416] 춤교육 또한 포스트모더니즘 철학에 입각해 발전하고 있고 포스트모더니즘 속에서 전통과 대중성, 지역성을 되찾아 현대적 이상을 추구하였다.

모던(modern)과 포스트모던(Postmodern) 두 명제는 상이하고 대립적이다. 이 두 명제에 담겨 있는 가치들은 오늘날 우리 교육사회에서도 충돌하고 있다. 현대-포스트모던(Postmodern)를 특징짓는 것은 절충주의, 혼합, 경계선 넘기, 유일한 독선의 규칙은 없다 등이다. 이러한 논리는 우리는 삶에서 확인할 수 있다. 누구나 손쉽게 가지고 있는 스마트폰인 전화는 기술의 발전과 더불어 전화기능과 카메라, 사전, PC, 인터넷, TV, DVD 등의 모든 것을 결합한 인간의 위대한 산물이 되었다. 그러나 획일적 절충주의, 혼합의 개혁은 한국의 모든 대학교육을 때론 병들게 할 수도 있다.

대학의 교육은 인지적, 규범적, 도덕적 영역의 위에 국가적, 정치적, 사회적 목표를 수용할 수 있음을 인지하여야 한다. 뿐만 아니라 대학의 교육적 근본은

샤샤발츠-(NoBody, 2002) *육체, 에스(S), 노바디를 발츠의 몸 3부작 '세편의 비극'으로 봄

진리탐구의 바탕위에 학문하는 삶의 원천의 장(場)으로 합리적인 소통을 이루어야 하고 춤교육도 결코 다르지 않다.

또한 춤교육은 대학의 진리탐구에 대한 연구기능을 살리고 전인적 교육과 보편적 인간교육에 대한 본질을 되찾을 때 교육으로서의 중요한 목적을 이룰 수 있다. 그러므로 춤교육은 분리주의적, 개인 중심적으로 분산되어가는 것을 인문적 소양과 예술로서의 자율성을 살리며 조화롭고 적절하게 현대사회에 부응해야 한다. 이것이 대학이 지닌 본질적 교육의 기능이며 춤교육에 있어서도 중요한 기능이 된다.

대학은 본질적 대학의 기능을 갖고 있을 때 개인적으로나 사회적으로 자신을 성찰하고 미래의 교육의 목표를 설계할 수 있다. 그러므로 대학은 학문의 그 고유한 가치를 사회의 공개적 지평에서 상호 인정하고 평가할 수 있는 능력과 여유를 찾아야 한다. 그것이 바로 대학교육이 기본적 진리탐구 위에 서있을 때 가능하며 진정한 교육의 모습을 되찾는 길이 될 것이다. 춤교육도 대학의 기능인 학문하는 삶의 원천의 중심을 잃지 않아야 한다. 교육에서 누릴 수 있는 자율성을 찾는 것이야말로 교육의 본래의 목적과 기능을 보존하고 교육의 힘을 갖게 되는 것이다.

박경숙 – 백조

대학의 일반적 기능은 연구와 교육이다.[417] 21세기 우리 사회는 정보화의 지식과 정보의 중요성을 높이기 때문에 이에 상응해서 진리탐구와 창조적 연구의 산실로서의 대학의 역할과 책무[418]를 잊지 말아야 한다. 이에 상응해서 진리탐구와 창조적 연구의 산실로서의 대학의 역할과 책무가 더 크고 무거워졌음을 잘 염두해 두어야 한다. 대학은 사고하는 사람들이 지적 삶을 추구하는 곳이다.[419] 야스퍼스는 대학에서는 무엇보다도 진리탐구를 통한 연구가 중심이 되어야 한다고 하였다. 이는 모든 대학이 연구중심의 고등교육기관이 되어야 한다는 의미는 아니다. 그러나 설령 직업전문교육을 위임받았거나 시대상황으로 이를 수행해야 할 운명에 처한 고등기관이라고 할지라도 오로지 진리탐구에 대한 '연구'가 대학교육의 기초토대라는 것을[420] 의미한다.

대학은 교수기능과 연구기능을 분리할 수 없다. 야스퍼스는 '연구와 교수'의 결합이야말로 숭고하고 양도할 수 없는 대학의 기본 원칙'이며 연구를 통하여 "기억력에 맡길 수 있는 생명 없는 결과보다는 학문적 탐구정신에 생명을 부여해 줄 수 있다."고 했다.

엇갈린 인연 – 김애정 · 이지연(2003), 이찬주 안무(국립극장) PAX21dance company

그러므로 교육은 자신의 분야에서 외적인 동기보다 내재적 가치에 의미를 부여하고 스스로 자신의 잠재력을 최고도로 발현하려는 '품성'을 기르는 일과 연관된다. 결국 교육은 소수 엘리트만을 위한 차별화된 교육을 의미하는 것이 아니며, 인성교육과도 무관하지 않다.

따라서 오늘날 비록 대학교육이 보편화되었다고 하더라도 인성과 진리탐구에 대한 연구기능은 모든 대학의 본질적 기능일 수밖에 없다.[421]

『현대의 춤교육』(1948)에서 루돌프 라반은 "예술교육을 육성하는 학교에서 목표로 하는 것은 예술적인 완전함이나 창작, 그리고 선풍을 일으키는 춤공연이 아니라, 창의적인 춤활동이 인성에 끼치는 유익한 효과에 있다."고 하였던 만큼 학교에서의 춤교육은 '인간성의 깊은 곳과 육체의 조화' －뿐만 아니라 '인간과 문명과의 조화'－를 얻기 위한 곳임을 잊지 말아야 한다.

서울발레 씨어터－이상한 나라의 앨리스 (2000, 초연) *TV로 빨려 들어가는 앨리스가 등장. 나비, 전자회로, 마우스 등의 춤. 고전과 현대가 공존하는 발레

김효진 연출 · 김형수 미디어 아트
*앨리스가 첨단테크놀로지와 만나 광화문광장, 서울카페 등을 날아다닌다는 미디어파사느 기술공연 적용 작품

무대춤이 무대를 염두에 둔 전문 춤꾼들의 기량중심의 교육이라면, 교육춤은 학생을 중심으로 춤을 통해 인간적 성장으로 신체적·정서적 성장을 돕는 것을 목표로 한다.[422] 우리는 이러한 방법을 적절하게 활용하여 학생들이 춤교육을 통해 예술을 넘어 다양한 문화를 배우고 그들의 이상과 목표를 성취하도록 도와야 한다.

우리의 춤교육과 제도가 미래에 더 견고한 생존을 위해 교육의 기능인 진리탐구와 전인교육의 장(場)으로 여겨질 때 춤교육에 대한 평가에서 보다 자유로워 질수 있을 것이다.

서차영 – 코리언발레 씨어터

The Postmodernism & Education of Dance

제8장

부 록

제8장

Dance

Dance has existed since the dawn of man, and will always be around.

Before there were any languages in the world the human race communicated through dance, and did it through gestures, movements or postures, however these movements didn't express as much as dance. Later, humans used dances a tool to express their inner experiences, even with language, art, and other various kinds of images do not express them all, and dance can more easily express these feelings. People express feelings with emotions such as sadness and anger, however language fails to express these feelings as efficiently as dance. After experiencing an amazing performance, there is a limit to the exclamation of excitement, such as applause or a sigh, and these are precise such as "ahh" so the body expresses emotion more efficiently than language. At this point it is displayed as a gesture of admiration.

Through cave paintings of ancient cultures, dance is revealed as a tribal ritual and can provide answers to it's longevity.

Dance is representing body and soul, liberal and moderate expressive behavior, and the expression of social and personal life, recreation, religion, war, drama, etc. and dance can bring them all together without boundaries. Dance can bring people to another level which seems to be outside of this world, through ecstasy and emotion. When dancing fast, people can feel more happiness and joy, because they can forget their problems.

People need a reason to dance, to feel better so they can use their arms and legs to express this. In ancient times, dancers were thought to have magic powers and people that could dance were used for such things as healing, or giving people people strength and getting armies ready for battle to ensure victory. Dancing also relieves us of the monotony of life, it can give us an escape for life's problems and give us pleasure. This was thought to be brought magically.

When people dance they can share a feeling, while holding hands they can unite this magic and it was thought to be contagious, for the joy was spread through the dancers. People dance because they feel a need to express their emotions. Humans have invented dances that have a variety of functions. Ballroom dancing, tribal dance, and dances such as square dancing provide entertainment for many people. We can see remnants of ancient rites in processions such as parades, weddings, funerals, and graduation ceremonies. At many points in history there have been additions to these dancing rites as well as fusion.

Ancient – ritual dance (the temple - the priest)

Middle Ages – the dance of death

One of the most famous songs of Saint-Saens Carnival of the Animals that came out of the Danse Macabre

Middle Ages – the dance of death; when someone was bitten by a tarantula, "a convulsion infuriated the human frame. Entire communities of people would join hands, dance, leap, scream, and shake for hours. Music appeared to be the only means of combating the strange epidemic, lively, shrill tunes, played on trumpets and fifes, excited the dancers; soft, calm harmonies, graduated from fast to slow, high to low, prove efficacious for the cure."

One of the most famous songs of the Saint-Saens 'Carnival of the Animals' was the dance of death "is an artistic genre of late-medieval allegory on the universality of death: no matter one's station in life, the Dance of Death unites all. The Danse Macabre consists of the dead or personified Death summoning representatives from all walks of life to dance along to the grave, typically with a pope, emperor, king, child, and labourer."

Renaissance – during the Middle Ages through the Renaissance court dancing was blossoming. Aristocrats and wealthy bourgeois couples on the ballroom at the pace and movement, rotation, and greeting eachother in silent conversation was metaphorical. Romantic love, but for the atmosphere of dance, and access to the Middle Ages, chivalry was formed.

When Louis XI of France was the king, the audience would eat during the performance. The term 'entre' comes from ballet because when the dancers would dance, the course that was served was the entre. Based on popular myths, the audience would eat lamb when the theme of the dance was sheep or the dancers wore wool. If the dance involved a pig, the audience would eat pork. If the theme was hunting or deer, the audience would eat venison. The audience would eat chicken if the theme was birds, or if the ballet costume resembled a bird such as a peacock. If Poseidon was in the ballet, the audience would eat seafood. After eating, if the ballet involved Hebe (the goddess of youth, who was Zeus and Hera's daughter, who was the cupbearer for the gods) then the audience would drink heavily.

Ballet is a formalized form of dance with its origins in the Italian Renaissance courts of the 15th and 16th centuries. It quickly spread to the French court of Catherine de' Medici where it was developed even further.

Italian dances in water 'ballare' made in 1581 originated from the ballet 〈The Queen of the comic ballet'(Ballet comique de la Reine Lonise)〉 is the first ballet. After Louis XIV of France in the 17th-century, French ballet became more popular, Ballet on the stage floor painted over the bold desire to ideographic characters, a noble mind, immortal fame, the greatness of courage, a good pain, endurance in trials, so the truth, a happy fate, universal love, glory and power of the crown are all represented. The letter also reveals the politics through the choreography. -* 5 kinds of initiatives to establish positions of this period, the court ballet is primarily a means of governance, sovereignty and praise two weeks of absolute royal authority(主) has been a topic. Louis XIV of France referred to the 'Sun King' ballet by his influence on the nobility of simple entertainment, professionals and experts in art began to change in large numbers.

18th-century ballet

Marie Camargo, Marie Salle, Jean Georges Noverre

19th-century - Romanticism Ballet

Romanticism Ballet -〈Giselle1841〉, 〈La Sylphide1832〉

Point Technique, Romantic Tutu, Ballet Blanc, Illusion

Marie Taglioni, Fanny Elssler

19th−century ballet-Classicism Ballet

Marius Petipa 1819~1910

Happy End, Spectacle style

〈Don Quixote 1869〉, 〈The nutcracker 1892〉, 〈Swan Lake 1895〉, 〈The sleeping beauty 1890〉

20th−century ballet

Ballet Russes − Sergei Diaghilev

Hellenism Ballet, Neo primitivism Ballet, expressionism Ballet , Futurism Ballet abstract ballet, Rayonism Ballet Neo−classicism Ballet, Mechanical Ballet

Michel Fokine, Anna Pavlova, Vatslav Nijinsky, Nijinska,

Scheherazade

Still a ballet - a dance adaptation as the most powerful being in the art and is a genre.

Modern Dance Isadora 20th century(Modern dance)

Germany, France, Russia and established dance schools has created a beautiful and free dance. I was born in 1877 in San Francisco, in 1927 in Nice, France Bugatti car ride from the beach run by a scarf caught in wheel car died. Isadora dancing a lot of building schools to teach more students around the world announced her dancing.

Isadora Duncan(Isadora Duncan 1878~1927) of all the movements of the dance as a source of freedom and assumes the completion of the internal representation and the liberation of women eager to show was a dance. The reason for all the movements of the dance as a source were obtained from the inner urge the wind, waves and other natural phenomena, came to visit in the movements of the material. She dressed in a traditional corset and rejected the ancient Greek tunic and wore the unisex uibokin and danced barefoot and appeared on his dancing and so was the other dancer. These people of her dance form 'Dancing Barefoot' as I called to say she was represented by a representative of the dance.

Isadora Duncan was instrumental in creating a new style of ballet, she was considered to be the creator of modern dance, representing freedom and the emancipation of women eager to dance. Her style represented wind and waves and other natural phenomena as she tried to incorporate them in her dances. She rejected traditional ballet steps to stress improvisation, emotion and the human form. Duncan believed that classical ballet, with its strict rules of posture and formation, was 'ugly and against nature' When Duncan saw Aphrodite in a museum of ancient artifacts by Heinrich Schliemann who discovered Troy, she was very affected by the style and she incorporated them into her dance, most notably the Greek tunics. She refused to wear traditional ballet attire and always danced barefoot and became known for that.

Contemporary and Post–modern dance

Contemporary dance is a broad term representing and incorporating many styles of dance from different countries. Contemporary dances include Japan's Butoh dance, France's Nouvelle Danse, Belgium's modern dance, these three countries are considered contemporary styles while post–modern dance from the United States and the contemporary dance of Germany, Tanz–theatre are differentiated from the contemporary dance styles. The creators of the contemporary dances want to separate the dances of Japan, France and Belgium from the post modern dance of the United States and Germany.

Postmodernism

The initial verification of artistic modernism, postmodernism and reflection, was ignored tradition and modernism, with its popularity, the locality, and back, more modern ideals seem to enrich the completion of modernism.

The central motivation of post-modernism, modernism, high culture and low levels established through the strict separation of culture, every genre of art is a reaction between a closed castle. Another main feature Postmodernism culture and way of thinking posed a strict framework of governance, so communication is not possible to reject the politics, culture, and has broken the area of specialization, to destroy the boundaries of life and culture, politics and ideology in art put you to critically discussed.

Modernist art, something new, future-oriented(future-oriented) yimyeonseo, the so-called high art for almost a blind pursuit was a bondamyeon, post-modernism in the past and nostalgia(nostalgia) and the new art to share their passion for casual mix is to . And over the years, especially post-modern art in academia eseona cultural alienation that increases their interest in art.

Post–modern dance

Post–modern dance that began in the early 1960s was the purest and simplest using the nature of the movement, for example, the Judson Dance Theater. The artists involved were avant garde experimentalists who rejected the confines of Modern dance practice and theory, inventing as they did the precepts of Postmodern dance. The Judson Dance Theeater included, Yvonne Rainer, Tricia Brown, Steve Paxton Lucinda Childs. This was the new generation of choreographers in postmodern dance. Before this the creation of such dances were rejected.

This kind of dance was not confined to the stage, it gave up the essence of dance to explore the boundaries of dance through minimalism.

Trisha Brown, Jessica Cargill, Lucinda Childs, Philip Corner, Judith Dunn, Malcolm Goldstein David Gordon, Sally Gross, Deborah Hay, Fred Herko, Tony Holder, Meredith Monk, Aileen Passloff, Steve Paxton, Yvonne Rainer, Carolee Schneemann ,Jen Scoble, Elaine Summers, James Waring

According to David Levine there are two different time frames of postmodern dance. The first period is between 1960 and 1970.

This period of postmodern dance, was not confined to the stage, such as performance art that was only concerned with the essence of movement through minimalism, and create a standard for this style of dance that remains in this framework.

The second period started in the 1980's. This style of post modern dance removed remnants of modernism, however it is totally different from the postmodern dance style of the 60's and 70's. During the 1980's dance was not restricted to movement, so anything was included in the genre, including theater, music, and motivational speaking and many other types of actions not considered dance. It became a hybrid of all different types of art and postmodernism was reinvented with a sense of freedom.

During the 1960's and 70's the dancers usually wore everyday clothes, to represent the minimalistic aspects of the dance, however during the 1980's, what the dancer wore became important once again. They often wore extravagant costumes so fashion sense reappeared in post modern dance during this period.

The result was a new dance craze. From this craze came new techniques and new elements such as beats, jumps, higher extensions, quicker steps, sophisticated rhythms such as Arabesque and dancer's attitudes changed. When choreographers restructured the dances, the dancers had to re-learn ballet techniques. Choreographers emerged such as Merce Cunningham to bridge the gap between the two new styles. The Judson dance theater was a variation of Cunningham's styles while Steve Paxton pioneered contact improvisation which is a dance technique in which points of physical contact provide the starting point for exploration through movement improvisation.

Merce Cunningham's story

"Dancing just seemed a part of what I did. I was 10 I think when I first began to study with her. We learned in her kitchen on the linoleum. Mrs. Maude Barrett, little kids, we muddled through the steps and she would get up very energetically, and say "No, no, that's not it." And then she would do it. And somehow it was her energy that so touched me.

I was a soloist in the Martha Graham company for 6 years. Cage, John Cage had come to New York and at some point proposed that we do a program together. I would make solos and he would make music. These were always the first dances of course I had ever made too. But my first experience with working with Cage in this way where the dance and the music were somewhat separated, that is composed separated.

This is not a situation where I make a dance to which they design and make a piece of music. It's like separate things that come together.

I worked in a way of making the movement ahead of time so to speak and then taking it to the dancers and giving it to them.

The dancers are not pretending to be other than themselves. They are in a way realizing their identities through the act of dancing.

They are rather than being someone, doing something.

I always try to look at the person who is doing it to see how this particular person would do that movement, not just this is the way I told you to do it or the way I do it, but maybe there's a way you do it that makes become real for you.

One enjoys movement of any kind which I do, watching someone whether a dancer or whether an animal or a bird. Well it has always been an intense part of my experience.

Movement, in human movement it's limited by certain things, we have two legs and two arms and one head. All of that, so that there is a certain limit to the kinds of movements but the variety of that is endless, absolutely endless.

Contemporary Dance

The distinctive nature of the present age of dance art comes from dancers using a variety of art forms to convey their message or metaphor using the blueprint that the choreographer conjured. The stage is also a medium of expression coupled with technology, can show the breakthroughs in dance with the acceptance of new areas, new messages, new gestures and movements.

These days dances are based on the individual's unique personality, with trends including 'the expansion of the movement', 'crossing the boundaries of the genre', 'the change of narrative', 'reinvention' and 'the human form.'

1. Expansion of the movement

During the 2000's the rules to classical dance have been dismantled creating a new style which has no boundaries. This new style breaks the barriers of dance and draws inspiration from all styles of art as well as everyday life. For example the theater group DV8 emulates the movements of a man without legs in 'The Cost of Living'(stage 2003, film 2004) The dancers follow his mannerisms to create a unique dance based on his movements.

DV8's works include;

〈Can We Talk About This〉, for stage, 2011

〈To Be Straight With You〉, for stage, 2008

〈Just For Show〉 for stage 2005

〈The Cost of Living〉 for stage 2003 and for film in 2004

〈The Happiest Day of My Life〉 for stage 1999

〈Enter Achilles〉 for stage and film 1995

〈MSM〉 for stage 1993[2]

〈Strange Fish〉 for stage and film 1992

〈Dead Dreams of Monochrome Men〉 for stage 1988 and for film in 1989

〈My Body, Your Body〉, for stage, 1987

〈My Sex, Our Dance〉, for stage and film, 1986

With this new style of dance, walls are torn down. The new genre incorporates other kinds of dance such as break dance, jazz as well as fine art and other non-dance actitives such as martial arts and gymnastics as well as everyday activities. It fuses all of these movements into one kind of dance.

Lloyd Newson, who is the leader of DV8, uses this style in his dances. From using the movements of a disabled man in 'The Cost of Living' to using light in 'Just For Show' to give a political message. In this performance the dancers wear soft colors such as white and the lights change colors very quickly. This color changing is a metaphor for the way dance is changing so quickly as well as life and culture. The style uses satire and parody as well to explain a point through performances.

2. Total Theater- crossing boundaries

Music, stage art, lighting, costume related areas such as dance performances that make up a dance no longer a necessary but ancillary factors are not the works that make up each part of the dance and recognized or independent value has received. Therefore, in recent dance music, dance, dance and stage art does not fit stage, lighting, costumes problem that does not fit together anymore is not a serious error.

Jan Fabre's dances

The aim of this study is to outline the meaning of the body's movements in Jan Fabre's dances. The subject discussed is the biological components of choreographer Jan Fabre's dances, and the source of the form of the body and it's shape.

First, 'I am blood(Je suis Sang 2001)' the power of the blood and the opposite, it's weaknesses are shown. This idea complements an active and positive representation the body's pure desire. Another meaning is how we are giving birth to the ideology of liberation in modern times.

Second, in History of Tears" a man in despair in a desperate situation should not be helpless without an alternative. The world's presence has been suggested that we should take care of each other. He calls this situation the process of seeking the truth with the representation of tears as life of the body to restore the original form of the human soul.

Jan Fabre implemented the theatrical elements of a play and the freedom of the movements of the body to mix these two genres. 'I am blood(Je suis Sang 2001)' and "History of Tears show joy, pain, sorrow and deep reflection about the meaning of the body and it's movements. His dances contain a unique and profound way to show human nature as a metaphor successfully.

Jan Fabre's bodies of work emphasize human exploration and beyond his art, dance and culture of modern influences are broad. He has changed the way we think about modern art and how it's presented in his dance.

Feminism through Education of dance.

Feminism is an organized movement for the attainment of rights for women to be equal to those of men.

This movement argues that society is male-dominated and this causes oppression.

Originally men were on a higher social level because of gender roles between the two sexes. Through understanding traditional customs, we can see that these gender roles no longer limit women and ultimately change is possible.

This paper discusses understanding feminism and the role of feminism in dance, and then later explains to students the division of authoritarianism teaching and subjectivity, meaning students can form their own opinions about the subject.

First, it explains the uniformity of the feminist classroom teaching in dance education as an authoritarian structure, to teach the techniques. Then the teacher focuses on the freedom to develop these techniques in their own ways using emotion and thoughts. In addition, the students will learn to resist the standard techniques and develop their own structure, and will breed creativity. These capabilities will increase the body's experiences with dance and with their life. This ignites memories of the body's skin, shape, and even the roots of their ancestors, such as racial differences. This leads to creativity and imagination. The dancer can show their life's experiences through dance as well as determine their life path without reservations and express cultural differences through dance, using the body to explain these differences and human nature.

Secondly, a practical consequence of feminism is expressing women's thoughts and ideals. Feminism uses the image of ones mother as the warm educator, and breaks male-centered ideals. It increases the student's confidence and creativity through dance, education, feminism, their mother's endless generosity. Each student can achieve infinite power and generosity and find their own 'color' or aura. Therefore feminism is power in dance.

When the dancer's color is revealed, education can begin in setting the ultimate goal for their life. Women have been marginalized in most cultures and are labeled as the weaker sex and their identity has suffered because of this. In dance they can release this oppression with creativity and subjectivity.

The audience can sympathize with the dancer and be connected to their culture with sympathy and understanding.

With discussing feminism comes the pressure to create values and education through dance.

The importance of feminism dance education is important with two aspects to understand the dancers' human release of emotions and form a new identity through human nature.

It is important to discuss these experiences as a starting point for creative danceeducation

(Lee chan joo & Caleb MacIvor)

참고문헌

제2장

1) 이찬주, 『포스트모던철학을 통한 춤실천 논의』, 한국무용사학회, 2010, 제11호 p268
2) 타타르키비츠. 이용대역, 『여섯 가지 개념의 역사』, 이론과 실천 p67
3) Sherry B, Shapiro. 『Dance, Power, and difference』, Human Kinetics, Publishers p62
4) 김욱동, 『모더니즘과 포스트모더니즘』, 현전사, 1992 p57
5) 박정자, 『시선은 권력이다』, 기파랑, 2008 p165
6) 고바야시 야스오, 『지(知)의현장』, 2000 p276
7) 이찬주, 2010 p270
8) 정대현, 『다원주의시대와 대안적 가치』, 이화여자대학교출판부, 2006 p24
9) 브리태니커 세계 대백과사전 4, 8, 11호 브리태니커, 동아일보 공동출판, 1994
10) 이정호, 『포스트모던 문화읽기』, 서울대학교 출판부, 1994 p35
11) Sherry B, Shapiro, 오율자 역, 『Dance, Power, and difference』, Human Kinetics, Publishers, 1998 p130
12) Sherry B, Shapiro, 1998 p62
13) 이찬주, 『포스트모던철학을 통한 춤실천 논의』, 한국무용사학회, 2010, 제11호 p273
14) 이찬주, 2010 p274
15) 이찬주, 『춤교육을 통한 페미니즘의 이해와 실천탐구』, 우리춤연구소, 2011
16) 정민승, 『여성주의 교육이론 및 정책개괄』, 방송통신대학, 2006 p54
17) 제인 프리드먼, 『비투비21-페미니즘』, 이박혜경 역, 도서출판 이후, 1998 p22
18) 존 스토리, 『문화연구와 문화이론』, 박모 역, 현실문화연구, 1994 p12
19) AlisonJaggar, 『Feminist Politics and Human Nature』, Totowa, NJ: Rowman & Allanheld, 1983 p57
20) Sherry B, Shapiro, 『Dance, Power, and difference』, Human Kinetics, Publishers, 1998 p41
21) 이찬주, 『춤교육을 통한 페미니즘의 이해와 실천탐구』, 우리춤연구소, 2011
22) 권택영, 『포스트모더니즘과 문화 - 페미니즘, 크레이그오웬스 타자의 담론』, 문예출판사, 1991 p89
23) Tisdell, E. J., 『Poststructural feminist pedagogues』: The possibilities and limitations of a feminist emancipatory adult learning theory and practice. Adult Education Quarterly, 48(3), 1998 p139-156
24) Weiler, k, 『Women Teaching for Change』. Granby, MA: bergin & Garvey, 1988 p145
25) 파울루 프레이리, 『페다고지(Pedagogy of the oppressed)』, 남경태 역, 그린비, 2009 p65
26) Acker,S., 『Feminist theory and the study of gender and education』 International Review of Education, 33, 1987 p419-435
27) Kaplan, A. E, 『Feminist Criticism and Television』, In Robert. C. Allen Channels of Discourse, Caroline Univ. press, 1987 p167
28) Anderson ML, 『Thinking about condition』, Chicago Univ. of Chicago Press, 1983 p234
29) 조경원, 『양성 평등을 위한 교육 방안 탐색』, 한국교육과학연구, 제29집, 1999 p3-16
30) Belenky, 『Women's ways of knowing』: The development of self, voice, and mind. Basic Books, Inc., Publishers, 1986 p137
31) 김현우, 교육학 문헌에 나타난 여성관련 내용의 분석, 교육사회학연구, 5(1), 1995 p177-194

32) 이찬주, 『춤교육을 통한 페미니즘의 이해와 실천탐구』, 우리춤연구소, 2011
33) Elizabeth Ellsworth, 『Why Doesn't This Feel Empower? Working Through the Repressive Myths of Critical Pedagogy』, In Feminisms and Critical Pedagogy, C. Luke and J.Gore(cde). New York: Routledge, 1992 p33
34) SherryB, Shapiro, 오율자 역, 1998 p23
35) Belenky, 『Women's ways of knowing』: The development of self, voice, and mind. Basic Books, Inc., Publishers, 1986 p137
36) Green, M, 『Teacher as Stranger』. Belmont, CA: Wadsworth, 1973 p78
37) Sherry B, Shapiro, 오율자 역, 1998 p44
38) Tidsell, E. J., 『Feminism and adult learning』: Power, pedagogy, and praxis. In S. B. Merriam(Ed.), Selected writings on philosophy and adult education Krieger Publishing Company, 1995 p207-224
39) Pestalozzi, J. H, 『How Gertrude Teacher Her Children and Method In Foundations of Education in America』: an Anthology of Major Thoughts and significant Actions JK Noll and S. P. Kelly(edc). New York: Harper & Row, 1970 p76
40) 배순향, 『포스트모더니즘과 페미니즘 그리고 교육』, 2003
41) Chondroid, N., 『The Reproduction of Mothering』, Univ of California Priests, 1978 p301~315
42) Nel Nodding, 『Carving Feminine Approach to Ethics and Moral Education』, Berkeley, CA: University of California Press, 1984 p58
43) Gillian, 『In a Different Voice: Psychological Theory and Women's Development』, Cambridge, MA: Harvard University Press, 1982 p158
44) Freire,P, 『Pedagogy of the Oppressed』, Translsted by M. B. Ramos. New York: Continuum, 1983 p59
45) 이찬주, 『춤예술과 미학』, 금광, 2007 p205
46) 마기마랭 무용단: http://www.artotal.com/comp/cmm.htm
47) 김신일, 『미셸푸코를 통해 본 현대무용작품속에 내재된 몸담론』, 무용예술학회, 제31집, 2010 p20
48) Stinson, S. W, 『Journey toward a Feminist Pedagogy for Dance』, Women & Performance 6(1), 1993 p131-146
49) hooks, b, 『Toward a revolutionary feminist pedagogy』, In S. B. Merriam(Ed.), Selected writings on philosophy and adult education Krieger Publishing Company, 1995 p198-205
50) Belenky et al., 『Women's ways of knowing』: The development of self, voice, and mind. Basic Books, Inc. Publishers, 1986 p137
51) 정민승, 2006
52) Shrewsbury, C., 『What is Feminist Pedagogy?』, Women's Studies Quarterly X V(3&4), 1987 p7-13

제3장

53) Sherry B,Shapiro(1998), 『Dance, Power, and difference』, Human Kinetics, Publishers p30
54) 레오나르도 다빈치
55) 마이클J겔브, 『레오나르도다빈치처럼 생각하기』, 공경희 역, 대산, 2001 p255
56) G체니, 자넷스트레이트 『무용창작의 기초적 접근』, 현대미학사
57) 미란다터프넬, 크리스크릭메이, 『Body space Image』, 조은미 역, 정담미디어, 2002 p17

58) 미란다터프넬 외 1명, 2002 p18
59) G체니, 자넷스트레이트, 『무용창작의 기초적 접근』, 현대미학사 p26
60) G체니, 자넷스트레이트, 『무용창작의 기초적 접근』, 현대미학사 p26
61) 미란다터프넬, 2002 p24
62) 미란다터프넬, 2002 p31-33
63) G체니, 자넷스트레이트 p28
64) G체니, 자넷스트레이트 p43
65) 이찬주, 『Dancetheory Research magazine』, 춤이론연구소, 2010, 통권2호
66) 김경은, 『피아니스트의 손, 영혼을 흔드는 손』
67) 관조스님사진전, 『부처님의 손』, 국립춘천박물관, 2011
68) 이찬주, 『Dancetheory Research magazine』, 춤이론연구소, 2011, 통권 3호
69) G체니, 자넷스트레이트 p36-37
70) G체니, 자넷스트레이트 p35-36
71) G체니, 자넷스트레이트 p30
72) 미란다터프넬, 크리스크릭메이, 2002 p36
73) 미란다터프넬, 크리스크릭메이, 2002 p36
74) 이찬주, 『Dancetheory Research magazine』, 춤이론연구소, 2011, 통권 3호
75) 신시아 J노박, 『sharing the dance』, 도서출판 금광, 2000 p189
76) 신시아 J노박, 2000 p210
77) 이찬주, 통권 2호, 2010
78) 신시아 J노박, 2000 p222
79) Sally Banes, Terpsichore in sneakers Hanover, wesleyan univ. press, 1989
80) Sally Banes, 1989
81) 최윤선,「춤과 사람들-스티브 팩스톤」, 2002, 12월호 p45
82) 쥬디스 맥크럴, 『무용감상법』, 박명숙 역, 삼신각, 1998
83) 이찬주, 『춤예술과 미학』, 도서출판 금광, 2007 p219
84) 최윤선, 2002 p46
85) Sally Banes, 1989

제4장

86) Sherry B, Shapiro, 오율자 역, 『Dance, Power, and difference』, Human Kinetics, Publishers, 1998
87) Sherry B, Shapiro, 1998
88) 앨빈 토플러, 『제3물결』, 원창엽 역, 홍신문화사, 2006
89) 재니스허버트, 레오나르도 다빈치, 석은영 역, 승산, 2001 p32-34
90) 재니스허버트, 2001 p44
91) 마이클J겔브, 『레오나르도다빈치처럼 생각하기』, 공경희 역, 대산, 1999 p70
92) 재니스허버트(2001), 레오나르도 다빈치, 석은영 역, 승산 p85
93) 마이클J겔브, 1999 p70
94) 조선일보, 2010, 제28020호
95) 조선일보, 2010, 제28020호
96) 말콤 글래드웰, 『아웃라이어(Outlier)』, 김영사, 2009

97) 중앙일보, 강수진의 멘토를 위한 편지, 2011년 5월 19일
98) 박종세, 조선일보
99) 데이비드 바흐
100) 스티브잡스의 IMind - 김범진
101) 박종세
102) 조영탁, 2011년 5월 30일
103) 마이클J겔브 p197
104) 조선일보, 2011년 10월 7일
105) 2012년 4월 21일, 조선일보, 아이작스인터뷰
106) 한국문화콘텐츠진흥원[편], 『한국10대전망 & 세계7대 메가 트렌드』, 2007 p65
107) 김운미, 이미희, 디지털시대의 우리춤 교육방안
108) 이미희, 가상현실시스템을 활용한 한국춤감성교육방법론 모색, 한양대 대학원 박사논문, 2009
109) Gray J, Dance Technolngy: Current Application and Future Trend, American Alliance for Health, Physical Education, Receration and Dance, 1989
110) 신성아, 모션캡쳐 테크놀로지의 무용교육 적용방법고찰, 한양대석사학위논문, 2001 p12-13
111) 김세정, 「춤의 대중화를 위한 연구」, 부산대박사논문, 1999 p2
112) 정꽃님, 「무용대중화 방안에 관한 연구」, 중앙대학교 석사학위논문, 2000 p2
113) 김운미, 천주은, 디지털시대 우리춤 대중화 방안 연구, 우리춤연구소, 2011
114) 최인호, 「스마트폰을 이용한 3D 표정 아바타 합성연구」, 세종대석사논문, 2011
115) 신규하, 「인체모델 변형을 이용한 3차원 아바타 캐릭터시스템 개발」, 한신대석사논문, 2001
116) 김운미, 천주은, 2011
117) Axyz-Design사의 'anima'(다양한 군문 아바타를 제작) 참조한다.
118) 김운미, 천주은, 2011
119) 손민선, 2011년 4월 16-17일
120) 이찬주, 『춤예술과 미학』, 도서출판 금광, 2007 p61
121) 「춤창조의 이론과 실현」, 명치원 출판, 1971 p259
122) 문애령, 『서양무용사』, 눈빛, 1995 p109
123) Haskell. A.L, 『The wonderful world of dance』, London : 1969 p62
124) J.H.Mazo, 『Prime Movers』, New York: William Morrow and Company, Inc. 1977 p11
125) A. Gates, A New Look At Movement, Minneapolis : Burgess, 1968 p7
126) 이찬주, 『춤예술과 미학』, 도서출판 금광, 2007 p62
127) L. Ellfedlt. Ibid.
128) 이찬주, 『춤예술과 미학』, 도서출판 금광, 2007 p63
129) D.Dodds, Creativity in Moment, Models for Analysis. J.Creative Behavior, 12(4), 1978 p265-274
130) D.Banniser, and J.Agnew, The Child's Construing of Self, in J.Cole W.A., Landfied(eds.), Nebraka Symposium on Motvation(vol. 24), Lincon : University of Nebraska Press, 1976 p110-113
131) L. Ellfeldt, A Primer for Choreographers, California : Mayfideld Publish Company, 1967 p20-23
132) 앞의 책 p55
133) 앞의 책 p56-70
134) 마가렛 두블러, 『창조적 경험으로서의 춤』, 성미숙 역, 현대미학사, 1994 p20
135) 마가렛 두블러, 1994 p25
136) 이찬주, 2007 p65

제5장

137) 김태원, 『문화와 춤의 전망 1, 2』, 현대미학사, 1991 p24
138) Jencks C, The post-modern Reader london : academy Edition, 1992
139) Wheale, N. J, The Postmodern Arts, London : Routledge, 1995
140) 샐리베인스, 『포스트 모던댄스』, 박명숙 역, 1991 p25
141) 샐리베인스, 1991 p28
142) Silverman, H. J Postmodernity and the Arts, Loden : Routledge, 1990.
143) 허영일, 『포스트 모던댄스의 미학』, 정문사, 1989 p33
144) 이찬주, 『춤-all that dance』, 이브 출판, 2000 p169
145) Mackrell post-modern in Britain : An Historical Eassy Dance Reserch VOl IV, NO 1 p40-50
146) 이찬주, 『춤-all that dance』, 이브 출판, 2000 p169
147) 심정민, 「춤의 다원화속 비평, 제도, 문화의 방향성」, 평론가25주년 세미나 p35-26
148) 심정민 p35-26
149) 게랄트 지그문트 괴물과 기타선정성, 현대무용에서 신체의 가시성, 1999
150) 심정민 p35-26
151) 이찬주, 「춤예술과 미학 금광」, 2007 p183
152) 이찬주, 『얀 파브르 춤작품에 내재된 몸의 의미』, 우리춤연구소, 2011
153) 어수정, 벨기에 현대무용에 나타난 안무성향에 관한연구 이화여대석사논문, 2007 p59
154) 2006년 2월 6일, 얀 파브르 - 예술의전당의 첫 내한공연을 위한 인터뷰, 프레스센터.
155) 김신일, 미셀푸코를 통해 본 현대무용작품 속의 몸 담론, 『무용예술학회』, 제31집, 2009 p11
156) 2006년 2월 6일 파이낸셜뉴스 얀 파브르 - 예술의전당의 첫 내한공연을 위한 인터뷰, 프레스센터
157) 춤과 사람들, 2006년 3월호
158) 얀 파브르, 예술의 전당 2월, 『공연 팜플렛』, 2006
159) 심정민(2006), 사유하는 대사, 배출하는 육체-얀 파브르, 『댄스포럼』
160) 이찬주, 『얀 파브르 춤작품에 내재된 몸의 의미』, 우리춤연구소, 2011
161) 조선일보, 1959. 5. 18.
162) 동아일보, 1961. 4. 9.
163) 조선일보, 1961. 4. 12.
164) 조동화, 조선일보, 1959. 5. 10.
165) 성기숙, 『춤과 담론』, 창간호 p122
166) 김영희, 신무용단상 몸, 2007년 4월호, 창무예술원 p65-67
167) 조동화, 한국무용의 현대화에서 전입까지, 공간, 1973. 11 p16~17
168) 눈빛, 문애령, 『한국현대무용사의 인물들』, 2001 p267
169) 김경애, 김채현, 이종호, 댄스포럼, 2005. 3월호 p178
170) 김태원, 『우리시대 춤의식과 운동』, 현대미학사, 2007 p39
171) 이찬주-심숙경인터뷰, 2012년 8월4일
172) 김태원 p39
173) 김태원, 『우리시대 춤의식과 운동』, 현대미학사, 2007 p128
174) 25주년 기념세미나 한국무용연구회
175) 김태원, 『공연과 리뷰』, 가을호현대미학사, 2007 p16
176) 춤저널, 2008 p84

177) Habermas, J, 『Knowledge and Human Interests』 London, Heinnenann, 1972 p83
178) Lyotard, J. F(1979), 이현복 역, 『포스트모던적 조건』, 서광사, 1992 p14
179) Beyer, L. E & Liston, D. P., "Discourse or Moral Action: A Critique of Postmodernism" Educational Theory, Fall, Vol.42, No.4, 1992 p373
180) Steven Best, 『Jameson, Totality, and the Poststructualism』, Postmodernism: Jameson Critique, Edited by Douglas Kellner(Maisonneuve Press), 1989 p336-337
181) 전경갑, 『후기구조주의에 대한 인식론적 비판』, 부산수산대논문집 제49집, 1993 p74
182) Beyer, L. E & Liston, D. P.(1992). 앞의 논문, p375
183) 송두율, 『탈현대주의 사상적 논쟁구조와 한국사회 사회와 사상』, 제23호, 1990 p250-251
184) Clive Beck, 『Postmodernism, Pedagogy, and Philosophy of Education』, Presidential Address, Philosophy of Education Society 49th Annual Meeting, 1993 p5
185) 윤평중, 『푸코와 하버마스를 넘어서』, 교보문고, 1990 p149
186) Foucault, 『What is enlightment?』, in the Foucault Reader,P. Rabinow(NewYork: Pantheon), 1984 p42
187) Aronowitz, S & Giroux, H, 『Postmodern Education』, (University of Minnesota Press), 1991 p71
188) Kiziltan, M. U., W. I. Bain & A. Cainzares, 『Postmodern Condition』, 1990 p356-359
189) 이찬주, 『포스트모던철학을 통한 춤실천의 논의』, 한국무용사학회 제11호, 2010

제6장

190) Platon, 1959 p25
191) J. Miller, 1986 p14
192) Platon, 『The Laws』 664c-665a
193) Timaeus, 34a
194) J. Miller . The Measure of Wisdow : The Cosmic Dance in Classical and Christain Antiquity. Toronto : University of Toronto Press. 1986 p23
195) Homeros, Iliad XVIII, 590-606. in. J. Miller 1986 p24-25
196) F. Sparshatt 1988, Off the ground : first steps to a philosophical consideration of the dance. Princeton University Press p87
197) 자메이크 하이워터, 『무용과 제의』, 한경자 역, 강원대출판부, 2000 p18
198) G. L. 디킨스 1961 p25
199) 岸野雄三, 『Polis & Gymnastikē』, 東京教大. 體育學部記要, 才7券, 1968
200) 이찬주, 「20세기 춤에 나타난 짐네스틱케의 영향」, 한국체육학회지, 제4권, 5호 p512
201) 岸野雄三, 1968 p67
202) Resp. 376e
203) 岸野雄三, 1968 p68
204) Platon, 『The Laws』, 664c-665a
205) S. H. Lonsdale, Dance and Ritual Play in Greek Religion, London :The Johns Hopkins University Press. 1993 p29
206) Richarc Kraus and Sarah Chapman(1981), p37
207) 이찬주, 「20세기 춤에 나타난 짐네스틱케의 영향」, 한국체육학회지, 제4권 5호 p517
208) 이찬주, 「20세기 춤에 나타난 짐네스틱케의 영향」, 한국체육학회지, 제41권 5호 p517

209) Deaborab Jowitt, 「Time and the Dancing image」, University of California, 1988 p158
210) 이찬주, 「20세기 춤에 나타난 짐네스틱케의 영향」, 한국체육학회, 제41권 제5호, 2002
211) 이찬주, 『춤예술과 미학』, 도서출판 금광, 2007
212) 프랭크 딜리 · 김기찬역, 「서양 철학사」, 현대지성사 p628-629
213) 정동호 · 차하순. 부르크하르트와 니이체, 서울: 서강대 출판부, 1986 p105-107
214) Tomothy F. Murray. Nietzsche As Education, Ph.D. dissertation, University of Boston, 1982 p1
215) 장정윤, 「니체의 예술관」, 한국무용교육학회지, 제11권 1호, 2000
216) F. Nietzsche, Thus Spoke Zarathusta in Portable Nietzsche. ed. Walter Kaufman New york: The Viking Press, 1968 p139
217) F. Nietzsche, Twilight of the Idols, trans, R.J. Hollingdale Great Britain: Penguin Books, 1965 p48
218) Peter Fuss and Henry Shapiro, Nietzsche: A Self-Portrait from his Letters Cambridge Harvard University Press, 1971 p78
219) 니체, 1973 p372-373
220) 정영도, 1999 p124-125
221) 김미기, 1999 p122
222) 장정윤, 니체의 무용관, 2000
223) F. Nietzsche, Twilight of the Idols, trans, R.J. Hollingdale(Great Britain: Penguin Books, 1965) p50
224) 안네마리 피이퍼, 1994 p56
225) 정영도 역, 1993 p185
226) F. Nietzsche, Human All-Too-Human, in The Complete Works of Friendrich Nietzsche, Vol. I trans. Poul Cohen (New york: Vintage books, 1968) p256
227) F. Nietzsche, Thus Spoke Zarathusta in Portable Nietzsche. ed. Walter Kaufman(New york: The Viking Press, 1968), p137-140
228) F. Nietzsche, The Will to Power. ed Walter Kaufman and R.J. Hollingdale New york: Vintage Books, 1967 p807
229) 김영호 역, 1987 p117
230) 김영호 역, 1987 p334
231) Martin Heidegger, 최동희 역, 신은 죽었다, 양문사, 1962 p68
232) 배원식, 「니체의 운명애 사상에 관한 연구」, 경희대학교 석사학위논문, 1996 p23
233) 하재창, 『니체(유풍사상신서)』, 유풍 출판사, 1978 p192
234) 김영호 역, 1987 p335
235) 김영호 역, 1987 p11
236) 정영도 역, 1994 p240
237) 김병길역, 존듀이의 철학과 그의 주저 - SN워넌 p33
238) 김병길역, 존듀이의 철학과 그의 주저 - SN워넌 p33
239) 김병길역, 존듀이의 철학과 그의 주저 - SN워넌 p141
240) 여지영, 존 듀이의 교육사상이 무용교육에 미친 영향, 동아대, 2001
241) 이재헌역, 존듀이 경험으로서의 예술, 책세상, 2003
242) 여지영, 존 듀이의 교육사상이 무용교육에 미친 영향, 동아대, 2001
243) 육완순, 이희선, 1992

244) R.Speters, 정희숙 역, 교육철학자비평론, 서광사, 1989 p125
245) J.Dewey, Logic Theory of Inquiry N.Y Henry & Co, 1951 p8
246) J.Dewey, 임한영, 오천석 역, 민주주의와 교육, 1955 p125
247) J.Dewey, Reconstruction in philosophy p90
248) J.Dewey, Existentialism and Education
249) J.Dewey, Experience and Education p33-50
250) 조영일, 존듀이의 교육론에 있어서 인식과 의지의 문제, 서울대석사논문, 1989
251) J.Dewey& J.H Tufts, Ethics
252) H.Schofied The philosophy of Education London: Routiedge & Kegan paul, 1972 p91
253) 민주주의와 교육, 1987 교육과학사
254) 김기수, 존듀이 미적경험의 교육적함의, 음악학회지, 2008
255) 존듀이 경험과 자연(experience and Nature), 1925
256) 이고은, John Dewey의 경험사상에 의한 무용창작교육이론 연구, 이화여대, 1991
257) 여지영, 존 듀이의 교육사상이 무용교육에 미친 영향, 동아대, 2001
258) 이경후, 「Dewey의 예술론과 예술교육」, 석사학위 논문, 이화여자대학교 대학원, 1992
259) 채종옥, 1985
260) 여지영, 2001
261) 강선보, 마르틴부버의 만남의 교육, 양서원, 1992
262) Joy, T. Desensi, The personal subjective Dimension of sport and dance: A Theoretical experiental, proceeding in 92 international conference on sport and dance, 1992 p11-17
263) Buber, 1970 I and Thou New York Charles scribner's sons
264) 이돈희, 교육철학개론 교육과학사, 1983
265) 김태원, 마틴부버의 나와너의 사상교육신학적접근, 연세대신학대학원, 1982
266) 강선보, 마르틴부버의 만남의 교육, 양서원, 1992
267) 김태원, 1982
268) Cohen, The education Philosophy of Martin Buber N. J. Associated University press, inc. 1983
269) Cohen, The education Philosophy of Martin Buber N. J. Associated University press, inc. 1983
270) 이규호 역, 실존철학과 교육학, 배영사, 1967
271) 은준관, 교육신학 기독교교육의 이론적 근거, 대학기독교서회, 1976
272) 이찬주, 『춤예술과 미학』, 도서출판 금광, 2007 p176
273) Buber, I and Thou New York Charles scribner's sons, 1970
274) 남정길, 부버의 대화의 원리와 그 적용 기독교사상, 1977
275) Sheets The Phenomenology of Dance, Milwaukee: University of Wisconsin press, 1966
276) Martin Buber Between Man and Man, trans by R. G. smith, London : Routledge & Kegan Paul, 1954
277) 이찬주, 『예술과 미학』, 도서출판 금광, 2007 p176
278) 이찬주, 2007 p177
279) 이찬주, 『춤-all that dance』, 이브, 2000 p78
280) 최동현 역, 춤의 본질, 서울: 신아출판사, 1988 p47
281) 이덕희, 불멸의 무용가들, 서울: 문예출판사, 1969 p218
282) Rudolf laban, "What has led You to study Movemen?" LAMGM, 7(1951)7

283) R. Laban p6-7
284) Morement and Dance [RLSMD] ed Lisa VIIman(London : Art of Morement entre 1971, 16
285) Rudolf laban, "Education Through the Arts" LAMGM, 19(1957) in RCSMD Rudolf lanban "The Inportance Dancing" LAMGM, 22(1959) : rpt, in Rodolf Laban speaks about
286) Laban, "Importance", RCSMD 20
287) 이찬주, 『춤-all that dance』, 이브출판, 2000 p79
288) Laban, "Aesthetic Approach 29"
289) Rudolf Laban, Modern Edcational dance(london : Macdonald and Evans 1948)
290) 이찬주, 『춤-all that dance』, 이브출판, 2000 p80
291) 이찬주, 2000 p81
292) 델사르트와 라반의 움직임 이론이 뷔그만의 작품에 미친 영향
293) sk. Lager, An Introduction to symbolic, 1937 p47
294) R.V. Laban, 1960 p87-88
295) Valerie Preston, 1963 p9
296) 김기석, R. V. Laban의 연구, 한양대학교석사논문, 1993
297) R.V Laban, 1969 p52-84
298) 박종성역, 생각의 탄생 로버트 루트번스타인, 에코의 서재, 2007 p378
299) 신상미, 전유오 공역, 라바노테이션 키네토그라피 라반 p20
300) 신상미, 전유오 공역
301) 육완순, 전게서 p75
302) 김말복, 조은숙역, 앤허치슨 무용보의 역사와 실제, 예전사 p185
303) R.V Laban, 1969 p21
304) R.V Laban, 1969 p13
305) Laban p14
306) 정경수, R.V.Laban의 무용 p66
307) S. Thornton, 전계서 p23
308) 김기석, R. V. Laban의 연구, 한양대학교석사논문, 1993
309) 오화진, 무용문화사, 금광출판 p26
310) 김기석, 1993
311) Laban Art of Movement Guild Magazine, 1952 p16
312) 이숙재, 『무용 교육의 기초』, 녹원 출판사, 1991 p18
313) Margaret H'Doubler, A Manual of Daning(Madison, wis : published by the auth, 1921) and The Dance and Its place in Education(New York : Harcourt Blace and and co, 1925)
314) Judith B. alter, "Music and Rhyth in Dance H'Doubler's views in Retrospect" conference preceedings, 1984 of society for dance History scholars
315) Margaret H'Doubler, Dance : A creative Art Experience(1940 : rpt Madison, wis : university of wisconsin press 1959)
316) Judith Anne Gray "To want to dance; A Biography of margaret H'Doubler" Diss university of Arizona 1978
317) 이찬주, 『춤 all-that dance』, 이브출판, 2000 p74
318) 이찬주, 2000 p77
319) 이찬주, 2000 p75

320) 이찬주, 2000 p76
321) 김정은, 진보주의 교육철학에 기반을 둔 Margaret H'Doubler의 무용 교육특성에 관한 고찰, 이대 교육대학원 석사논문
322) Margaret N.H.Doubler(1994). Movement and Its Rhydmic Structure the University of Wisconsin
323) 김말복, 『무용예술론』, 금광, 1997
324) 김화숙, 한예리, 『무용의 이해』, 한학문화사, 1999
325) 마가렛두블러, 『창조적경험으로서의 춤』, 현대미학사 p79
326) Margaret H'Doubler, Dance : A creative Art Experience(1940 : rpt Madison, wis : university of wisconsin press 1959) p80
327) Margaret H'Doubler, Dance : A creative Art Experience(1940 : rpt Madison, wis : university of wisconsin press 1959) p86
328) Janice Ross, Moving Lesson the University of Wisconsin Press, 2000
329) 김정은
330) George F. Kneler, Introduction to the Philosophy df Education(New york : John wiley & Sons, 1964) p25, 26
331) RenJ Descartes, Meditationes de prima Philosophia: Meditations on First Philosophy. Bilingual Latin-English Edition. introduced, edited, translated and indexed by George Heffernan(Notre Dame, IN: University of Notre Dame Press, 1990); A. Byoce Gibson, The Philosophy of Descartes(New York: Russell & Russell, 1995): Norman Kemp Smith. New studies in the Philosophy
332) D. G. C. Macnabb, David Hume: His Theory of Knowledge and Morality(Humpshire : Gregg Revivals, 1991)
333) Immanuel Kant, Theoretical Philosophy. 1755~1770, trans. and ed. David Walford in collaboration with Ralf Meerbote(New York: Cambridge University Press, 1992)(Cambridge: University Printing House, 1966)
334) 한철희, 신학교육 정보화 논의에 있어서의 지식의 암묵성과 내주성 고찰, 기독교정보학회, vol 4, No, 2002 p95-133
335) 오승훈, 「마이클 폴라니와 기독교인식론」
336) Michael Polanyi, Personal Knowledge : Towards a Post - Critical Philosophy(Chicago : University of Chicago Press 1958)
337) 오승훈, 「마이클 폴라니와 기독교인식론」
338) Richard Gelwick, the way of Discovery, 47
339) Marcus J. Priester. Philosophical Foundations for Christian Education. in A An Introduction to Christian Education, ed. Marvin J. Taylor Nashville : Abingdon, 1966 p66
340) 햄린, 이병욱 역, 『인식론』, 서광사, 2006 p110-118
341) Michael Polanyi, Personal Knowledge New york: Harper and Row, 1964
342) Broudy, 1970 p84
343) Broudy p86
344) Polanyi, 1967 p41
345) Polanyi, 1975 p41
346) Burn & Weber, 1995 : McLaren, 2001 : Apple, 2003 : Bartlett, 2005
347) Apple, 2003

348) Mayo, 1997
349) 조세형, 2005
350) Elias, 1976 p17-18
351) Taylor, 1993 p12-13
352) Sartre, 1946 p19-20
353) Freire, 1972a p31-42
354) Freire, 1972a
355) Freire & Betto, 1985
356) Buber, 1954
357) Freire, 1972: 141
358) 파울루 프레이리, 남경태 역, 『페다고지(Pedagogy of the oppressed)』, 그린비, 2009 p65
359) Freire, 1972a: 91
360) 이봉득, 파울로 프레이리 사상연구, 계명대석사논문, 1985
361) Freire, 1972a: 21
362) 이봉득, 1985
363) Elizabeth Ellsworth, 1992, 『Why Doesn't This Feel Empower? Working Through the Repressive Myths of Critical Pedagogy』 In Feminisms and Critical Pedagogy, C. Luke and J.Gore(cde). New York: Routledge
364) 이봉득, 1985
365) Harvey D, Postmodern Condition Sao Paulo : Loyola
366) Sherry B, Shapiro, 오율자 역, 『Dance, Power, and difference』, Human Kinetics, Publishers, 1998 p261

제7장

367) 토마스 그린(Thomas F Green), 1971 p175
368) 토마스 그린(Thomas F Green), 1971 p175
369) Larry Lavender, 최의창 역, 『Dancer's Talking dance』 p170
370) Larry Lavender, 『Dancer's Talking dance』 p172
371) 데이비드 퍼킨스, 1981 p106
372) David W. Ecker, 1976 p130
373) Larry Lavender, 2009 p176
374) John Dewey, 1934 p315
375) Larry Lavender, 2009 p71
376) Ecker, Kaelin, 1972 p267
377) 김경희 외 3명, 『교육학개론』, 집문당, 2009
378) 김영봉, 『교육학개론』, 서현사, 2008 p117
379) 한국민족문화대백과
380) 서은진, 제1차~7차 교육과정을 통해본 개선방안, 공주대석사학위논문, 2003 p11
381) 육완순, 이희선, 「무용교육과정」, 금광, 1992
382) '교육기본법' 2조, 법률 제8915호
383) 교육과학기술부, 제2011-361호, 별책 1 p5
384) North Carolina Department of Public Instruction, 2000

385) 교육과학기술부, 제2011-361호, 별책 1 p3
386) 네이버 백과사전
387) 김화숙, 「유아 창작무용 프로그램 설계」, 한국무용교육학회, 제17집 1호, 2006
388) 박준희, 「아동무용활동이 생활성취도에 미치는 영향」, 한국무용학외, 9, 1998 p1~4
389) 교육과학기술부, 제2011-361호, 별책 1, 참조 p9
390) 이순임, 「초등학교 무용교육의 실태」, 공주교대 교육대학원, 석사학위논문, 2001
391) 임현주, 「초등무용교육의 현황」, 미간행 석사학위논문, 숙명여자대학교 대학원, 1991
392) 교육과학기술부, 제2011-361호 별책 1 p11-20
393) 교육과학기술부, 제2011-361호 별책 1 p16, 21
394) 피아제, 1952
395) Barlin, A. L, Kalev N. Hello Toes, Pennington: princetonbook Company. 1989 p3~107
396) 교육과학기술부, 제2011-361호, 별책 1 p54
397) 교육과학기술부, 제2011-361호, 별책 1 p57-60
398) 양옥경, 「초등무용교육의 실태와 개선방안」, 부산교육대 교육대학원 석사학위 논문, 2002
399) 송미숙, 이우규, 「초등학교 표현활동 수업의 실태분석」, 우리춤연구소, 제13집, 2010 p337
400) Brince, 1991 p161-162
401) 현 교육과정의 정책대안 개발 및 탐색과 결과예측
402) Rubin Frin & Vandenberg
403) Demaria, 1974
404) Gehardt, 1973
405) 교육과학기술부, 제2011-361호, 별책 1 p8
406) 문교부, 1988
407) 김운미, 1998
408) 구화진, 한국의 무용교육과정과 미국무용교육과정에관한 비교연구, 공주대석사논문, 2011 p23~33
본문 제1차~표현 활동의 내용영역체계까지 참조
409) 이찬주, 『춤-all that dance』, 이브, 2000 p176
410) 교육과학기술부, 제2011-361호, 별책 11 p28
411) 교육과학기술부 p132-134
412) 교육과학기술부 p1837-1888
413) 김태원, 「춤의 미학과 교육」, 현대미학사 p258
414) Menze, S.93
415) 강선보
416) Giroux, 1988
417) 강선보
418) 박영식, 「21세기 한국의 대학」 - 『전환기의 지성』, 박재규외 편, 나남, 1992
419) 칼 야스퍼스, 1946/이수동 역, 1997: 69, 민준기, 1973: 81
420) 대학교육의 본질적 문제와 개혁의 방향, 박의수
421) 직업교육정책에 대한 교육철학적 검토, 박철홍
422) 김태원, 춤의 미학과 교육, 현대미학사, 1992 p251

몸으로 춤추다 못해 글로도 춤추는

내 삶으로 따스한 손길이 늘 그리웠던

딸 현지(Sarah)에게

2012. 8. 30.